MANITIES AND SOCIETY

HUMANITIES AND SOCIETY

我们中的我

承认理论研究

Axel Honneth

[德国] 阿克塞尔・霍耐特 著 张曦 孙逸凡 译

图书在版编目（CIP）数据

我们中的我：承认理论研究 / （德）阿克塞尔·霍耐特著；张曦，孙逸凡译. —南京：译林出版社，2024.9
（人文与社会译丛 / 刘东主编）
ISBN 978-7-5753-0173-2

Ⅰ. ①我… Ⅱ. ①阿… ②张… ③孙… Ⅲ. ①社会学－研究 Ⅳ. ① C91

中国国家版本馆 CIP 数据核字（2024）第 094530 号

著作权合同登记号　图字：10–2020–45 号

我们中的我：承认理论研究　[德国] 阿克塞尔·霍耐特／著　张曦　孙逸凡／译

责任编辑　张海波
特约编辑　陈秋实
装帧设计　胡　苨
校　　对　孙玉兰
责任印制　董　虎

出版发行　译林出版社
地　　址　南京市湖南路 1 号 A 楼
邮　　箱　yilin@yilin.com
网　　址　www.yilin.com
市场热线　025-86633278
排　　版　南京展望文化发展有限公司
印　　刷　江苏凤凰扬州鑫华印刷有限公司
开　　本　880 毫米 × 1240 毫米　1/32
印　　张　9.125
插　　页　2
版　　次　2024年9月第1版
印　　次　2024年9月第1次印刷
书　　号　ISBN 978-7-5753-0173-2
定　　价　69.00元

主 编 的 话

刘 东

总算不负几年来的苦心——该为这套书写篇短序了。

此项翻译工程的缘起，先要追溯到自己内心的某些变化。虽说越来越惯于乡间的生活，每天只打一两通电话，但这种离群索居并不意味着我已修炼到了出家遁世的地步。毋宁说，坚守沉默少语的状态，倒是为了咬定问题不放，而且在当下的世道中，若还有哪路学说能引我出神，就不能只是玄妙得叫人着魔，还要有助于思入所属的社群。如此嘈嘈切切鼓荡难平的心气，或不免受了世事的恶刺激，不过也恰是这道底线，帮我部分摆脱了中西"精神分裂症"——至少我可以倚仗着中国文化的本根，去参验外缘的社会学说了，既然儒学作为一种本真的心向，正是要从对现世生活的终极肯定出发，把人间问题当成全部灵感的源头。

不宁惟是，这种从人文思入社会的诉求，还同国际学界的发展不期相合。擅长把捉非确定性问题的哲学，看来有点走出自我囿闭的低潮，而这又跟它把焦点对准了社会不无关系。现行通则的加速崩解和相互证伪，使得就算今后仍有普适的基准可言，也要有待于更加透辟的思力，正是在文明的此一根基处，批判的事业又有了用武之地。由此就决定了，尽管同在关注世俗的事务与规则，但跟既定框架内的策论不同，真正体现出人文关怀的社会学说，决不会是医头医脚式的小修小补，而必须以激进亢奋的姿态，去怀疑、颠覆和重估全部的价值预设。有意思的是，也许再没有哪个时代，会有这么多书生想要焕发制度智慧，这既凸显了文明的深层危机，又表达了超越的不竭潜力。

于是自然就想到翻译——把这些制度智慧引进汉语世界来。需要说明的是，尽管此类翻译向称严肃的学业，无论编者、译者还是读者，都会因其理论色彩和语言风格而备尝艰涩，但该工程却绝非寻常意义上的“纯学术”。此中辩谈的话题和学理，将会贴近我们的伦常日用，渗入我们的表象世界，改铸我们的公民文化，根本不容任何学院人垄断。同样，尽管这些选题大多分量厚重，且多为国外学府指定的必读书，也不必将其标榜为“新经典”。此类方生方成的思想实验，仍要应付尖刻的批判围攻，保持着知识创化时的紧张度，尚没有资格被当成享受保护的“老残遗产”。所以说白了：除非来此对话者早已功力尽失，这里就只有激活思想的马刺。

主持此类工程之烦难，足以让任何聪明人望而却步，大约也惟有愚钝如我者，才会在十年苦熬之余再作冯妇。然则晨钟暮鼓黄卷青灯中，毕竟尚有历代的高僧暗中相伴，他们和我声应气求，不甘心被宿命贬低为人类的亚种，遂把迻译工作当成了日常功课，要以艰难的咀嚼咬穿文化的篱笆。师法着这些先烈，当初酝酿这套丛书时，我曾在哈佛费正清中心放胆讲道：“在作者、编者和读者间初步形成的这种‘良性循环’景象，作为整个社会多元分化进程的缩影，偏巧正跟我们的国运连在一起，如果我们至少眼下尚无理由否认，今后中国历史的主要变因之一，仍然在于大陆知识阶层的一念之中，那么我们就总还有权想象，在孔老夫子的故乡，中华民族其实就靠这么写着读着，而默默修持着自己的心念，而默默挑战着自身的极限！”惟愿认同此道者日众，则华夏一族虽历经劫难，终不致因我辈而沦为文化小国。

一九九九年六月于京郊溪翁庄

目　录

第三部分　社会的和理论的应用

第四部分　精神分析学的衍生

前　言

本书将大量近年来关于如何在黑格尔承认理论的基本假设上进行理论构建的讨论进展整合在了一起。在《为承认而斗争》一书中最初勾勒出我对黑格尔路径的解释之后，为了回应反对意见，我一直忙于矫正或进一步阐明我的基本立场。尤其是和南希·弗雷泽的争论以及在加利福尼亚大学伯克利分校的坦纳讲座（Tanner lectures），为我提供了很好的机会，让我得以对那些原本仍然模糊的思考做出更为精确的解释。[1] 但是沿着这条路向下走，并试图解决来自其他主体间性理论的各种冲击时，很多问题尚未得到解决。[2] 毕竟，我力图重构黑格尔承认理论的理由是我收获了新的洞见，这些洞见不仅使我重新思考正义的概念，而且还导向了对社会化与个体化之关系，以及社会再生产与个人同一性结构之关系的更好解释。我近年来澄清这些关系的各种努力都汇集在本书中了。除了少数例外，这些文章都游走在社会哲学的边缘，在这里，只有将其他邻近学科的经验研究纳入考虑，规范性问题才能得到回答。

第一部分包含两篇文章，在这两篇文章中，我重新探讨了黑格尔实践哲学的本质构成。虽然在《为承认而斗争》一书中，我仍然认为只有在黑格尔耶拿时期的讲稿中才包含一种承认理论所需的各种融贯的要素,但是在对黑格尔成熟时期的作品进行更仔细的研读后,我逐渐意识到我之前的观点是多么错误。我不再相信黑格尔在发展一种独白式的
vii “精神”概念的过程中放弃了他早期的主体间主义;相反,黑格尔终其一生都在力图将诸如社会实在这样的客观精神,解释为一组有层次的承认关系。在这种重估的基础上,我试图借助黑格尔的《法哲学原理》来促进承认理论的发展。和黑格尔早期的著作相比,其中表达得更强烈的是一个开创性的理念,即社会正义是根据相互承认的要求来界定的,而且我们必须以历史发展和已经制度化了的承认关系为出发点。[3] 在讨论黑格尔的自我意识概念的篇章(第一章)中——这是处理《精神现象学》的关键一章——我试图澄清本书中承认的系统性意义;对成熟时期的黑格尔来说,承认指的是道德性的自我约束行为,如果我们要达到一种对我们自己的意识,就必须能够在面对他人时做到自我约束。相比之下,关于黑格尔《法哲学原理》的文章(第二章)则试图回答一个困难的问题:我们应如何设想承认与人的自由之间的内在联系。根据我的理解,黑格尔创造这种联系的方式是,尝试向当代的自由主义支持者证明,只有通过参与个体自我约束的制度性实践,我们才能体验到自己意志的完全自由。

在第二部分的文章中,我尝试进一步发展黑格尔的这些理念,来解答当代正义理论的一些核心问题。这些进路的系统性框架可以在第一篇文章(第三章)中找到,这篇文章旨在将正义观念由一种对分配益品(goods)的原则的迷恋重新导向创造对称的承认关系所需的手段,从而纠正我们惯常使用的社会正义观念。然而,像我在随后的章节中试图表明的那样,这样一种理论上的逆转必然无可避免地让现有的劳动组织(第四章)变得可疑起来,也无法回避如下难题,即哪种类型的社会承认在当前有助于间接地强化社会支配(第五章)。理论预设既不能把社会劳动领域排除在外,也不能不考虑某些意识形态,这些意识形态服务于巩固一种由正义理论的文本中产生的支配。在对布尔当斯基和劳

伦·泰弗诺合著的颇具启发性的研究著作《论辩护》(*On Justification*)的讨论中(第六章),我通过反对两位作者解构社会道德的倾向,将一些已有的观点结合在一起,转而强调已经制度化的承认领域的规范力量。 viii
在讨论戴维·米勒的正义理论的章节(第七章)中,我做了类似的努力,这最初是作为米勒的专著《社会正义原则》德文版前言而发表的,这本书如今已经成为经典。同样地,我主张如果一种正义理论要和社会现实建立起更紧密的联系,那么,对已经建立的承认原则进行黑格尔式的"重构"至关重要。

第三部分使用了相对含糊的标题"社会的和理论的应用",我采纳了在这本书的前两部分已经描述过的理念,并且努力使它们具有解释力。因此,在这些独立的文章中处于核心的是社会学解释问题而不是规范性问题。但是,这一点随即就会变得显而易见:当谈到"应用"这些理念时,我们没有办法把社会事实和对于正当性的规范性主张干净利落地分离开来。一旦我们跟随黑格尔,认为承认的关系对所有社会实在来说都是构成性的,那么我们就必须认识到任何对社会进程的解释都必然援引占主导地位的规范和原则。主张和要求、义务和信念就像据称是纯粹"客观的"物质一样是实在的一部分。这一部分的第一章(第八章)代表的,是对政治科学中近来使用承认概念解释国际关系领域的张力和力量变化的那些尝试的一个非常初步的回应。我在这一章的唯一目的是澄清将国家间关系构想为由对承认的期望所调节,在多大程度上是合理的。这一部分的另外两章(第九章和第十章)聚焦于正在法兰克福社会研究所(the Institute of Social Research in Frankfurt)进行的理论探索。和马丁·哈特曼一道,我尝试对我们就现当代资本主义发展的"悖论"的跨学科研究做出更细致的解释。这项工作的方法是经验性地证明,结构性经济变化在多大程度上将历史上发展出来的对承认的期望转化为了对主体的规训式要求。然而,在这本书的背景下,这两篇更具社会学色彩的文章也只能初步地揭示,一种基于承认理论的对于当下的诊断会是什么样的。

在第四部分，我挑选了一个自《为承认而斗争》出版以来，我几乎从未涉及过的理论问题。[4] 我一向确信，正如客体关系理论以典型的方式研究表明的那样，承认的社会关系的发展只能以人类心灵中相应结构
ix 的发展为前提。尽管我诉诸精神分析学的做法已经不时地引起一种指责，这种指责称我使承认理论整体上变得“太心理学了”，但是即便是在今天，我也看不到有任何理由要放弃我在外部的社会承认和结构性的心理形成之间建立联系的计划。当然，有人可能会得出一个错误的起源学上的结论，并通过指出人们有受到心理伤害的危险来证明要求承认是合理的，但是除此之外，使承认理论和精神分析相吻合的做法对我来说似乎是一种非常有益的尝试。我试图在两篇文章中进一步发展这些洞见，在其中，我说明了社会团体的重要性（第十二章）和心理上的“消除边界”（第十四章）的作用。这部文集最后一部分的另外两个章节（第十一章和第十三章），尤其是对我的朋友乔尔·怀特布克作品的讨论，代表着我捍卫自己立场的尝试，这一立场在于以对精神分析学的承认理论解释来对抗一种显而易见的反对意见，即认为我忽略了破坏性的、反社会的驱力。

我要感谢斯蒂芬·阿尔特迈耶和弗劳克·科勒为本书的完成提供的技术性支持。他们的镇定和关心确保了这些分散的文章可以被纳入一个统一的、成体系的形式。苏尔坎普出版社的伊娃·格雷姆在编译不同章节时提供了很好的建议。最后，我要感谢译者约瑟夫·加纳尔，我要感谢他多年来忠诚的工作，也要感谢他确保这部文集可以以既具可读性又切合原义的英语版本面世。

阿克塞尔·霍耐特

2010 年 2 月，于美因河畔法兰克福

注 释

1 Nancy Fraser and Axel Honneth, *Redistribution or recognition? A Political-philosophical Exchange* (London and New York: Verso, 2003).

2 Axel Honneth, *Unsichtbarkeit: Stationen einer Theorie der Intersubjektivität* (Frankfurt: Suhrkamp. 2003).

3 Axel Honneth, *Suffering From Indeterminacy: An Attempt at a Reactualization of Hegel's Philosophy of Right*, trans. Jack Ben-Levi (Amsterdam: Van Gorcum Ltd, 2000).

4 以下论文代表了少数例外: Axel Honneth, 'Objektbeziehungstheorie und postmoderne Identität: Über das vermeintliche Veralten der Psychoanalyse', in *Unsichtbarkeit*, pp. 138 – 161; Honneth, 'Appropriating Freedom: Freud's conception of Individual Self-Relation', in *Pathologies of Reason: On the Legacy of Critical Theory*, trans. Janmes Ingram (New York: Columbia University Press, 2009), pp. 126–145。 x xi

第一部分

黑格尔主义的根基

第一章

从欲望到承认：黑格尔自我意识的基础

在黑格尔的所有著作中，没有哪一部像《精神现象学》中讨论“自我意识”的一章那样引人注目。《精神现象学》整本书读起来或许都非常难以理解，但这一章中讲到，意识“从超感官的彼岸世界之空洞的黑夜里走出来，进入现在世界的精神的光天化日”（138）[1]，这样的表述终于提供了一些我们可以理解的内容。黑格尔关于心灵对于自身之体验的解释，在这里突然显得有些不同寻常起来；在这个描述里，毋庸置疑的是，孤独的自我意识遭遇了其他主体，此前只是纯粹认知性的问题转变成了由“为生存和死亡而斗争”构成的社会性故事。简单说来，后唯心主义哲学需要一些材料来使其变得更加有形和具体，从而满足其对于实在的需求，而本章就是把所有能够提供这些材料的要素都整合在了一起。黑格尔的第一批学生抓住了本章提供的契机，把黑格尔的思辨哲学拉出思想和概念的飘忽领域，拉回到社会现实的世界。此后，从卢卡奇和布莱希特到科耶夫等著述者都不断尝试在欲望、承认和斗争的延续中，揭露可以被安置在历史中的、诸事件的政治进程的轮廓。

然而，将黑格尔的思考细化为具体确凿的概念后，面对所有这些概念间冲突性的相互作用，我们可能会忽视本章论证核心的真正所在。毕竟，黑格尔打算做的不仅仅是证明，一旦主体意识到他们彼此间的互相依赖，就必定会进入斗争状态。通过运用他的现象学方法，黑格尔试
3 图证明的是，一个主体只有进入与另一个主体的“承认”关系中，才能对他的“自我”有所“意识”。与历史化或社会学的解释想要实现的目的相比，黑格尔的目的更具有根本性；黑格尔主要感兴趣的不是阐明一个历史事件或冲突案例，而是阐明被证明为所有人类社会性之先决条件的先验事实。如果有任何历史事件的描述出现在“自我意识”这一章，那也是在黑格尔真正感兴趣的事件发生之后才会被谈及。黑格尔真正感兴趣的是：主体从仅仅是自我指称的纯粹欲望中形成，开始意识到他对于其他人类主体的依赖性。因此，他力求解释的只是从自然存在到有精神性（*geistig*）存在、从人类动物到理性主体的转变。本章接下来谈及的社会冲突仅仅意指一种过程性的表达，其表达的是这种精神（*Geistigkeit*）对人类存在者所具有的意义。

接下来我将尝试重构黑格尔论证路线的关键一步：从“欲望”到“承认”的转变。对此存在一长串不同的解释，清楚地表明了这一尝试的困难，这些解释没能真正将注意力放在黑格尔自己的表述上，只得到了十分任意甚至荒唐的对黑格尔文本的解读。[2] 出现这种问题的原因之一可能在于，“自我意识”一章与它的核心论证的长度之间极其不平衡。在这一章的将近四十页中，黑格尔只把一页半贡献给了他的这一主张：自我意识需要其他自我的承认。我想把这几页作为我重构工作的中心，而这首先需要澄清黑格尔的欲望概念（一），目的是说明黑格尔承认概念的内在转变（二）。我的解释高度聚焦于黑格尔具体的用语，我将证明黑格尔给我们提供了不止一个论证，来说明为什么主体间的承认构成了获得自我意识的先决条件。

一

在《精神现象学》一书中，黑格尔描述了一个过程，通过该过程，我们从既是进行观察的哲学家又是参与主体的角度，达成对我们所有知识之前提的理解。他力图描绘达成这一理解的每一个步骤，以便不仅 4
让反思的观察者，而且让参与其中的行动者也能明白这个过程。本章以这样一个观察开始：双方都已经通过之前描绘的步骤，明白了他们认知的对象要依赖于他们自己的行动。对象的世界对于他们而言不再仅仅是被外部地给定，需要他们去获取确定性的东西，相反，这个世界被证明是他们自己同世界关系的一种模式："但是在前此各个阶段所没有的情况（感性确定性、知觉和知性），现在却发生了，即现在我们达到了一种确定性，这种确定性和它的真理性是等同的；因为确定性本身就是它自己的对象，而意识本身就是真理。"（130）黑格尔的意思是，主体现在能够把他自己视作他关于世界的知识的权威来源了。无论他能在头脑中唤起什么关于实在的"真理"，这都不是因为他对实在的被动感知，而是由已经构成了所谓"对象"的意识的主动行为导致的。在某种意义上，观察者和被观察的对象都达到了一种已经为康德的先验哲学所描绘的认识论立场。因此，观察者和被观察对象双方在此都面临着知识之本质的问题，而只有当主体自身提出了有关何者为真的断言，他们才拥有知识。"自我"——其对于自身的意识构成了黑格尔后来思考的对象——因此是一个理性个体，这个个体已经抽象地意识到了其建构性、开创性的认知活动。

随后，黑格尔尝试去解决这个问题，而为了解决这个问题，他让现象学意义上的观察者去预期参与其中的主体随后必须遵循的经验步骤。从观察者的角度来看，我们很容易看出这个过程中每一个新的阶段之开端所面临的困难或不足，而这种困难或不足，会使得被我们观察的主体认为他只不过是被迫才去进行随后的经验过程的。为了真正地拥有自我意识而感知到他自己，这个主体需要扮演一个其自身创造了实在的积极角色。但是只要他仅仅意识到自己是“意识”，是根据康德而言一定能够与所有的“观念”相伴的意识，主体就还没有把他自己体验为经验的构成对象。我认识到了这一事实，即实在不过是我的精神状态的内容，这还不足以确保我能去进行综合和规定；相反，我对我的意识的感知，正如我去感知我在那一刻施加的精神注意力一样，是选择性的（*punktuell*）和消极的。[3] 出于这个原因，当谈到纯粹发挥复制作用
5 的意识时，黑格尔明确地批评了康德和费希特的立场：“然而由于它（自我意识）只是把自己本身同自己区别开，因此差别立刻被作为一个他物而被扬弃了；差别是不存在的，它（自我意识）只是‘我就是我’的静态的同语反复；由于在它看来，差别不具有存在的形式，因此它不是自我意识。”（131—132）

在我对我的精神活动所拥有的意识类型，和这些在自我意识的最初阶段尚未在场的精神活动本身之间，一定存在区别。归根结底，我由于缺少某种经验，无法意识到以下事实：不同于我随附和漂泊的注意力，我的意识活动是积极的，并且改变了实在。因此，哲学上的观察者，也就是认识到自我意识第一阶段之不足的人，为了能够认识到这种差异，会先刻画出我们所需要的那种经验类型。在论证才刚刚开始的这个时候，黑格尔出人意料地使用了“欲望”这个概念来描述第二个阶段。这意味着他选择了一个与肉体活动而非精神活动相关的术语。然而，在参与其中的主体可以采取这样一个罗伯特·布兰顿称之为“情欲化的”[4] 立场之前，他必须先学会把实在和他为满足自己的基本需要所采取的行为联系起来。黑格尔用“生命”这个概念来阐述这个中间阶段，这个概念要解释的是，为什么观察中的主体会被驱动去采取“欲望”的立场。“欲望”概念因此在黑格尔的论证中占据了关键的地位，否则我们就无法理解那个向新阶段过渡的过程，而正是这个过渡驱使个体继

续探索他们的自我意识。

黑格尔在之前的章节中已经谈到了“生命”，在那一章节中，他引入了“知性”（*Verstand*）作为一种优于“知觉”的关于对象的知识形式（A. III）。在作为“生命”的“知性”的帮助下从整体上理解实在，不仅意味着把一种以“力”（*Kraft*）为形式的统一的原则归于分离的感知要素，更重要的是，它还意味着学习如何掌握与这种知识相关的意识的综合能力。“生命”这一范畴，因此就代表了一个转折点，这个转折点为有关自我意识这一章提供了先决条件，因为主体正是在这里开始把世界解释为依赖于他自己的认知的，从而开始发展出“自我意识”。但是出人意料的是，同样的这个范畴，“生命”，在从最初空洞的或纯粹复制性的自我意识形式转变成第二种更高级的形式的时刻，再次出现在了这个新的情境中。在观察者完成了预期（*Vorausschau*）之后，也就是预期到只 6
有通过“欲望”的立场，主体才可以更好地意识到“自我”之后，黑格尔解释了生命概念的全部含义，其中之一被明确地描述为由参与其中的主体表现出来的反思活动：“那被自我意识当作异于自己而存在着的东西，就它之被设定为存在着的而言，也不仅仅具有感性确定性和知觉的形态在它里面，而它也是返回到自身的存在，并且那当下欲望的对象即是生命。”（132）在这一点上我们可以得出结论说，黑格尔已经开始说明作为观察者的主体为了理解自我，是如何开始从此前发展出来的“生命”概念中得出其结论的。虽然此前他只能根据对于他的精神活动的被动观察来设想这个“自我”，因此他把“自我”想象成一个非世俗、非形体和非此在的“我”，现在他将自己放置在“有生命之物”这样一个他已经在认知上把握了的概念的对立面上来认知自己。观察者已经认识到，为了达到更好、更完备的自我意识，主体必须采取欲望的立场；这一点，只有通过主体将生命的概念反身性地运用到他自己对待世界的态度上，才能逐渐进入他的头脑中。他认识到他的自我不是一个无所凭依的、选择性的意识，而是总在积极的实践中与有机的实在相关联的；

他不再能够积极地，作为一种会自然地进行自我繁衍的存在，在一个充满活力的世界中行动。在这个意义上，我们可以按照弗雷德里克·诺伊豪斯的说法宣称主体具有一种先验的经验，因为它意识到自己只有在一个可进入的实践立场中遭遇了生命这个对象，才能设想“生命”的概念。[5]

当然，在黑格尔把这类经验归于主体之前，他必须清楚地阐明“生命”的概念，直到它对于个体与世界关系的影响自然而然地呈现出来。毕竟，在主体反思生命概念时发生的变化，不仅是观察者外部规定的变化，也是被观察的主体自身得出的结论。个体在“生命”范畴的帮助下创造出了对实在的统一，并反思他在其中会遭遇什么，那么它就无法避免两个同时发生的实在化过程。它观察到，它所构造的世界是一个通过永久的转化而得以维持的整体，其一般性品质通过其个体成员的生
7 命周期不断得到再生产。“整个圆圈式的旅途构成了生命……生命乃是自身发展着的、消解其发展过程的，并且在这种运动中简单地保持着自身的整体。”(135—136)然而，因为只有个体意识可以认知这个生命及其类(genus)特征的这种特殊性，主体必须同时意识到它是部分地被这一生命过程所排斥的。它作为意识的承载者，和作为一个生命种类所拥有的特质相比，似乎从属于不同的范畴：“……在这个结果中，生命指向一个它自身以外的他物，亦即指向着意识；对于意识，生命是作为这种统一或类而存在着。”(136)在这一点上我们看到了参与其中的主体把生命概念运用于自身的初步后果，而正是在这里，黑格尔的文本变得尤其难以理解。一个众所周知的困难是，我们不能准确判定主体所选择的规定仅仅是它作为观察者所做出的描述，还是它作为被观察的主体获得的经验所产生的相应后果，而这个困难在这里变得更加尖锐了。黑格尔将这个问题表达如下：

但是另一个生命(类本身是对它而存在，而它本身也是类，即

> 自我意识），最初只是作为这种简单的本质而存在，而且以纯粹“自我”作为对象；在它的经验过程中（这经验就是我们现在所要考察的），这个抽象的对象将为了“自我”而丰富它自身，并且将经历我们在生命那里所看见的那种展开。（136）

我将这段简短的陈述的第一句话的第一部分视作是在对我们希望被观察的主体的经验会带来的后果做出预期，然而这句话的第二部分，以“最初”开始，指出了主体自我意识的某种短暂的状态。相关个体仍然认为他们自己的“自我”是纯洁的、没有被安置在情景中（non-situated）的意识，但是从观察者的角度来看，主体必须将自己理解为一个生命种类中的个体成员。黑格尔的意思是主体被迫从纯粹自我意识向“有生命的”（*lebendig*）自我意识过渡，在“有生命的”自我意识中他必须在他所建构的实在的生命性中认识到自己的生命性（*Lebendigkeit*）。在某种意义上，他只能通过对自己的有机生命过程的观念以及他与依赖于他的实在所共享的自然特征的反思，回顾性地发现他的自我。然而，黑格尔跳过了这些步骤——在这些步骤中，主体在其自我创造的对象的生命性中发现自己的自然性——并立即转向另一 8
个立场，在这个立场中，被观察的主体再一次确认他新获得的理解。在“欲望”的立场中，个体使自己确信他是一个有生命的意识，尽管这个有生命的意识和全部的实在一起共享生命的特征，它仍然要优越于实在，因为实在还是依赖于作为意识的它。因此，欲望是一种肉体形式的表达，在这种表达中主体使他自己确信，他作为意识，拥有有生命的、自然的特征：“……自我意识只有通过扬弃它的对方（这对方将自身作为一个独立的生命呈现给自我意识）才能确信它自己的存在；自我意识就是欲望。”（136）

黑格尔的“欲望”概念，勾勒了自我意识的第二阶段，很显然，这也是对当时流行的意识哲学的深刻批判。黑格尔指出，当康德和费希特认为自我意识只是一种活动、意识仅仅用它来观察自身时，他们没能把握到意识之积极的、进行综合的方面之外的那些东西。或者换句话说，这种观念不仅剥夺了主体的机会，让它无法意识到它为了把真理确定下来而采取的那些行为（*wahrheitsverbürgende Aktivität*），而且还暗示着理性的自我，即主体在其中被视为掌握着知识的那个自我，不受任何自然之规定的影响并因此缺乏任何形式的有机的生命性。黑格尔似乎宣称，关于意识的哲学否认了主体对自身之肉体存在的任何直接的、无中介的经验。尤其是为了反驳与他同时代的反自然主义立场，黑格尔把作为第二阶段的“欲望”建构到了获得自我意识的过程之中。在这种立场上，主体通过表达他相对于其他所有存在者的优越性来使自己确信他的生物性的本质。凭借区分好坏的能力，主体很清楚意识中的哪些要素使其成为独一无二的存在者。对黑格尔来说，对欲望的肯定，也就是对基本的、有机的需求的满足，在自我意识方面发挥着双重作用。主体既把自身体验为自然的一部分，因为它参与到了对其进行规定的，并且是受外界支配的“生命的运动”中去，也把自己体验为这一生命的积极的组织中心，因为它可以凭借他的意识对生命进行一些必不可少的区分。我们甚至或许会说，黑格尔的欲望概念旨在说明人们在多大程度上总能预先意识到他们的“非中心化的立场”（Plessner）。只要人们将自己看作满足需求的存在者并且在欲望的框架下保持活跃，他们就
9 拥有关于自身双重本性的直接知识，这让他们能够同时站在本性之内和之外进行考察。

对我们来说，重要的是要获得关于“欲望”之作用的清晰认识，因为有关黑格尔的文献经常将这一部分看作消极的和需要克服的东西而加以摒弃。但是对我而言，黑格尔似乎坚持认为与我们最基本驱力的满足相联系的经验，产生了一种在内容和复杂性上远远超出第一种自我意识形式的自我意识。与让主体将自身体验为纯粹选择性的（*punktuell*）意识相反——该意识总是在所有精神活动中持续在场，对主

体欲望的满足为其提供了对于一个自我之存在的直接确证，而这个自我，和他的精神活动一起，被非中心化地置于自然之中。因为这种自我意识恰当地处理了人的生物本性，所以黑格尔也确信我们不能放弃这一自我意识阶段的根本成就。不论让主体获得关于它自身的适当认知还有其他哪些必要的先决条件，这些先决条件都必定被包括在我们对自身作为自然中一个“有生命的成员”的意识之中。然而，越是强调“欲望”对自我意识的贡献，我们就越要去研究为什么黑格尔认为这一“自我意识”的阶段仍是不充分的。黑格尔只需一个简短的段落来证明自我意识有必要进行进一步的过渡。这个段落构成了我们重构的下一步。

二

还没描述欲望对自我意识的本质重要性，黑格尔就先概括了相关类型的经验失败的原因。不同于他在从自我意识的第一阶段转向欲望的说明中所做的工作，黑格尔没有再清楚区分观察者和参与者的视角。他没有先采取哲学立场并提前概述下一个经验步骤的目的，来使主体自己经历这个学习的过程；相反，这两个过程似乎都不知怎么地就被加入进来了。这样一种急匆匆的，几乎是仓促的描述，首先总结了欲望对自我意识做出的贡献。在这种立场上，主体确信了有生命的实在之“虚无”或“无价值”；他将处于非中心化的位置的自我视为优越于自然的其他部分。作为人类动物，表达这种优越性的恰当方式是消费自然对象 10
来满足他的欲望。黑格尔因此说道，在他的欲望中，主体“给了它自己作为一个真正确定存在的确定性，确定性因客观的方式而对自我意识自身变得清晰”（136）。下一句紧跟着进行了过渡，在这句话中黑格尔简要地评论道：“但是在自我意识的这种满足里，它经验到它的对象的独立性。”（136）几行后，黑格尔甚至又更明确地声称自我意识不能通过对对象的“否定”来“扬弃”对象；相反，“它产生对象并且又产生欲望”(137)。因此，黑格尔确信在欲望的立场上发现了一种自欺的要素。主体自己欺骗自己。主体对它与世界的关系抱有一种错误的看法，相信它自己能够通过对需求的满足和欲望的实现来摧毁它的对象。然而，更加困难的是要去判断为什么这种类型的自欺应该驱动自我意识过渡到一个新的阶段。我们也不清楚为什么由于对象的独立性导致的失落应当导向一种与他者的接触以及承认。我看到的几乎所有对这些段落的解释，要么是在这个分歧上架起比喻性的桥梁，要么就是在文本自身之外额外增加一些建构。[6]

首先，我们需要更确切地弄清楚，黑格尔认为欲望在与自我意识的关系中有什么不足之处。他谈到了自欺，但这只能被当作对我们必须前进的方向的一个最初的暗示，其自身还不是一个解决方案。作为跟随着哲学观察者所指出的方向的读者，我们已经知道被观察的主体在经过此前分析的阶段之后要达成对哪一种自我的意识：主体必须真正地意识到他自己就是那个理性的、建构实在的行动者，而在本章开头时，主体对其仅有一种抽象的和一般性的认识。我们也可以说，作为自我意识的“我”必须在制造一个客观世界的建构活动中理解自身。然而，伴随着这一经验的进程，自我意识也产生了一种新的需要，一种主体在第一阶段完全无法意识到的需要。作为主体对于有生命的实在之观念的“先验”后果，主体把自身作为一个消费性的存在者置于自然之
11 中，它一定会意识到它创造实在的活动，不仅仅是它自己的特殊性质，也是一般而言的人类的根本属性。通过认识生命的类特征，也就是不依赖于个体样本之持续存在而存在的自然实在，主体被驱使着将他的自我视为整个类(即人类)的一个实例化表现。在自我意识的第一阶段，也就是伴随着自我进行观察的自我意识中，主体仍然距离这种形式的自我意识非常遥远。但是在第二阶段，由他自己对于“生命”观念的理解理性地驱使着，主体开始能将自己和他的意识看作被置于自然中

的一种高级存在。在这里，他把自己设想为一个自然的、有机的自我，这个自我获得了对于其能力的确信，而这种能力在于，通过在满足欲望的过程中消费他的对象来摧毁自然的其他部分。现在，黑格尔突然又宣称这种本体论的假设一定是错误的，因为尽管有人类的消费活动，自然实在还是继续存在着。无论主体满足他欲望的活动是多么无休无止，“生命的过程”作为一个整体还是持续着，无视其个体要素的毁灭。结果就是自然的对象仍然保持着它们的“独立”。因此严格来讲，对于“欲望”的经验有双重不充分之处：首先，这种经验给了主体一种“全能幻觉”，导致他相信所有的实在不过是他个人意识活动的产物；其次，它阻碍主体把自己设想为类中的一员。所以不论这个阶段对自我意识有多少益处，它必定失败，而这种失败是由于这样一个事实，即它创造了一种错误的全能自我的观念。在欲望的框架中，主体既不能把握他创造实在的活动，也不能把握他自己的类属性，因为主体那种仅仅是满足他个人需要的行为并没有触及他在那整体的生命中的实在性。

我非常谨慎地选择了“全能幻觉”（*All-machtsphantasie*）和“全能性”（*Omnipotenz*）这样的表述，以便能与个体发育学进行比较，这个比较在这里可能会有所助益。独创性的精神分析学者唐纳德·温尼科特（Donald Winnicott）把儿童的经验世界描述为一种状态，在其中儿童追随一种近乎本体论的需要来向自己证明他们的环境是依赖于自己的意图的。通过破坏他们拥有的客体，儿童想要证明现实服从着他们无所不能的力量。[7] 对我们当前的目的而言，重要的不是这些观察的经验有多准确，而是它们在阐明黑格尔的主张上可能是有用的。黑格尔和温尼科特想说的似乎是同样的事情——不是关于个体发育，而是关于被 12
观察的主体的经验。两人似乎都宣称，主体通过由需求驱动的对其环境的消费，来使自己确信他遭遇的所有实在都是自己精神活动的产物。但是在这样做的过程中，正如黑格尔所说的，他还要面对如下事实，即世界保持着它的“独立性”（*Selbstständigkeit*），因为实在的存在不依赖于个体要素的存续。根据温尼科特，孩子会发现某个存在者——这个存在者以母亲或其他依恋对象的形式存在——会以不同的方式回应他们的破坏行为，从而退出这一幻想自己全能的阶段。根据相应的情境和她自己的感受，一位母亲有时会通过表示理解，有时则会通过表示不赞成，来回应孩子的攻击行为；这样孩子便最终学会了接受除了他或她自己的意向性以外的其他意向性的来源，而相对于这一意向性的来源，孩子必须把他或她对于世界的观念放在从属位置。温尼科特的论证，对于黑格尔努力推动自我意识从第二阶段向第三阶段转变的那些思考来说，是至关重要的。

黑格尔描述了“欲望”的失败，紧随其后的很可能是自我意识一章中最难的句子了。在知情的观察者没有提前给出任何预示的情况下，黑格尔就直接宣称，为了达到主体自我意识的完善，它需要另一个“在自身之中”(*an ihm*)带有相同否定性的主体，而之前的自我意识则仅仅把这种否定性施加在自然实在之上：“由于对象的独立性，因此只有当对象自己否定它自己时，自我意识才能获得满足；对象必须自己否定它自己，因为它潜在地是否定性的东西，并且它必须作为一个否定性的东西为对方而存在。”(137)或许我们应该追问黑格尔指的需要究竟是什么，他宣称这个需要只能通过互相否定来获得满足。他想到的不可能是先前在“欲望”这个概念中表达的有机的驱力，因为这个需要已经在对自然世界的消费中完成了。且不论主体在这个阶段给自己带来的那些失落，它确实根据自己的偏好，成功地从现实中获取了满足其动物性和“情欲化”需求的材料。所以黑格尔所要考虑的需要一定存在于更深层的地方，并且同样包含在“欲望”之中，我们可以称这种需要为“本体论的”，因为它要求确认一个特定的、具体的对于实在之本体论特征的
13 观念。在主体出于满足自身欲望的目的进行的破坏活动中，主体试图使他自己确信世界的“虚无”和“无价值”，它的存在仅仅是他自身精神活动的产物。黑格尔现在宣称之前未满足的本体论需要只能在以下两

个条件下得到满足：第一，该主体必须在实在中遭遇一个要素，这个要素对它开展相同的否定行为作为回应；第二，该主体必须对自己开展同样的否定。[8]

尽管黑格尔的论证很复杂，我们还是很容易弄清，为什么被观察的主体与另一主体，也就是第二意识的相遇是必要的。毕竟，唯一能够进行这样的否定的“客体”，是同样拥有意识的存在物。在这个意义上，黑格尔在刻画自我意识之第三阶段开头的句子，显然为主体经验开辟了一个新的空间。主体不仅能够看到他自己面对着有生命的实在，而且也在实在中遭遇了同样能进行有意识的否定的角色。然而，更难以理解的是黑格尔关于第二主体显然必定能够在其自身之内开展否定的言论，也就是对第一个、被观察的主体施加否定，以满足本体论的需求——至少这是对这一表述的通常解释，根据这种表述，新的“客体”实施着一种“自身之内的否定”。然而，我们不应该按照字面意思认为这个想法指的是破坏行为或需求驱动的消费。相反，我们应该把这个“在自身之内”当作意指“针对自己”。这将意味着，第二主体开展的否定行动直接指向他自己，这是一种自我否定的形式。因此，第一主体与作为在它面前对其自身实施否定的存在者的第二主体相遇了。无论如何，这种说法都可以解释，为什么被观察的主体的本体论需求只能在与他者的相遇中得到满足：如果第二主体只是因为他意识到了第一主体，才开展了一种自我否定，即一种去中心化的行为，那么第一主体因此遭遇的就是只能在第一主体在场的情况下才能改变自身状态的、实在中的某种要素。如果回到与温尼科特理论的比较，我们可以说主体在他者之中遭遇了一个存在者，这个存在者通过自我限制的行为使主体意识到他自己的“本体论的”依赖。

但是黑格尔不满足于仅仅提及否定的这第一个环节，他又增加了一个由被观察的主体表现出来的补充性的否定环节。在这个环节中，14
不只是另一个自我开展了一种否定，自我本身也如此。然而，在第二步中，黑格尔只是从他已经发展的论点中，得出了必然的结论，因为如果第二主体只是因他遭遇了作为同样类型存在者的第一主体而开展针对自身的否定行动，那么当第一主体遇到另一个人类存在者的时候必定也会开展同样的自我否定。因此，黑格尔宣称，这种类型的他称之为自我意识的必要条件的主体间相遇，具有严格的相互性。在两个主体相遇的时刻，两者都必须开展针对他们自己的否定，在这个过程中他们和自身（*Eigenen*）拉开距离。如果我们在这个想法中注入康德对“尊重”的定义：康德认为尊重（*Achtung*）是对自爱的“阻止”（*Abbruch*）或否定，[9]那么我们就终于能够清楚地了解黑格尔引入主体间的关系是想证明什么。在两个主体的相遇中，只要双方遭遇了彼此，两边就都被迫去限制他们自私性的驱力，在这个意义上，一个新的行动场域被打开了。[10]不同于那种满足自身需要的行为——在那些行为中，有生命的实在始终是保持不变的——在这个互动的过程中，两个主体都经历了转变。自我与另一个自我，通过限制或否定他们各自以自我为中心的欲望来回应对方；然后他们就可以不必带着纯粹消费的目的与彼此相遇。如果我们更进一步假设黑格尔完全知道他的自我否定的观点与康德对尊重的定义之间的联系，我们甚至可以认为他有更深远的意图。他似乎认为，被观察的主体只能通过一种在最初意义上是道德经验的帮助才能获得自我意识。黑格尔不只在“精神”一章——在这一章中他明确地处理“道德”——将自我限制设定为所有道德的必要条件，而且还将自我限制与自我意识的条件联系在了一起。然而，在黑格尔的描述中，这一步骤呈现出一种独特的无意识的甚至是机械的特征，因为在此情形中，这种去中心化的行为不是两个主体自由地选择去限制他们个人的欲望，而几乎可以说是感知到了他者之后反射性的回应。黑格尔显然坚持认为，人类主体间性的具体道德规范始于这个早期阶段，而这一道德规范只呈现为相互的、回应性的形式。自我和另一个自我通过限制各自以自我为中心的需要来对对方做出回应，让他们进一步的行动取

决于彼此采取的行为。不过，至此，要理解为什么黑格尔认为这种原始的道德是自我意识的一个条件，我们还只迈出了一小步。 15

我们已经看到，黑格尔认为，被观察的主体的本体论需求是在主体间的相遇中获得满足的。只要主体遇到另一个人类存在者，他就可以在后者的自我否定行为中看出实在中的一个相关要素在对他的存在做出回应。被观察的主体能够在他者的准道德反应中确定他对自身意识的依赖。但是对黑格尔来说，自我意识超出了实在是一个人的自我意识的创造物这一本体论的洞见。被观察的主体应该能够在他创造实在的活动中感知到他自己。在这里，黑格尔利用他已经描述过的互动的相互性来解释，感知某人自己的行为如何是可能的。正是另一个自我的自我限制活动，使主体能够直接观察到那种他用来对另一个主体施加真正改变的行为类型，通过该行为，自我使他者产生了真正的变化。主体双方都可以在对方当中感受到那种否定性的活动，通过这种活动，他们自己创造出一种他们能够理解为自身之产物的实在。因此，我们可以跟随黑格尔给出结论：自我意识的可能性要求一种原始的道德规范，因为只有在他者的道德的自我限制中我们才能认识到一种行为，通过这种行为，我们的自我在瞬间对世界施加一种永久的变化，甚至创造出一个新的实在。

但是，对黑格尔来说，自我意识过程的完成还不能立刻导向一个有普遍共享理由的世界。“理由的空间”反而是通过斗争创造出来的，这种斗争是主体一旦认识到他们的互相依赖后就必须参与其中的。以一种几乎是自然主义的方式，黑格尔设想，主体通过生命的观念学到的东西，对“欲望”阶段来说是至关重要的。主体通过道德相互性的经验获得自我意识后，个体就能把自己理解为人类之类存在中的一员。这样的主体就变成了“我们中的我”（138）。因此，在这里，黑格尔给自我意识施加的三个要求都被满足了。在他者的自我限制中，主体同时感知到他用来创造（社会）实在的活动，他因此也就把自己理解为一类中的一员，这一类之存在正是通过这种类型的互动而得以维持。最终，黑格16 尔使用了一个单一的表述来描述这一类的特性："承认"，即为了他者的利益而相应地限制某人自己的、以自我为中心的欲望。

注　释

1 括号中的所有页码均参考：黑格尔，《精神现象学》，贺麟、王玖兴译，商务印书馆，2017 年重印版。——译注

2 这种趋势可以在 Terry Pinkard 在 *Hegel's Phenomenology: The Sociality of Reason*（Cambridge：Cambridge University Press，1994）中给出的令人印象深刻的解释中找到。我的印象是，在他对《精神现象学》的这一核心要点，即从"欲望"到"承认"的转变的解释中，他诉诸黑格尔在《法哲学原理》中各种不同的论证，作为一种解释的依据。

3 Hans-Geory Gadamer 对这个问题给出了一个看似非常合理以及清楚的解释，见他的论文 'Hegel's Dialectic of Self-Consciousness', in *Hegel's Dialectic: Five Hermeneutical Studies*, trans. P. Christopher Smith（New Haven：Yale University Press，1976），pp. 54 - 74。

4 Robert Brandom，'Selbstbewusstsein und Selbst-Konstiution'，in Christoph Halbig，Michael Quante and Ludwig Siep，eds，*Hegels Erbe*（Frankfurt/Main：Suhrkamp，2004），pp. 46 - 77.

5 Frederick Neuhouser，'Deducing Desire and Recognition in the *Phenomenology of Spirit*'，*Journal of the History of Philosophy*，*vol. 24*（1986），pp. 243 - 362.

6 诺伊豪斯在 Deducing Desire and Recognition in the *Phenomenology of Spirit* 中给出的解释，也是我在我论证的第一步中至关重要的一点上遵循的解释，是一个例外。

7 Donald W. Winnicott，'Form Dependence towards Independence in the Development of the Individual'，in *The Maturational Processes and the Facilitating Environment*（London：Hogarth Press，1965），pp. 83 - 92.

8 因此，在这里谈论一种"对承认的需要"，就像在科耶夫以及他的弟子的

作品中所做的那样，是错误的，黑格尔在这里通过谈论其满足而假设的一种需要——这种满足是通过随后描述的相互否定而达到的，是被观察的主体通过他的意识活动来改变实在的需要。用我的话说，这将是一种"本体论的"需要。对于科耶夫的解释的一种批评，见 Gadamer，'Hegel's Dialectic of Self- 17
Consciousness'。对黑格尔而言，"承认"不是一种欲望或需要之意向性的内容，而是满足一个主体对于体验以自己的能力改变实在之欲望的（社会性的）手段。

9 Immanuel Kant，*Groundwork for the Metaphysics of Morals*，trans. H. J. Paton（New York：Harper，1946），p. 69.

10 G. W. F. Hegel，*Encyclopedia of the Philosophy Sciences*，vol. III，trans. William Wallace（Oxford：Oxford University Press，1971），§ 408. 18

第二章

实现了自由的王国：黑格尔的“法哲学”概念

与康德和费希特不同，当涉及政治哲学时，黑格尔并不是一位写短小精悍文章的大师。尽管他为他那个时代的政治事件创作过许多短小的，甚至是新闻类的文章，[1] 但这些文章的体量和风格都不同于另外两位哲学家的伟大作品。[2] 所以我们关于黑格尔政治哲学基本框架的知识主要来自《法哲学原理》一书，该书 1820 年在柏林出版，在这本书中他一定程度上总结了他的核心观点。[3]

一　本书的背景

这本书现存的形式和它的最初形式有所不同，最初它是一些定期进行的讲座，主要以简短的段落组织起来。后来为了更容易理解，黑格尔添加了书面注解。伴着优雅严肃的语言和偶尔以势不可挡的气势出现的隐喻形象，黑格尔发展了他关于一种自由政治秩序的基本原则的

观点。他在海德堡大学任教授期间(1816/1817)，就政治哲学问题举办
过公开讲座，在讲座中他尝试把他在1817年出版的《哲学科学全书纲
要》中关于一种“客观的”、制度化的实现自由之阶段的学说之纲要加以
具体化。1818年黑格尔应威廉·冯·洪堡理念指导下的柏林大学之邀
赴任，而后在新环境中继续他的常规研究。在柏林大学的第一学期
(1818/1819年的冬天)，黑格尔还就《哲学科学全书纲要》做过讲座，他
做了一系列关于“自然法和国家科学”的讲座，但是没有引起很大反 19
响。[4] 在这一时期，黑格尔终于能享受一定程度的平静生活，并得到较为
稳定的认可了，他也享受着一种更安宁的家庭生活，因此决定把分散的
讲座手稿整理成一本独立的书。正如他在海德堡大学出版的《哲学科
学全书纲要》，这本新书也是一个“手稿”，在必要的地方可由讲座中的
口头附释加以补充。尽管普鲁士的反改革运动造成了巨大干扰，黑格
尔还是在1820年6月成功完成了手稿。同年10月——虽然书的封面
页写的是“1821”年——黑格尔的《法哲学原理》出现在了尼古拉书店。
在很长时间内，这本书的标题和反改革的大环境阻碍了读者对黑格尔
基本意图的充分接受。黑格尔不仅试图提供对现代法律更深厚的证
成，还要革命性地重构我们关于自由社会秩序的原则和先决条件的
观念。

二　文本的基础概念和架构

刚开始读黑格尔的《法哲学原理》，但是只习惯于惯常的，康德主义或洛克主义式证成自由主义政治秩序方式的人，会对这本书的框架和结构感到困惑。和对这个问题的其他处理不同，黑格尔研究的重心并不是对构成性法律原则和相应道德公理的观察，而是对被归于“伦理生活”名下的制度环境的反思。除此之外，黑格尔的副标题和他组织文本的方式还暗示，伦理生活的概念代表着对法律和道德原则固有缺陷的

克服。总的来说，这本书给人一种非常困惑的印象，因为当涉及自由社会秩序的核心时，黑格尔捍卫着一种大胆的观点：特定的“伦理”制度优于一系列法律和道德原则。

理解这些理论创新的关键出现在内容广泛的“导言”中，黑格尔将它置于处理自由政治秩序之问题的开端。在“导言”中我们发现了法哲学中所有概念性的要素，这些要素得到了恰当的发展，清楚说明了为什么现代的政治和法律理论必须最终阐明那些保证自由的制度。黑格尔
20 论证的出发点与指导卢梭、康德和费希特证成国家秩序原则的观念是一样的。在现代的、启蒙了的环境下，一个国家，即以法律建构的社会系统，只有在它通常能够保护它的每一个成员的个体自由的情况下才是合法的。因此，正如黑格尔在第四节写的“法的基础（*Boden*）……是意志；意志是自由的，所以……法的体系是实现了自由的王国”。因此，黑格尔也就清楚说明了他不仅要把法律定义为允许、保护和保证个体自由的制度，而且，法律体系必须创造一个“王国”，在其中每个个体的自由都能实现，这意味着这种自由必须包含可以作为其自我实现之目标的规定或要素。在这个早期表述中，我们可以首次看到一种迹象，即黑格尔不愿将法哲学限制在通常的法律概念范围中。如果“法”不仅指制度，还是个体自我实现的“王国”，那么它就不能被化约为康德、费希特和卢梭想象的一般性的、由国家保障的、仅仅是被消极地构想的原则。[5] 黑格尔的意图比他的前人更具有广泛性，尤其是当他开始阐明“导言”中的自由意志概念时，这一点就变得更清楚了。在某种意义上，黑格尔给予自由意志概念的极端复杂的、多层次的规定代表了他整个政治哲学的关键所在。[6] 他使用的理论性步骤主要来自对辩证法的运用，在对辩证法的运用中，他试图描述精神（*Geist*）意识到它自身（*Selbstwerdung*）的过程。此后的二手文献表明，即使不考虑用于巩固他的系统性解释的那些本体论前提，黑格尔对自由意志的规定和在《法哲学原理》中的进一步阐释，也可以是合理的。[7]

黑格尔从对比自由意志的两种模式开始，在他看来这两种自由意志都是不完整或者说片面的。一方面，个体的自我规定被定义为人“通过意志的行动，使自己和‘需要、欲望、驱力’拉开距离的能力”（第5节），这可以被体验为对“我”的独立性的限制。尽管黑格尔相信这个定义捕捉到了个体自由的基本组成部分，但正如作为人类典型特征的自杀能力所显现的，它最终导致的是行动自由的完全丧失，因为行动注定要设定目的，而目的则对意志施加限制（第5节）。第二种自由意志的 21
模式着手解决第一种模式的缺陷，它把个人自由的运用理解为对特定“内容”的理性决定，而这种决定为我们的行动提供了目的（第6节）。在这里，黑格尔的脑海中徘徊着康德的影子（第15节），这个想法相当于“任意的自由”或“任性”（*Willkürfreiheit*）。这类意志的自我规定在于决定其更愿意基于何种倾向或冲动而行动。黑格尔在第二种模式中看到的缺陷在于，个人自由不会延伸到意志所要规定的材料上，而是仍然依赖于它的“界限”：“任意性的含义指内容不是通过我的意志的本性而是通过偶然性被规定成为我的；因此我也就依赖这个内容，这就是任性中所包含的矛盾。”（第15节，补充）

如果任意性是不完整或片面的，因为在这种模式中决策行为参照的是他律性的、作为事实被直接给定的“冲动”，那么个人自由的充分模式必须能够使我们避免这一决定性的缺陷。在“导言”中，黑格尔尝试了许多不同的表述来描述第三种自由意志概念的特征。他十分倚重于辩证法，根据辩证法，对一个给定对象的正确规定是通过综合两个互为补充的单一规定达到的（例如第7节）。但是最适于理解他的意图的概念还是来自他早期的作品，且那一概念无需这种形式性的要素。在那里，当意志“在他者中”仍“与自己同在”时，它就是自由的（第7节，补充）。最近有一系列有益的尝试，试图澄清这个设想中所包含的自由概念。[8] 我们可以把这些尝试的结果简要地总结为：只要主体仍要通过意志的行动与世界中仍然陌生的客体相联系——陌生是因为主体无法将

其视为自己的延伸——那么,主体就还没能达到真正的自由。他只有
在“他者”中“与自己同在”才能发现通向真正自由的道路,而这是通过
将他者的性质或特征,体验为他可以“认同”的东西做到的。回想黑格
尔早期的作品可能会有所帮助,他总是借鉴爱情来阐释这种形式的自
由。在《法哲学原理》中也是如此,他将友谊和爱情称为最容易从中识
别出“在他者中与自我同在”这一结构的情感(第七章,补充)。因此,
正是根据这种与承认关系的结构高度相似的模式,黑格尔设想了这种
22 类型的自由,而这种自由的实现是他的法哲学的主题。很明显,黑格尔
给自己设定的目标是：刻画出那些法律或社会环境,这些环境能使主体
将其意志限定在他们视之为自我表达的活动或对象上。

“导言”中还有第二个表述,这个表述经常被用来解释黑格尔的第三类个体自由模式。[9] 在黑格尔结束横跨了二十三节的思考,即将回到他的法哲学的一般性目的之前,他说自由意志是一种“希求自由意志的那种自由意志”(第 27 节)。除了使用了一个让人回想起哈里·法兰克福的意志两阶段模型的反身性表述[10] 之外,这条思考线索和之前的规定中已经证明的东西没什么不同：只有当主体竭尽全力地在一个世界中发现自我,而这个世界的结构是对主体自己的意志的表达时,他才获得真正的自由。在总结性的规定中,我们可以看清楚这两个表述在何种程度上是互为补充的,在这个规定中,黑格尔总结了他对个人自由的解释。他写道,自由意志的“理念的实质内容”是“意志的活动在于扬弃(*aufzuheben*)主观性和客观性之间的矛盾而使它的目的由主观规定变为客观的,并且即使在客观性中仍然保持与自己同在”(第 28 节)。

从这个最终的总结性表述出发,我们只需再前进一步,就能获得对黑格尔在《法哲学原理》中的计划的一个完整综述。如果法是“实现了自由的王国”,那么,正如我们已经看到的,需要扩展法的概念,使之超越现代传统划下的界限。它不仅抓住了划定个人自由范围的所有普遍原则,而且也抓住了由个体实现其自由的目的所预设的那些条件或环

境。在澄清了黑格尔所认为的自由意志的正确概念之后，我们对一个个体自我实现的积极领域是关于什么，就有了更准确的见解。它必定存在于一个外在的社会世界的“客观”环境之中，在这个世界中，个体可以将它的特征理解为对于他们自己个性的表达。这个中间结论是黑格尔在“导言”中著名的第 29 节写道“任何定在（*Dasein*），只要是自由意志的定在，就叫作法”时所强调的。如果每个人都有一种权利，能够在社会世界中主张自己的（由国家保证的）存在，而这反过来又成为实现个人自由的条件，那么这也就包括那些个人可以将其识别为自我的“他 23
者”的客观建制。因此，黑格尔明确地扩展了他的法哲学，以使其涵盖现代社会的制度性实在的领域。他想把具体的制度，而不仅仅是一般意义上形式性的法律原则，包括在一个领域中，而关于政治秩序的哲学理论必须对这一领域提出普遍有效的主张。因此，黑格尔与现代自由主义的主流分离，并且开辟了一条通向其他哲学营地的道路，今天这条道路被称为“至善论自由主义”，或者被误称为“社群主义”。

但是这些对黑格尔观点的粗浅解释，不能充分勾勒出黑格尔法哲学更为复杂的真实意图。在随后的章节中（第 30 节和第 31 节），黑格尔明确表示他不满足于仅仅给已经为人熟知的成文法基本原则添加几种自由保护机制。相反，他试图提供一种针对客观“形成物”（第 32 节）的纯粹“观察性的”描述或表达，而在客观“形成物”中，社会实在已经包含了主体为完全实现他的个人自由而必须经过的“阶段”。这个构想——以程式化的形式在这里被简要地重述——在其方法和内容两方面都是非常关键的，因为这让我们第一次可以对黑格尔在《法哲学原理》中要证明的东西有了整体性的综述。他的方法论程序并不在于在心理上建构个人自由的必要条件，随后运用它们对社会实在进行批判。相反，黑格尔打算规范性地重构这些先决条件；换句话说，他力图识别出那些现代社会的社会实在中的结构，而那些先决条件已经规范性地体现于其中了。这个建立在对社会制度之理性的一定程度的（有理论基础的）信任之上的方法，[11] 可称之为一种规范性重构的程序。

然而，黑格尔不仅想把这个规范性重构程序运用到他那个时代的社会实在上，从而揭示所有可以被视作实现这第三种自由之条件的制度化的复合结构，而且，他认为另外两种不完整的、片面的自由模式也必须要在社会实在中加以客观性的具体化，因为它们代表了实现个人
24 自由过程中的必要阶段：“自由理念的每个发展阶段都有其独特的法，因为每个阶段都是在其特有规定中的那自由的定在。”（第 30 节）因此，构成《法哲学原理》之目标的规范性重构的对象，是三个渐趋复杂的自由领域的序列，这些领域必须在社会实在中获得足够的客观意义，以形成稳定的制度或者至少是习惯性的态度。不论怎样，它们必须代表能够对我们的行动施加一些影响的力量。从中我们可以得出结论：只有将这种制度化实践和结构完整的三阶段网络完全经历一遍，这个以现代自由主义宪政国家为特征的“实现了自由的王国”才能完整地呈现。

一旦我们对“导言”的理解达到了这一点，《法哲学原理》最初令人困惑的意图和轮廓就不再那么难以解读。在弗雷德里克·诺伊豪斯提出的概念性区分的帮助下，[12] 我们可以说，黑格尔的文本试图依次呈现个体自由、道德自由和社会自由的领域。在三个阶段的每一个当中——其安排构成了他整个考察的线索——我们都必须能够找到在“导言”中发展出来的，作为不同自由模式之特征（不确定性、确定性、特殊性）的核心规定。黑格尔在重构这三个领域中的每一个时都必须说明它们是如何作为客观结构、实践或制度，在社会实在中被实现的。而且，他必须用这种方式呈现前两个自由领域，以至于对个体来说，并不片面地信任这些领域所承诺的东西，而是把接下来更高的自由领域整合进他们的自我理解中，才是理性的。我将不再深入探讨这个话题，我只想强调，黑格尔是通过提供实质上属于社会学的诊断来完成这项任务的，在这个社会学诊断中，黑格尔试图指出，当一个社会将自己仅仅限定在那些不充分的自由概念时，会出现什么样的社会病态。[13] 在这些

简短的段落中，黑格尔预示了后来马克斯·韦伯和爱米尔·涂尔干在社会学领域发展出来的病理性诊断。[14] 因此，黑格尔的《法哲学原理》不仅是自由主义宪政国家的规范性理论，同时也是对社会畸形发展之危险的诊断。

黑格尔以对“抽象法”的解释开始了他考察的主体部分，这些部分出现在他篇幅巨大的“导言”之后（第 34 节及其后）。有了上面的说明之后，以此作为开端的理由就显而易见了。黑格尔确信个体自由最初和最“原始”的形式是在形式化的法律领域中得到具体体现的。然而， 25
重要的是我们要认识到黑格尔不是以他在“导言”中列出的第一类自由开始他的论述的，这样我们才能真正理解总共由 70 节组成（第 34 节—第 104 节）的这一部分。自我规定的前提条件，也就是黑格尔在这里称为“纯无规定性”（第 5 节）的东西，在他眼中太过一般化，几乎是人类学层面的了，因而不值得纳入包含自由之不同面向的现代体系中。相反，“抽象法”所指向并赋予其客观有效性的是第二类的自由：“任意性”或者说“任性”。正如我们在上文了解到的，这指的是一种偶然的、尚未理性化的自由类型，这种自由在于从不同的给定倾向中挑选并选定一个指导主体的行动。在这里，黑格尔通过追问社会秩序必须如何建构才能允许主体实际使用这种“个人自由”，形成了对自由的第一种形式的规定。[15]

在回答这个问题时，黑格尔主要遵循了关于私有财产和基本自由的经典学说。就像洛克和康德一样，黑格尔也宣称个人必须在外在世界占有排他性的一部分，即对象或“物”（*Sachen*）（第 42 节），以便实现根据他们自己的盘算的、不加限制的偏好。这样一种属于主观任意性的物质性的自由空间必须首先保证不受其他主体的干扰，这些主体争夺着对于那些能够保证他们自由的对象的所有权。因此，对黑格尔来说，“抽象法”领域的任务是建构一个对物质对象拥有排他性占有权的空间。在黑格尔看来，通过界定永久性地保证个体私有财产空间的主体权利，那些概括性地定义了“抽象法”的原则就实现了这个目标。拥有这些排他性地为己所有的物品——黑格尔把某人自己的生命、身体和私有财产也包括在内——个体就能享有从决定自身行动目的的能力中派生出来的自由。当然，为了享有这些权利，主体必须愿意承认其他主体同样可以宣称他们的个人自由需要能够不受阻碍地实现。因此，对黑格尔来说，抽象法的基础是一种主体间的承认形式，这种形式在于互相遵守他们都“成为一个人，并尊重他人为人”的要求（第 36 节）。现在，在黑格尔发展了“抽象法”对个人自由的价值的这一章节中，他也必
26 须提出论证，来揭示这一特定的自由之具体体现的局限性。除了之前提到的社会诊断——黑格尔用它来说明把这种纯粹法律形式的自由变成绝对性的所带来的病态后果，[16] 他还解释了为什么主体必须转变到更复杂的第二阶段；只要主体还是仅由抽象法领域所允许的自由形式引导，他们就只能让意志的内容依赖于自己被给定的、偶然的偏好。但在这种任意的、完全不受控制的决策类型中，由财产和合同法确定的主体间要求对他们来说，将是一种完全外在的、纯粹的强制。然而，因为这种他律的残留从根本上来说是与他们对自我规定的要求不可调和的，他们就不可避免地要进入一个新的自由的阶段，在其中他们需要理解法律原则的理性目标并学着将其理解为自己所欲求的东西。[17] 当然，我们需要更具体地处理这个问题，从而弄清楚这个论证究竟意在作为一种先验的、概念性的证明，还是一种经验性的证明。不管怎样，黑格尔想要表明的是，让一个个体性的意志感到自己必然受制于外在的约束，这是与现代的自我规定原则不相容的。而进入更复杂的实现自由的阶段的必要性，对黑格尔来说不仅是抽象的、被知性地建构出来的需要，也是自我规定的要求必定会在抽象法的领域中遭遇内部矛盾的结果。

在完成上述说明后，就不难猜出黑格尔会将什么作为这第二个自由领域的特性了：如果抽象法的缺陷是人们不能把其主体间的原则变

为他们自己的原则，并把它们理解为是被自主地给出的，那么自由的新形式就必须要以把一个人自己的意志与一种普遍性的善的观念联系在一起的能力为特征。因为这种类型的个人自我规定预设了遵守被接受为理性的，被黑格尔称为——无疑是参考了康德——“道德”的普遍法则的能力。对于这种伴随着“意志的观点”（第 105 节）的自由之社会性的具体体现，我们可以称之为“道德的自由”。如果我们将这种类型的自我规定与黑格尔在“导言”中做的区分联系在一起，那么它就代表着一种新的、此前尚未被解释的现象。黑格尔似乎是为了把作为一种核心的、不可替代的现代性自由形式，即与任意性联系在一起的康德的自律理念纳入视野，而再次细分了“确定性的自由”（determinate freedom）的不同阶段。尽管如此，黑格尔对道德的讨论（第 105 节—第 141 节） 27
主要还是受到了康德为解释“善良意志”而在其道德哲学中提出的那些规定的引导。因此，在第二个领域，个人在考察他们行动的原则是否与普遍可接受的善的理念，即绝对命令不相矛盾的同时，实践他们的自由。在复杂性方面，这种自我规定形式是优于“个人自由”的，因为它蕴含了一种与规范性原则一致的意志规定，对于这些规范性原则，个体——现在变成了一个道德的“主体”（第 105 节）——可以理解为是自我给定的，是他们自己的。因此，一旦他或她遭遇了这种抽象法提出的主体间的行为要求，面向“人”的外部强制因素就消失了。

然而很明显，当要判断为什么以及在什么意义上道德应当在外部的社会实在领域中被具体化时，黑格尔遇到了更大的麻烦。不同于总是要求在国家权威中有制度性支持的抽象法原则，道德观点似乎只在个人主体的精神活动中有其根据地。然而对黑格尔来说，这种假定是有误导性的，因为他的“导言”的结论之一就是，在现代性中唯一有哲学意义的自由观念就是那些呈现为一种客观形态的自由观念。因此，我们可以说黑格尔只是理所当然地认定自由意志的道德形式不仅仅是一个主观立场，因为现在它已经成为行动的真正触发因素（*Handlungsmacht*），甚至还构成了一种完整的信念文化。此外，黑格尔解决这个问题的方法是假设道德反思实际上形成了个人事实上拥有的权利，而社会中制度化的秩序必须面对这种权利不断证明其自身的合理性。在第二个自由领域中，个人必须能够感知到他们被置于一个社会世界中，这个世界要经得起绝对命令要求的理性的检验（第 138 节）。[18]

接下来，黑格尔说明了这种自由的道德形式的不足，其不足在两个不同的方面和“实现了自由的王国”相关，其实我们在他批判“抽象法”的文本中已经看到了这两个方面是什么。一方面，他清楚地说明了如果主体仅仅将自身理解为在道德意义上“自由”将导致的社会病理状态（第 140 节、第 141 节）。[19] 另一方面他又给出了一些理由，使得这一观点显得就其自身而言是不充分的，有待进一步的发展。出现在第二套论
28 证中的论据（第 134 节—第 137 节，第 141 节）包含着他著名的对“抽象应然性”（*abstraktes Sollen*）的批判，而“抽象应然性”即使在今天也还占据着关于康德道德观念的争论的核心：如果主体让他们的意志只依赖于原则上可以被普遍接受的善的理念，那么黑格尔就会提出如下反对意见，即主体缺乏一种充分具体的目标观念来指导他们的行动。毕竟，只要这种形式化的规则还没有在社会制度和社会角色方面被实体化——正是在其中，一个思考着的主体在任何时刻都能发现自身——这种规则就还是“空洞的”，在某种意义上来说甚至是循环的。

正如从个人自由向道德自由的转变一样，黑格尔发展了接下来的第三个也是最后一个自由领域的核心规定，它弥补了作为前两个阶段之特征的缺陷。当谈到“社会的”[20] 或者“伦理的自由”时，他通过提出一个三阶段的解释来总结他的考察（第 142 节—第 360 节），他宣称这种自由必定可以赋予个体的善观念以内容，用具体的目标和责任来填充它们。因此，第三个领域必须包括所有制度性的结构和实践，在现代性中，这些结构和实践可以充当主体的场所，使主体在其中实现他们尚

未得到满足的、为一种共同善而做出的努力。我们无法明确地回答这个问题，即黑格尔究竟是为他的辩证法概念上的必然性所驱使，从而把这三个机制视为社会自由的具体体现，还是根据独特的社会理论给出的理由才这样做的。不管是哪种情况，随后的社会理论不断地尝试将现代社会的制度秩序划分为各种完整而规范的独立子系统，这一事实就说明黑格尔对“家庭”、“市民社会”和“国家”的划分已经在当代证明了其合理性。[21]

但是《法哲学原理》的结论部分最重要的成就可能在于如下事实：对于这三个制度性的结构，黑格尔都设法给“主观的”和“客观的”组成部分赋予了名称[22]，这些名称赋予了每一个组成部分在实现社会自由过程中的特定角色。黑格尔发展他对“伦理生活”（*Sittlichkeit*）之领域的解释是为了指出，社会制度性结构的存在和运转，同个人自我实现的社会条件一起，让现代社会得以维持下去。因此，家庭、市民社会和国家这三个次级领域，必须构成个体自我实现的场所和社会再生产的子系统。黑格尔通过表明这三个制度性的综合体中的每一个是怎样地： 29
（1）有助于形成主体作为社会成员实现不同的自由所需的主观能力；（2）能够提供作为主体自我实现的理性目标的社会角色和责任；以及最后（3）为维护现代社会再生产所依赖的“物质”条件做出了必要且总的来说是充分的贡献，而完成了这个颇具挑战性的任务。最后，我们应该提到这个仍然具有争议的问题：黑格尔是否只有通过这种连贯而强有力的方式将他最终的、伦理领域的三种制度性结构理解为相互承认之不同模式的具体体现，才能达到这种令人印象深刻的，甚至是开创性的对自由理论的综合以及对社会的分析？

三　这部作品的影响

黑格尔的《法哲学原理》遭到了高度片面的、偏见式的对待，即使在今天,任何想要利用他的作品的尝试,都要与这个不幸的事实抗争。黑格尔右派没能成功地将他的文本定位为旨在保存现状的高度保守的作品,而黑格尔左派——在马克思主义的立场上——完成了将其文本与现代主流政治思想隔离的过程。只有英国黑格尔主义者,凭借其独特的理想主义和社会改革主义的混合,能够留下一种公平对待黑格尔自己意图的充分的解释。因此,如今有越来越多的人去了解黑格尔自由学说社会性或制度性的理论核心,并努力使其为当下的政治哲学做出贡献,应当归功于这一知识潮流的广泛影响。

注　释

1 G. W. F. Hegel, *Political Writings*, ed. Laurence Dickey (Cambridge: Cambridge University Press, 1999).

2 Immanuel Kant, *Anthropology*, *History and Education*, eds. Günther Zöller and Robert B. Louden (Cambridge: Cambridge University Press, 2007); Johann
30 Gottlieb Fichte, *Schriften zur Revolution*, ed. Bernard willms (Cologne and Opladen: Westdeutscher Verlag, 1967).

3 G. W. F. Hegel, *Elements of the Philosophy of Right*, trans. H. B. Nisbet (Cambridge: Cambridge University Press, 1991). 文本中提及的所有部分参考的都是这个版本。

4 Terry Pinkard, *Hegel: A Biography* (Cambridge: Cambridge University Press, 2000), ch. 10. 另见 Franz Rosenzweig, *Hegel und der Staat* (Frankfurt/Main: Suhrkamp, 2010)。

5 Allen W. Wood, *Hegel's Ethical Thought* (Cambridge: Cambridge University Press, 1990), pp. 71ff.; Ludwig Siep, 'Vernunftrecht und Rechtsgeschichte: Kontext und Konzept der Grundlinie im Blick auf die Vorrede', in *Grundlinien der Philosophie des Rechts* (Berlin: Akademie, 1997), pp. 5–30.

6 Frederick Neuhouser, *Foundations of Hegel's Social Theory: Actualizing Freedom* (Cambridge: Cambridge University Press, 2000); John Rawls, *Lectures*

on the History of Moral Philosophy (Cambridge, MA: Harvard University Press, 2000), pp. 349ff.

7 Axel Honneth, *Suffering from Indeterminacy: An Attempt at a Reactualization of Hegel's Philosophy of Right*, trans. Jack Ben-Levi (Amsterdam: Van Gorcum Ltd, 2000).

8 Wood, *Hegel's Ethical Thought*, pp. 45 – 51; Neuhouser, *Foundations of Hegel's Social Theory*, pp. 19 – 21.

9 Rawls, *Lectures on the History of Moral Philosophy*, pp. 349ff.

10 Harry G. Frankfurt, 'Freedom of the Will and the Concept of a Person', in *the Importance of What We Care About* (Cambridge: Cambridge University Press, 1988), pp. 11 – 25.

11 Rawls, *Lectures on the History of Moral Philosophy*, pp. 329ff.

12 Neuhouser, *Foundations of the Hegel's Social Theory*, ch. 1.

13 Honneth, *Suffering from Indeterminacy*, ch. 3.

14 Axel Honneth, 'Pathologies of the Social: The Past and Present of Social Philosophy', in *Disrespect: The Normative Foundations of Critical Theory* (Cambridge: Polity, 2007), pp. 3 – 48.

15 Neuhouser, *Foundations of Hegel's Social Theory.*

16 Honneth, *Suffering from Indeterminacy.*

17 Neuhouser, *Foundations of Hegel's Social Theory*, pp. 27ff.

18 同上书，p. 26。

19 Honneth, *Suffering from Indeterminacy.*

20 Neuhouser, *Foundations of Hegel's Social Theory.*

21 Axel Honneth, *The Struggle for Recognition: The Moral Grammar of Social Conflicts*, trans. Joel Anderson (Cambridge: Polity, 1995), pp. 94f.

22 Neuhouser, *Foundations of Hegel's Social Theory*, pp. 32ff. 31

第二部分

系统性的后果

第三章

正义的构造：论当代程序主义的限度

关于自由主义和社群主义之关系的争论已经有所缓和，这种缓和就像这一争论在二十年前的出现一样突然，如此看来，哲学理论和政治实践之间的鸿沟似乎再次扩大了。回顾迈克尔·沃尔泽、约翰·罗尔斯或查尔斯·泰勒的作品在知识分子当中被广泛讨论的年代，那时政治哲学似乎具有用理论观念和线索来填充政治实践的力量。[1] 在短时间内，为恰当定义社会正义的概念而做出的哲学努力，似乎对政治目标和政治计划的发展产生了影响。[2] 然而在今天，在社群主义的挑战已经平息之后，我们又一次面临同样的痼疾，那就是政治哲学和政治行动、理论和实践之间的断裂。我们似乎普遍同意，自由民主建立在一些规范性的基础上，而这些基础要求所有公民的个人自主性有法律保障。此外，大多数人都会同意，这些关于法律和政治平等的原则需要经济上的再分配，从而使境况不利者能够有效利用他们受法律保障的权利。但是，这些社会正义的一般原则对于政治代表和社会运动的实践来说也无法提供任何有具体内容的指导。当涉及例如福利国家改革这样复杂的社会问题时，这些被广泛接受的原则很快就失去了它们解释性和咨询性的效用。这一鸿沟并不仅仅是从哲学解释到实践应用之间的一个暂时的延迟，因为要填平这个鸿沟，我们需要的不只是时间、努力和毅
35 力，来把理论上发展出来的正义原则转变为政治行动的指导方针。相反，这些规范性的原则被制定出来的方式恰恰妨碍了我们从中得出政治行动的指导方针。看起来，为了有望达成一种“公正的”解决方案，我们不得不利用其他缺少哲学基础的规范。[3]

面对这个在正义的哲学理论和政治实践之间不断扩大的鸿沟，或许我们应该后退一步，看清楚这种分裂呈现出来的第一面。毕竟，理论越来越和政治行动脱离也有可能是因为其中存在着概念性的错误。在下文中，为了采取一种外部视角，以便对主流的自由主义正义理论进行批判性的考察，我将试着逐渐拉开我自己和这一理论的诸种前提之间的距离。首先，我将阐述几乎存在于所有正义理论的广泛共识中的三个要素。不考虑各种方法之间存在的众多差异，我主张，一种基本的程序主义图式、一种公正分配的理念和一种特定的对国家的迷恋结合在一起，构成了我们当前正义理论的理论基础（一）。其次，我将考察并质疑这三个理论模块，而这种考察和质疑将从分配的范式开始，我认为这一范式是批评正义理论其他核心要素的关键（二）。第三，在我已经表明所有这三种要素可疑的本质之后，我会开始起草一个与之相反的规范性方案。我将以这样一个问题开始：如果对益品的分配无法构成一种充分的解决方案，我们应该如何设想社会正义的实质内容？然后我将简要回应其他两个问题，这两个问题来自基本的程序主义图式和对国家的迷恋这两个要素所具有的缺陷（三）。最后，我将表明以这种方式重新设想正义理论的后果。在这里我将回到我的出发点：一种关于正义的哲学理论和政治实践之间的关系。显然，我的方法的指导方针将是这样一个问题，即我们要如何设想社会正义的构造或实质内容。

一

如今在哲学圈内，对于一种社会正义理论的前提，似乎有着广泛的共识。虽然我们可能会发现对于其中个别要素的一些零星反对，但是 36
大多数人对于正义理论的辩护程序及其主要的应用领域都有共识。两者被认为源于这样一个理念，即正义原则是对一种共同愿望的表达，这一愿望在于给予彼此平等的行动自由。虽然这一抽象的原则看起来是连贯一致的，但它实际上是把两种不同的理论结合在了一起，而两者分别来源于对自由的不同定义。一方面，我们所谓的社会正义是通过其保障我们个人的、纯粹个体化的自主性的程度来衡量的。另一方面，正义原则必须被设想为一个共享的意志形成过程的结果，而这一过程依赖于主体间的合作。[4] 我将把这种构造的前一要素，也就是涉及互相给予个体自主性的要素，称为它的“实质性”组成部分；而把后一组成部分，也就是涉及正义原则之生成的部分，称为它的形式原则。

实质性的组成部分具体表达了这样一个事实，即把个体从外在的强迫和个人依附当中解放出来的努力，被认为是自由社会的一种至关重要的成就。通过考察个体能够多大程度上不受阻碍地追求其个人选择的目标，我们就能在原则上衡量现代形式的个人自由。这种新的自由观念与正义所要实现的实质性任务相比，有了显著的不同：虽然正义的主要任务曾是为每个人分配他或她在社会阶层中的地位，并确保一种与这一地位相应的生计，如今，正义的任务却是给予所有主体平等的空间去追求他们个人的偏好。虽然这样一种构想听起来可能并不引人注意，但它很快将在我们当前的正义观念中产生一种至关重要的理念：他者对我们施加的限制越少——也就是说，我们越是独立于我们的互动伙伴——我们就有越多的个人自由。虽然这样一种自由主义式的对于个体性的强调并没有自然而然地暗示主体的孤立性，但是那些用来

在修辞上支持这一观念的描述，以及用来向更广泛的听众传达这一理
念的例子，暗示了这一点，即社会联系通常可以认为是对个人自由的限
制。正是通过这些途径，个人主义式的关于个人自主性的理念渗透进
了现代正义理论之中。这引发了一种颇具影响力的理念，那就是创造
一个正义的社会意味着对所有主体承认一种自我决定的形式，这种形
式能使他们尽可能地独立于他们的互动伙伴。[5] 这样一种片面的理念，
37 其最重要的后果是一种我们可以称作“分配范式”的理论性图式。由于
我们对他人的依附被视为对于我们个人自由的威胁，那么个人自由就
只能通过如下方式得到保障，即让每个人都有充分的手段去实现他或
她的生活计划。因此，正义的实质性任务就在于分配那些让所有社会
成员能去追求他们个人偏好的“益品”。因此，在这个发展过程的终点，
正义就被等同于“公正的分配”。这种正义观并没有考虑我们能否正当
地将个人自由视为本质上是对益品的利用或享受。[6]

但在我探究分配范式的缺陷之前，我想先呈现当代正义概念的其他组成部分。我已经表明，在最一般性的关于社会正义的定义中，我们可以发现某种张力，这是因为在个人主义式的自由理念之外，它还需要另一个要素，那就是主体间自愿的合作。我们达成正当的分配原则的程序通常包括一个共享的意志形成的过程，这个过程将我们导向对一些规范性原则的确定。近来正义理论的这一形式原则，即构成性的程序主义，来自对于个人自主性的考虑。因为社会成员要被视作自由的和自我决定的(self-determined)，那么一种正义的观念就一定不能试图越过他们直接去定义什么才算是一种公正的益品分配。相反，这些理论的创作者构建了一种“原初状态”，一种社会契约或类似的慎思情境，在其中假设的不偏不倚的条件让我们得以达成关于分配偏好的正当结论。[7] 分配原则因此不是由理论决定的，而是由一个受其影响者能够达成共识的、公平且公正的慎思过程决定的。我们可以把这样一种自我限制称为“程序主义的”，因为在这里，某种具体的分配图

式源于一种保证了所有参与者的同意的程序。毕竟，在这个原初状态中的各方要作为自由和平等的个体进行慎思，如果他们确实想要达成所有人都能真正同意的决定。这意味着我们所要决定的自由之具体的前提条件，必须在参与者开始慎思之前就得到解决。因此，在某种特定的意义上，通过假定自主性的具体条件，这一理论必定已经无意识地预期了这一程序的规范性结果。[8] 而且我们越不把这个程序视作单纯的思想实验，而是社会世界中真实的过程，这种张力就越会变 38
成冲突。[9]

但是在这里，我同样想暂时把这些关注放到一边，先概述当前流行的正义理论中的第三个要素：受托在社会现实中执行分配原则的机构或权力部门。在光谱的一端，这可能需要我们把所有的责任都转移给国家机构，或者，在光谱的另一端，这会要求每一个个体都能自愿地应用这些原则。虽然并不清楚更新近的正义理论是否会把非国家性质的权威机构或者个体的行为纳入他们的考虑，但它们的基本论点暗示了，对于实现正义而言，唯一恰当的机构就是民主国家。这种聚焦于国家内所有构成性权力的倾向，来自两种不同考虑的结合，而这两种考虑听起来都有各自的道理。一方面，社会成员不用对实现正义承担责任，因为这会引起一种"美德的暴政"的危险，一种不合情理的对于道德榜样行为的要求。另一方面，只有宪政国家才会有合法的手段去有效地执行这些分配措施。因此当前的正义理论设想了一种道德上的劳动分工，根据这种分工，公民要去塑造正义原则，而民主国家则保留唯一的执行这些原则的权力。[10] 把我们的关注如此强烈地聚焦于国家之上，有一种显而易见的危险，那就是任何在其法律管辖权之外的事情都可以免于正义的要求。像家庭或私人公司这样，出于充分的理由只需要部分地为法律所渗透的社会领域，不能用来执行正义，或者使其对正义负责。随后我还会回到这一点，对当代正义理论的这三种要素进行更详细的分析。

二

目前为止，我只是概述了一些我认为是所有当前主流正义观念所共有的理论前提。虽然在细节上当然会有一些区别，但是这些理论都同意，在现代性条件下正义的集中体现在于保证个人的自主性。这种类型的自主性是通过给所有公民提供实现个人生活计划所需的益品来
39 得到维护和保证的。但是，对这些益品进行公正分配所依据的原则，不是由理论自身，而是由那些受其影响者决定的。为了做到这一点，正义理论构想了一种程序——这种程序要么是一种思想实验，要么是一种真实的行动——使我们得以知晓参与者将在自由和公平的条件下达成的分配原则。受托在实践中执行这些原则的机构，就是通过正当的法律体系来确保这些原则能够恰当实现的宪政国家。当然，其内容很大程度上取决于这个过程中每个单独的阶段所做出的具体决定。根据基本益品是排他性地由物质资源组成，还是将某些能力也包括在内，这些正义理论的规范性形态也会有很大的不同；其取决于国家活动的模式，以及不偏不倚的条件是如何被确定的。但需要再次强调的是，我感兴趣的并不是这些理论的特定版本，而是它们投射出来的一般性图景。吸引我们注意的第一点在于，正义的实质内容几乎总是存在于根据某些原则来加以分配的、被普遍珍视的益品之中，而这些原则仍有待我们确定。这预设了人们对某些手段有一种共同的兴趣，这些手段是形成和追求自主的、自由选择的生活计划所必需的。[11] 对于这些理论来说，构成了一种正义的社会秩序的仅仅是如下问题，即什么才算是一种公正的对于基本益品的分配。

初看之下，既然我们的个人自由似乎要部分归功于我们拥有一些机会和手段去实现自由选择的目的，那么这个观点也许就是自明的了。财富方面的资源为我们的生活提供了多种多样的选择，而广泛的、多种

多样的职业机会让我们得以有目的性地去实现我们的各种能力。但是这些构想包含了一个微妙的、无法被轻易地吸纳进分配性益品图式之中的前提。为了把对财富的拥有视作一种获得自由的机会，主体必须已经形成了一种他们认为值得追求的目的观念。为了把职业机会视作实现他们能力的途径，主体必须已经把他们的某些性格倾向和才能理解为是有价值且值得实现的。这些前提并不具有一种确定性的益品观念所具有的特征，因为和“物品”不同，它们无法被“拥有”，而是必须通过人际关系，并在人际关系之中，以极大的努力才能获得。但是，这些偶然的例子还算不上是反对意见，我只是打算把它们当作一把钥匙，打开对于整个分配图式的批评。

这最后两个简要的考虑之间的联系在于，如果我们预设了人是“自主的”，那么益品只能被理解为是对于实现个人自由来说有用的手段。 40
仅仅通过考虑这些益品自身的含义，我们无法确定把财富资源或职业机会理解为获得自由的机会意味着什么，而这只能通过界定我们各自与这些益品的关系才能确定。因此，即使是最全面、最经过深思熟虑的基本益品清单也无法告诉我们，保证个人自主性的条件意味着什么。只有在这个基本益品清单所制定的内容当中，我们才能找到真正的争端所在。早在康德，也许从更早的卢梭以来，我们就把“自主性”定义为一种特定类型的个体与自我的关系，这种与自我的关系让我们能够确信我们的需求和信念，并认为我们的能力是有价值的。这些形式的自尊可能要借助一些益品的帮助才能得到明确的表达和呈现，但获得和维持这些形式的自尊却不是通过这些益品来实现的。[12] 相反，我们的自主性是沿着这样一条主体间的路径来获得的：我们通过被承认为其需求、信念和能力值得实现的存在者，学会去理解我们自己。但是，这只有在我们同时承认那些承认我们的人的情况下才是可能的，因为我们应该像在镜子中一样，能够在他们对我们做出的行为中看到我们自己的价值。因此，个人自主性要浮现出来并蓬勃发展，就需要相互的主体间承认。我们无法仅仅凭借我们自己来获得自主性，而是只有在和其他愿意重视（*wertschätzen*）我们的他人的关系当中才能获得自主性，就像我们也一定能够重视他们一样。[13]

但是如果是相互关系而不是益品才代表了自主性的条件，那么当前的正义理论就完全没能把握住正义的结构。根据分配的范式，那些确保了平等自主性的东西能够以某种方式得到分配。这就是假定正义的“实质内容”总是存在于一个预先形成的、类似物品（thing-like）的状态当中——也就是主体作为个人能够积攒的东西。但是如果我们只有通过相互承认才能达成自主性，那么这两个表述就都错了。这些关系从来就不是独立自足的，也不像具体的益品一样是静态的，我们更不能仅仅作为个人去消费或享用它们，因为它们总是要求其他主体的合作。自主性是一个关系性的、主体间的实体，不是一种独白式的成就。帮助我们获得自主性的不是一种与被分配的益品如出一辙的东西；它是通过活生生的、相互的承认关系被塑造出来的，而这些关系恰好发展到了让我们能够互相珍视彼此的需求、信念和能力的程度。当然，我们也可
41 以在一种亚里士多德主义的意义上把这种实践的主体间性称为“益品”，但那样的话我们就一定不能给它们灌输分配性图式所隐含的经济层面的含义。[14]

这些反对意见只是动摇了当今主流正义理论的第一个基石。对于恰当地决定现代性条件下正义的实质内容而言，分配的范式已经证明是不合适的。我们应当谈论承认的关系，而不是“益品”；我们应当思考其他用来担保正义的模式，而不是“分配”。在探究细节之前，我必须先阐明，是否这样一种逆转对于当代正义理论的其他构成模块来说也有什么意义。如果正义的构造不再被视为存在于可分配的益品之中，而是相互性的主体间关系之中，程序主义还能维持其以国家为中心（state-centricity）的特点吗？

如我们所见，程序主义建立在这样一个观念之上，那就是理论自身

无法确定（关于分配的）正义原则。因为主体必须被预设为部分自主的，所以他们，或他们的代表，就将成为假想中的、在公平的和不偏不倚的条件下构想出来的原则的缔造者。但是无论我们如何看待这件事，必须假定进行慎思的行动者能够自由地控制他们所做出的决定中的实质内容。他们不偏不倚的决定中的实质内容和主旨必须被视作一块可以自由形塑的东西，否则他们决策的空间就会被外在的和异化的条件所限制。在这里我们可以看到程序主义和分配范式之间的内在联系。如果我们也预设了主体能像他们对待可分配的益品那样，随心所欲地确定他们所做出的决定的实质内容，那么我们就只能把正义原则视作一种公平的程序的结果。为了维持正义原则能被自主地创造出来这样一种虚构的理念，程序主义一定要把正义的实质内容界定为一种可自由支配的益品；这种益品由我们在规范性层面上做出的正当决定来分配，我们要将其设想为像是一块可以被均匀分割的东西，从而可以被提供给对其有权利的主体和群体。对于这种形式的程序主义来说，预设益品之分配的观念因此是完全恰当的。但是如果我们去除这个前提——也就是，如果我们不再根据可交换的益品来设想正义的实质内容，而是将其设想为相互的社会关系——那么这也会影响程序主义的基本条件。我们就不能再把进行慎思的行动者描绘为是在处理某种他们根据自己的正义观念能自由控制的东西。被证明为个人自主性的决定性条件的承认关系，并不能由任意配置的物质组成。我们不能把自己置于决策这些“益品”，并对它们进行公正组织或平等分配的位置上。[15] 相反，这些承认关系代表了在我们背后影响我们的历史性的偶然的力量。为了认识它们而试图把我们自己和它们分离开来，无异于心存一种幻觉，就像渴望随心所欲地塑造它们一样空洞和徒劳。 42

在我看来这动摇了当前流行的正义理论的第二个基石。只要可分配的益品不再被视为正义的实质内容，我们就不能再把生成正义原则的过程设想为一个在原初状态中的虚构的程序。无论这个程序可能有多么公平、不偏不倚和自由，只要消除分配性的图式，那些参与者就无法再把公正的社会秩序设想为关于可供他们支配的资源或手段的问题。接下来我要处理一个替代性的观念，这个观念把这样一个慎思程序视作一个在民主国家的公共领域中实际发生的事件，但是在此之前，我会先讨论一下这种理论性的拆解如何影响了当前正义理论的最后一个组成部分。

当代正义理论的最后一个基石是这样一个假定：只有国家才有恰当的和被普遍接受的手段来执行正义原则，强加一种以可实施的法律为形式的、在虚构的慎思中得到社会行动者同意的对基本益品的分配。这样一种劳动分工和分配范式之间的关系是如此地明显，以至于几乎不必再特意强调。实现正义的任务必须留给国家，因为只有官方机构才有权力去分配那些使个人自主性成为可能的益品。但是一旦我们抛弃了分配性正义的理念，并以一种承认关系的观念取代它，那么这种国家中心主义要转变成什么别的形态，才能让个人自主性得以产生，并满足其所需的条件？我们要面对的第一个问题在于这样一种情况，即我们的自主性要归功于我们介入了许多不同的社会关系，而每一种关系都被认为是不可替代的。除了我们在其中有责任尊重彼此作为自由和平等的公民的民主的法律共同体之外，我们也被卷入了多种形式的家庭和工作关系之中——这些关系正变得越来越危险——而在这些关系中，我们显然获得了我们自尊的其他面向。[16] 但重要的问题是，在这些
43 实践的主体间性中，只有一种形式的主体间性能直截了当地为国家所影响。国家只能通过改变主体权利和权益的范围，把新的社会群体包容在内，或是宣布修改那些法律上相关的情境，来干预以法律关系为形式的承认关系。因此，只有在这个我们承认彼此为自由和平等的公民，从而意识到我们的政治自主性的法律性的领域中，我们才能够合理地把正义的实现设想为一种国家的指令性活动。而相互承认的其他领域只有在非常狭义的范围内才会受国家的影响。无论在家庭还是在工作

场合中，国家如果要通过干预去改善承认的条件，就会有侵犯这些领域自主存在的条件的危险。而这两个行动领域，就其以一种普遍而可共同理解的方式提升个人自尊而言，是尤其重要的。毕竟，家庭为我们的自信和我们明确表达自己需求的能力奠定了情感性的基础。[17] 而在服务的社会性交换当中，我们获得了一种同样重要的能力，那就是把我们的成果和技能视为有价值且为社会所需要的[18]——这两者是我们免于“羞耻和焦虑”（亚当·斯密），从而能够自主地生活下去的能力中的核心要素。但是如果民主国家只有极其有限的手段来干预内在于这些领域的承认关系，情形会是怎样？是不是仅仅因为除此之外我们似乎找不到其他可以执行正义的机构，我们就不得不放弃这一目标，不再去维护能够促进自主性的公正条件？

为了解决这个难题，我们应该从紧随米歇尔·福柯去中心化的权力概念而发展出来的理论中借用一些资源，将其运用于正义理论。虽然近来的大多数政治科学家和社会学家都确信，政治上的指令只能通过国家活动自上而下地传递，但我们现在知道这并不正确。因为政治权力很大程度上是通过一个广泛的、去中心化的半政府和民间的组织网络来运作的。如果我们希望这种观念能对正义理论做出贡献，我们很快就会意识到，传统的方法过度地聚焦于国家了。因为政治统治是通过不同的、松散连接的节点才得以再生产的，所以社会正义是由许多通过类似网络的结构连接起来的行动者为之奋斗并得到保障的，而所有这些结构都存在于市民社会的领域之中。我们一旦看向国家自身的手段之外就会发现的那些制度，则是由“前国家性的”组织、社团和集体 44
组成的，而他们致力于以正义的名义改善承认所需的条件。要弄清楚有多少社会行动者参与了对正义的实现，我们只需考虑一下有多少类似家庭的，自助性的群体、工会、教会共同体或其他民间组织。对于这些前国家性的机构，其结构模型可以在黑格尔的“同业公会”中找到，[19] 其功能主要在于在一个特定的社会领域，即“市民社会”中建立道德原则并在实践中将其巩固。[20]

虽然，无可否认的是，这些组织缺少那种具有约束力的权力，而正是这种权力赋予国家手段如此强大的潜力来影响承认的条件，但这并不意味着这些前国家性的网络对于个人自主性如何被保障和拓展一定毫无影响。我认为，我们对于正义的描绘深深受制于当前这种对于国家的迷恋强烈。这样一种内在于当前流行的正义理论的十分局限的观点的后果是，我们未能把这些社会组织的活动视为道德上的干预，或是社会层面的对于正义的促进。

三

目前为止，我主要采用的或许是可称之为“诊疗性的”方法。在一种纯粹消极的意义上，我意在表明，当前主流的对于正义的描绘，让我们看不清正义的真实结构以及它的运作方式。如果我们尝试根据分配模式和原初状态的理论去理解正义，我们就误解了正义在我们日常实践中的位置。在第三，也是最后一部分中，我将采纳一种替代性的观念，目前为止我仅对这个观念给出了一些暗示，并简要描述了一种不同的，也是更恰当的观念的轮廓。如果要我用几个关键点来概述这个观念，我会说，首先，分配性的图式必须为所有主体对一个给定的承认关系的参与所取代。其次，一种揭示了作为承认关系之基础的基本道德规范的规范性重构必须取代对一种虚构的程序的运用。最后，对于国家调节性活动的排他性关注，应为非国家行动者和组织去中心化的考
45 虑所补充。现在，我将简要地解释这三步。

显然，即使是我所设想的替代性的正义模式，也必须以承认这样一个规范性的理念开始，那就是所有现代社会的成员都必须拥有个人自主性所需的同等的能力和条件。因此使这个替代性观念有所不同的不是它的道德内核，而是它实质性的含义。两种正义理论模式都同意，社

会层面的对于自主性的促进发挥着至关重要的作用，但两者之间的区分取决于我们对其作何种理解。如果我们把自由视作所有个体仅凭他们自己就能获得的东西，那么假定正义的实质内容是可以被个人自由支配的益品，这就足够了。在这些益品的帮助下，个人能够创造一个空间，去追求他们自由选择的生活计划。根据这种解释，现代性条件下正义的任务就在于确保每一个个体对于这种益品都有平等而充分的份额。相比之下，我的替代性观念没有把自主性理解为一个独白式的问题，而是一个主体间的问题。个人通过在相互承认的关系中学会把他们的需求、信念和能力视作值得在公共领域中被表达和追求的，从而获得自我决定的能力。这没有排除分配性的正义，但确实把它从正义的决定性原则降低到了承认关系中的一个因变量。[21] 这样一个替代性的、主体间的自主性观念从根本上改变了正义理论的架构。不仅对正义理论的实质内容而言如此，对于它的形式原则和行动者关系（*Akteursbezug*）而言也是如此，而一旦我们把个人自由理解为承认关系的结果，所有这些观念就都会采取一个全新的定义。

现在，正义的实质内容必须被认为是主体间关系的一种特殊类别，在这种关系中，公民给予彼此规范性的价值。这类出于某种特定层面的考虑而互相授予权益的行为提供了一个背景，在此背景下主体学会将自身体验为是应该得到尊重的，从而获得自主性。但是和物质性的益品不同，这些承认的关系既不能社会性地生成，也不能根据一套给定的规则来分配。相反，它们是历史性的偶然结构，这一结构假定了一种制度性的实践的轮廓，主体或是被卷入其中，或是被排除在外。这种被历史性地给定的承认关系就是构成了正义之实质内容的东西。我们无法对这些关系采取一种个人性的或是抽离的立法者的立场，相反，我们必须首先通过观察和接受它们来满足我们自己。但即使是在这样一个高度受限的角色当中，我们也知道，如果在我们面前出现的承认的关系 46
要实现它们本质性的功能，它们就必须预设一种道德原则。只有双方都同意一种道德原则，而这种道德原则能够充当他们相互之间对于价值之归属和声明的源泉时，主体才能赋予彼此规范性的价值，而根据这些价值他们才能够珍视自己。没有哪种承认的关系能在没有互相同意的规范的情况下行得通，哪怕是那些过去的，主体在其中作为不平等的个体彼此尊重的关系也是基于相互同意的。这些共享的原则致力于确保一种相互承认的实践在任何情况下都能发展和保存下来。无论如何，凭借这些所有形式的承认的规范性基础，我们的替代性的正义理论就有了一些评判现存制度和政策的初步标准。归根结底，这些道德原则所提出的要求就是那些主体在其中能够理想地获得一定程度的自尊所需的条件；因此，我们可以暂时这样说，按照那种基础性的承认规范的要求去安置，并在社会层面上配备一个实存的社会领域，这是“正义的”。[22]

在我把这个论点变得更合理和具体之前，我必须先讨论，在这样一个背景下我们应该采用什么辩护原则。我们看到，我在这篇论文的第一部分处理的理论假设性地构造了一个不偏不倚的慎思程序，在其中公民就特定的规范达成一致。但是这种程序主义对于我要在这里概述的立场来说是不可接受的，因为这一立场必须预设正义的实质内容是被历史性地给定的。但是如果我们不能任意地移除和分配我们道德意向中的实质内容，那么寻找我们能够在随后予以承诺的假设性原则就是无用的。已经存在的承认关系的结果则反过来要求，正义原则要通过历史性的内容得到辩护。这意味着我们或许不是通过运用一个构造出来的程序来辩护正义原则的，而只是通过把它们安顿于沟通性的关系，或是它们的有效性条件之中来辩护正义原则的。这样一个替代性的程序因此可称为是“重构的”，因为它并没有“构造”一个可以为正义原则辩护的不偏不倚的立场，而是用正义原则总已在其中起作用的承认关系的历史过程“重构”了它们。[23] 和程序主义的方法相比，这类重构的正义理论对于历史现实既是更加信任的，也是更加怀疑的。它对历史现实是更加信任的，因为它在已经确立起来的沟通性的关系中看到了作为社会正义的要求之基础的规范性原则。因此它把自身限定在如下问题上，即解释那些社会化了的主体在他们的承认关系中已经用作指导的原则。但是，如果这些前提条件是缺失的——也就是说如果我 47
们处理的是伦理和道德上败坏了的社会关系——这一正义理论就相对无力了。在这种情况下，为了不完全忽视社会正义的原则，它也不得不诉诸一种不偏不倚的立场。[24] 这样一个极端的例子也证明了为什么一种重构性的正义理论通常比它的程序主义替代品更具有怀疑精神，因为它并不相信一个虚构的协议程序会让我们真正知晓关于正义的原则。它总是会怀疑，这些原则是否对现存的社会关系施加了过重的负担。

但是怀疑者们比这还要更进一步。也许有些人希望在这样一个规范性重构的过程中，我们会无意中发现一种在历史中实际存在的推论性的方法，一种和程序主义者虚构性地诉诸的方法完全相同的方法。如果是那样的话，我们会在现代社会的现实中识别出一种特殊的承认关系，在这种关系中公民通过参与意志形成的民主过程获得自主性，从而共同定义社会正义的原则。[25] 在这些情况下，理论将从决定社会正义原则的使命中退出，因为它所需要的只是提炼出规范性的前提条件，在这些前提条件下，这种已经存在的程序的推论性结果能被视为正当的。我并不相信这样一种被安顿于历史中的程序主义形式，[26] 我的理由是，除了仅仅通过参与意志形成的公共过程而得到保证的社会承认形式，个人自主性还要求更多其他的社会承认形式。主体即使身处他们所扮演的除了法律主体之外的社会角色中——在这些角色中他们共同实践的自我立法享有的法律保障是不充分的——也还是需要主体间的尊重和关心。接下来，我将从转向程序主义的正义理论之前中断的地方重新开始我们的讨论。

我已经数次提到，为了参与社会生活，主体要依赖于对于他们的需求、信念和能力的承认。把自主性设想为仅仅产生于主体间的、对于主体之自主决策能力的尊重，仍是不够的；相反，主体的特殊需求和他们的个人行为也需要得到重视。只有当公民感到他们个性中的所有这些要素都得到了尊重和承认，他们才能充满自尊地行动，并投身于各自的人生道路。出于这个理由，重构性的程序不能局限于仅仅揭示已经存在的法律关系中的承认原则。当主体因此而尊重彼此、形成反思性判
48 断的能力时，仍然存在其他同样重要的，能够让个人体验到他们的需求和能力受到重视的承认关系。如果我们要真正揭示主体获得自主性的所有条件，规范性的重构就必须指向相互的社会承认关系的整个范围。除了法律性的关系，我们还必须把家庭关系和社会中的工作关系也包括在我们的正义理论之中。虽然公民只能通过受限的民主立法机制去干预这些领域，这些承认的条件对于正义而言仍然是重要的，因为它们对于个人自主性的繁荣和失落有着强烈的影响。

就像在民主法治下的平等主义的法律关系中一样，个人也有义务在家庭和服务交换的领域中承认彼此是自由和平等的。与在传统社会中不同，这两个受到较弱管制的领域一定要满足对称的、平等主义的承认的要求。[27] 但是，在规范性重构的过程中我们很快发现，这些领域中的相互尊重有完全不同的道德源泉。在民主国家的法律关系中，所有主体的慎思性的平等形成了主体授予彼此承认的规范性基础，然而在家庭内部，构成承认的规范性导向标的是家庭成员的特殊需求；而在服务的社会性交换中，构成了相关标准的是那些参与者的工作或成就（*Leistung*）。因此，一种重构性的正义理论面临的挑战不只是捍卫一个以个人自主性为名义的规范性原则，而是三个。取决于相应的社会领域，无论是慎思性平等，基于需求的正义（*Bedürfnisgerechtigkeit*）还是基于成就的正义（*Leistungsgerechtigkeit*），其不同的道德层面都必须各自加以强调和巩固。[28] 这种多元主义看起来难以处理，却适应了主体在正义的不同单独议题之间实际做出的区分。像许多经验性的研究如今已

经表明的那样，主体在他们的日常实践中，为了分别运用恰当的正义原则，不断地在上述三个领域中做出区分。[29]

这一替代性的正义理论和经验现实是相符的，这个事实意味着它或许终究会缩小哲学和政治实践之间的距离。它的任务将是说明制度性的、物质性的和法律性的条件，为了使不同的社会领域将作为其基础的承认的规范纳入考虑，这些条件必须依次得到满足。带着促进个人 49
自主性的目的，它们将在民主国家的法律关系、家庭关系内部的需求平衡，以及工作关系中基于成就的正义当中，去捍卫慎思性的平等。不仅如此，它们必须要求所有的主体都参与到这三种承认关系中来。这样一种正义理论也会发现其自身与主体在他们的日常实践中怀有的道德确信是一致的。但是相反，这一理论不能使其对自身原则——甚至是对它所作出的区分——的运用依赖于民主意志形成的结果。毕竟，这一理论深知，只要公民无法免于焦虑和羞耻地发出他们的声音，那么公民在那种程序中做出的决策就只是临时的、局部的和扭曲的。考虑到个人自主性中的这个要素以及基本的公共表达的自由，这一正义理论必须要求一些支持性的关系，在这些关系中，主体不仅在民主国家的公共领域中，也在他们的家庭关系和工作生涯中获得自尊。虽然如此，他们却不能仅仅依赖国家去实现他们的意图；相反，他们必须依靠非国家组织的合作。他们的行动要求的仅仅是复兴一种更强有力、更切合实际的正义观念，从而在正确的地方采用正确的道德词汇。至少，这种预期会促进这样一种希望，那就是一种重构性的、多元主义的正义理论能够填平在哲学理论和政治实践之间的鸿沟。

注　释

这一章基于 2008 年 12 月为西门子基金会（慕尼黑）所做的一次讲座。我想要感谢海因里希·迈尔友善的邀请，以及尤尔根·哈贝马斯非常亲切的介绍和主持。

1 Axel Honneth, ed., *Kommunitarismus: Eine Debatte über die moralischen Grundlagen moderner Gesellschaften* (Frankfurt/Main: Campus, 1992).

2 对于埃米泰·埃茨奥尼作品的讨论最明显地呈现了过去政治哲学与政治的关联性，例如 *The Spirit of Community: Rights, Responsibilities and the*
50 *Communitarian Agenda* (New York: Crown, 1993)。对于在德国对相关政治讨论的论述，见 Christel Zahlmann, ed., *Kommunitarismus in der Diskussion: Eine streitbare Einführung* (Berlin: Rotbuch Verlag, 1992)。

3 David Miller, *Principles of Social Justice* (Cambridge, MA: Harvard University Press, 2003), ch. 1.

4 对于处于现代正义论核心的这种张力，一个优秀的综述见 Bernd Ladwig, 'Freiheit', in Gerhard Göhler, Matthias Iser and Ina Kerner, eds., *Politische Theorie: 22 umkämpfte Begriffe zur Einführung* (Wiesbaden: VS Verlag für Sozialwissenschaften, 2004), pp. 83 - 100; Albrecht Wellmer, 'Models of Freedom in the Modern World', in Endgames: *The Irreconcilable Nature of Modernity: Essays and Lectures* (Cambridge, MA: MIT Press, 1998), pp. 3 - 68。

5 对于这种个人主义式的或是独善其身式的个人自由观念的批评，见 Charles Taylor, *The Ethics of Authenticity* (Cambridge, MA: Harvard University Press, 1991); Joseph Raz, *The Morality of Freedom* (Oxford: Clarendon Press, 1986); 以及 Michael Sandel, *Liberalism and the Limits of Justice* (Cambridge: Cambridge University Press, 1982)。

6 据我所知，我们尚未见到对于分配性图式的系统性的批评。但是，一些评论可见于 Iris Marion Young, *Justice and the Politics of Difference* (Princeton: Princeton University Press, 1990);以及 Jürgen Habrmas, 'Reconciliation through the Public Use of Reason', in *The Inclusion of the Other: Studies in Political Theory*, eds. Ciaran P. Cronin and Pablo De Greiff (Cambridge, MA: MIT Press, 1998)。

7 对于如今已经成为经典形式的那个表述，见 John Rawls, *A Theory of Justice* (Cambridge, MA: Harvard University Press, 1971)。

8 Habermas, 'Reconciliation through the Public Use of Reason', pp. 49ff.

9 这是我理解尤尔根·哈贝马斯在 *Between Facts and Norms: Contributions to a Discourse Theory of Law and Democracy*, trans. William Rehg (Cambridge, MA: MIT Press, 1996) 中发展的正义理论之基本意图的方式。在这里他把现代宪政国家的原则理解为使一种民主的公共自治的程序成为可能的制度化条件。我随后会把这种意图称为"被安顿于历史中的程序主义"。

10 托马斯·内格尔描述了自由主义的正义理论是如何把所有确保正义所需的力量都聚焦于民主宪政国家的，但他这么说的意图与我们截然不同，因为他旨在批评言过其实的全球正义观念。见'The Problem of Global Justice', 51
Philosophy and Public Affairs, vol. 33 (2005), pp. 113－147。

11 Rawls, *Theory of Justice*, pp. 78ff.; John Rawls, *Political Liberalism* (New York: Columbia University Press, 1993), 187ff.

12 卢梭和康德的方法之间的区别显然在于这样一个事实，即只有在卢梭那里，自尊的态度才取决于相互的承认，或是被他人尊重。见 Frederick Neuhouser 在这个问题上具有开创性的研究：*Rousseau's Theodicy of Self-Love: Evil, Rationality and the Drive for Recognition* (Oxford: Oxford University Press, 2008)。而在另一方面，康德则坚持认为这一态度是个人服从于伦理法则的结果。见 Henning Hahn, *Moralische Selbstachtung* (Berlin and New York: Walter de Gruyter, 2008), pp. 52ff。在这里我不再进一步探究以费希特为开端的其后的理论发展。

13 见 Axel Honneth, *The Struggle for Recognition: The Moral Grammar of Social Conflicts*, trans. Joel Anderson (Cambridge: Polity, 1995); Catriona Mackenzie and Natalie Stoljar, eds., *Relational Autonomy: Feminist Perspectives on Autonomy, Agency and the Social Self* (New York: Oxford University Press, 2000); Diana Myers, *Self, Society, and Personal Choice* (New York: Columbia University Press, 1989); 以及 Paul Benson, 'Taking Ownership: Authority and Voice in Autonomous Agency', in John Christman and Joel Anderson, eds., *Autonomy and the Challenges to Liberalism: New Essays* (Cambridge: Cambridge University Press, 2005), pp. 101－126。当然，我们应该提及这一点，那就是从一开始，罗尔斯就引入了"自尊的社会基础"作为一种基本益品，甚至"或许是最重要的基本益品"(Rawls, *Theory of Justice*, p. 386)。很有可能的是，把自尊的条件视作"益品"来加以分配具有的内在困难(见 Gerald Doppelt, 'Rawls's

System of Justice：A Critique from the Left', *Noûs*, vol. 15 [1981], pp. 259-307)，因此罗尔斯随后在《政治自由主义》中表明，某些其他基本益品，像“平等的基本权利和自由”以及“公平的机会平等”，属于自尊的社会基础之一(Rawls, *Political Liberalism*, p. 82)，但不再被单独视为基本益品。在我看来，这些概念性的转换只不过是揭示了分配性范式在把主体间关系和承认的关系变为一种自由主义正义理论的对象时无法解决的困难。虽然如此，罗尔斯在此处和其他地方处理一个他显然意识到的问题时所表现出来的智性诚实，当然是
52 令人钦佩的。

14 亚里士多德的“伦理的”善缺少能够引发这样一种理念，即为了让更多人或者所有人都能够享有它们而根据特定原则来“分割”这些善，所需的物理延展性。伦理的善向物质性的对象做出的微妙的调适是值得研究的，这一调适使得对它们的分配成为可能。见 Max Scheler, *Formalism in Ethics and Non-Formal Ethics of Values*, trans. Manfred S. Frings and Robert L. Funk (Evanston, IL：Northwestern University Press, 1973), pp. 110ff.；Charles Taylor, 'The Diversity of Goods', in：*Philosophy and the Human Sciences: Philosophical Papers 2* (Cambridge：Cambridge University Press, 1988), pp. 230-247。

15 安东尼·拉当声称，罗尔斯在“配置性的”和“分配性的”正义之间做出的区分(Rawls, *Theory of Justice*, pp. 76ff.)使我们得以避免这些困难。配置性的正义只确保对于给定数量的益品在“已知欲望和需求”的人们当中进行一种特定的分配，而分配性的正义则指出了一个规范性的原则，这个原则确定了人们参与公平合作并组织对于他们所生产的益品之公平分配的规则。但是，我看不出这样一个区分如何能让我们避免我(和其他人)提出的困难。虽然罗尔斯声称“分配的正确性建立在合作计划的正义性之上”，并因此提到了确定“生产什么、生产多少和用什么方法生产”，以及谁有对于产品的“合法的主张”(同上)的原则。正义的实质含义仍然在于对于被理解为根本上是“可生产的”某物的分配上。

16 Axel Honneth, 'Redistribution as Recognition：A Response to Nancy Fraser', in Nancy Fraser and Axel Honneth, *Redistribution or Recognition? A Political-Philosophical Exchange* (London and New York：Verso, 2003), pp. 110-197.

17 Axel Honneth, 'Between Justice and Affection：The Family as a Field of

Moral Disputes', trans. John Farrell, in *Disrespect: The Normative Foundations of Critical Theory* (Cambridge: Polity Press, 2007), pp. 144 - 162.

18 见本书第四章；Diana Myers, 'Work and Self-Respect', in Gertrude Ezorsky, ed., *Moral Rights in the Workplace* (Albany: SUNY Press, 1987), pp. 18 - 27。

19 G. W. F. Hegel, *Elements of the Philosophy of Right*, trans. H. B. Nisbet (Cambridge: Cambridge University Press, 1991), §§ 250 - 256.

20 关于黑格尔所说的"同业公会"问题，见 Hans-Christoph Schmidt am Busch, *Hegels Begriff der Arbeit* (Berlin: Akademie Verlag, 2002), pp. 129ff。 53
（也见本书第四章）对于这样一个去中心化的正义制度的理念，更进一步的模式可以在涂尔干的这一理念中找到，那就是现代社会的道德只能通过带有构造正义之功能的，相对独立、制度化的组织所形成的一整个网络来维持（Émile Durkheim, *Lecons de sociologie: Physique des moeurs et du droit*, 2nd edn [Paris: Presses Universitaires de France, 1969]）。

21 这本质上意味着对于益品之公正分配的标准（在可分配的资源的意义上）产生于确定一个特定社会领域中盛行的互惠性承认之类型的规范性原则。根据安东尼·拉当（见注释 15），罗尔斯的"分配正义"观念将不得不以这种方式来理解。但是不同于在不同类型的承认关系中做出区分，他把公民间的平等关系视作唯一的承认关系。

22 对于这个问题的一个更具根本性的处理，见 Honneth, 'Redistribution as Recognition'。

23 哈贝马斯为他在《在事实与规范之间》中"重构的"方法提出了一个类似的辩护。他的方法和我们的努力之间的区别在于，他只是把现代宪政国家的历史性发展看作规范性重构的对象，然而我却提出，考虑到我们对一项正义理论的需求，我们是根据对于现代社会来说是核心的、被制度化了的所有承认领域的历史性发展的整个范围来从事这样一种重构。当然，这意味着我面临着这样一个问题，即不得不声称所有这三个不同的承认领域都是对于承认原则的体现，而这些承认原则在我们的互动中实践性的实现要求个人的自主性。

24 这个表述和黑格尔的这一理念是类似的，即纯粹的"道德的观点"，例如道德良心的内在本质，当"现实性的世界是空洞的、没有生气的和不稳定的"时候，总是发挥着一种重要的作用（*Elements of the Philosophy of Right*, § 138, Addition）。

25 Habermas, *Between Facts and Norms*, chs. 3 and 4.

26 我认为哈贝马斯在《在事实与规范之间》中概述的正义理论是这种形式的程序主义的一个例子。

54 27 Honneth, 'Redistribution as Recognition'.

28 根本上,我的社会正义观念和戴维·米勒在他的多元正义理论中提出的方案是一致的。他暗示了在需求原则、应得和平等之间(Miller, *Principles of Social Justice*),一种基于日常正义信念的区分。我认为,这样一个在不同"正义的领域"之间的区分需要一种"重构性的"辩护,由此产生的各种各样的争论,见本书第七章。

55 29 Miller, *Principles of Social Justice*, ch. 4.

第四章

劳动与承认：一个再定义

如今已经几乎没有什么人去努力捍卫一种解放性的和人道的劳动观念了，这是过去二百年来前所未见的。劳动组织形式在工业领域和服务业的发展，破坏了任何提升劳动质量的尝试。人口中有越来越多的人正处于挣扎中，而这挣扎只是为了获得能够保障一份生计的就业机会；另一些人则在极端缺乏管制的条件下工作，甚至几乎不再享有任何法律保障；还有一些人则被迫看着他们从前安稳的职业变得越来越不需要专业门槛，并被外包给了其他领域的人。所以，几乎没有人会质疑罗伯特·卡斯特尔这一诊断，即福利国家使雇佣劳动成为一种安稳的生计这样一个短暂的历史阶段即将终结。[1] 劳动组织形式的这种发展，这种回到无保障的临时工作、兼职工作和家庭工作中去的倾向，反映在了知识分子对社会科学的关注和兴趣的转向中。在四十年前，知识分子还寄希望于劳动的人性化和解放，如今却对此彻底失望了，他们已经背弃了工作的领域，而开始专注于与生产领域相距甚远的其他话题。面对这些新的境况，社会批判理论却似乎只专注于政治整合与公民权利的问题，而不曾想过其过去在生产领域所获得的成就正面临着威胁。即使是社会学，资本主义工业化与科学的“养子”，在很大程度上也抛弃了它从前研究的这一领域，而越来越只专注于文化转型的
56 过程。

但是，知识分子从工作的领域中撤退的趋势却与民众的情绪完全不符。且不论众多对于“工作社会之终结”的预测，劳动尚且没有失去它与社会生活世界的相关性。大多数人仍然使自己的社会身份主要地依附于他们在有组织的劳动过程中的角色，而且自从劳动市场前所未有地对女性开放后，这一人群的数量甚至很有可能极大地增长了。劳动不仅没有失去它在生活世界中的意义，而且仍保持着其规范性层面的重要性。失业仍是一种社会污名，且仍被视为一种个人的过错；不稳定的雇佣状况仍是让人难以承受的；而广阔范围内不同圈子的人们对于劳动市场不断增长的灵活性则纷纷持保留态度，并普遍感到不安。[2]对于一份不仅提供生计也提供个人满足的工作的渴望，从未消失过；只不过这种渴望不再对公共话语或者政治辩论的舞台具有决定性的影响。但是，把这种压迫性的沉默视作一种迹象，认为这种迹象表明对于劳动进行重新组织的要求已经成为过去，这不仅与实际经验不符，而且近乎是一种讽刺。社会生活世界的经验和社会科学研究的主题之间的鸿沟或许从来没有像今天那么巨大。虽然社会性的劳动几乎完全失去了它在社会科学中的重要性，但那些受到社会工作环境直接影响的人们，他们的苦难、恐惧和希望却越发地和劳动密切相关了。

但是，社会理论并不仅仅是出于机会主义的理由才背弃劳动领域的。怀疑知识分子和社会学家的沉默，表达的是他们不想进一步处理民众所面临的真正的苦难，这是极其目光短浅的。相反，劳动领域从社会理论的焦点中消失，传达的是这样一种认识，即现存的生产关系，让任何彻底改善劳动组织方式的提议，都显得仅仅是痴心妄想

(*Sollensforderungen*)。社会现实和乌托邦式的期待之间的鸿沟变得如
此之深,劳动的真实条件和致力于解放的努力之间的距离是如此之大,
以至于社会理论被迫承认,其所有理论性的努力在当前都是徒劳的。[3]
社会运动中的知识分子代表不是本着机会主义的精神背弃社会劳动的
领域的,也不是因为他们相信自己必胜,所以才转身离去;相反,他们离
开得不情不愿,且心怀悲愤。因为把劳动从他律和异化中解放出来的 57
理念已被证明是不切实际的,所以劳动的组织形式如今就交给了资本
主义劳动市场全球化的力量来决定。这个因此而被划分出来的路径,
在哈贝马斯关于一个“规范无涉”的经济系统的自我调节的观念中表现
得最为明显,[4]它导向了我们当前所面临的这一严峻的情形:那些不仅
害怕失去工作,同时也关心他们工作的质量的人所遭受的苦难,已经无
法在社会批判理论的词汇中产生共鸣了。

在下文中,我想要确定,这种发展趋势是否还能在理论上被逆转。我们必须如何把社会劳动的范畴吸纳进社会理论的框架中,才能超出纯粹的乌托邦式构想,有望取得实质性的改善?为了处理这个复杂的问题,我想首先在外在的和内在的批评之间做出区分,随后把这个区分应用于对现存劳动关系的批评。如果有意义且有保障的工作的理念已经构成了一个内嵌于社会再生产结构的理性要求,那么我们就只能提出一种内在的批评,在这一批评当中,规范性的要求不再仅仅是纯粹的愿望而已(一)。其次,我的目的是表明,只有把社会劳动和现代的服务交换(*Leistungsaustausch*)中盛行的承认之条件联系在一起,它才能成为一种内在的规范。每一种不仅是纯粹私人性的、独立的劳动形式都必须以某种特定的方式被组织起来并加以结构化,这样它才配得上承认(二)。最后,我想根据现代工作领域的组织形式,发展出与这一劳动和承认的结构性关联联系在一起的内在要求。这应当表明一种根本上可追溯至涂尔干的理念,即一种正义的劳动分工组织形式,比其初看之下具有更强的规范性的影响力(三)。

一

自工业革命以来，就从不缺少对社会劳动进行重组的乌托邦式的幻想。在工厂和商铺中被组织起来的劳动组织形式将会变成资本主义的剥削劳动，它施加了一种形塑的力量——一种穿透了所有生活领域
58 的力量——以至于那个时代的种种规范性的期望在一开始就主要地和生产领域联系在一起。这些解放性的理念，最初是由对那些如今仍能见到的、具体体现在工匠那里的劳动类型的认识所推动的。工匠一个人从事所有的劳动，在这个过程中创造性地组织整个工作，并发现自己技能的客体化反映在了最终的产品中，而在工厂中的工人却完全被排除在这样一种对于劳动的整体性体验之外，因为他们的活动是由他者决定的，与他们自己的主动性是分裂和脱离的。依据我们所采取的视角，工匠的活动可以视为一种自由的、自我决定的合作模式，或是一种个人的自我客体化的模式。在第一种情况下，我们谴责的是那种新的、唯利是图的资本主义雇佣形式，因为它取消了工作主体之间的互动；在第二种情况下，我们谴责资本主义的雇佣形式则是因为它取消了一个工人的技能在制成的产品中被客体化的有机过程，并且把这个过程分割为一些就其自身而言没有任何意义的片段。除此之外，这种对于资本主义工作组织形式的批评还受到另一个因素的推动，那就是把审美性的生产模式纳入了对于一种非异化的、自发性的活动的想象之中。在早期德国浪漫主义的社会主义的继承者当中，这一理念尤其广泛地传播了开来：所有的人类劳动都应当有一种以其自身为目的的创造性，而这种创造性的典型表现就是艺术作品的生产。[5]

即使是像这些解放劳动的理念一样生动而吸引人的理念，最终也没能对社会劳动的组织形式产生任何影响。虽然那个被浪漫化了的工匠的劳动模式，以及关于艺术生产之审美性的理想，已经永久地改变了

我们对于善的，以及过得好的（well-lived）生活的观念，但是它们没有对工人运动的斗争，或是对社会主义者改善工人工作环境，并给予他们对工作环境的控制权的努力施加真正的影响。这些 19 世纪的工人乌托邦构想之所以会体现出这种矛盾的效应，是因为它们与组织化经济劳动的要求之间的联系太过微弱。它们所推崇和提倡的作为范例的劳动模式可以说是要求太高了，从而无法充当一种把社会再生产所需要的一切活动都组织起来的模式。但是，虽然经典的工人乌托邦构想有这样一个严重的缺陷，但它们也并非毫无贡献，因为它们唤起了一种劳动模式，这种劳动模式作为一个客体化过程的透明性，很快就成为对于好的生活之想象的一个核心要素。因为我们作为人类需要一种体验，即 59
通过使用物质材料，并把它们"客体化"于一个产品当中，来试验我们所获得的技能，所以这种活动始终被认为是过得好的生活的一个要素。[6] 但是，工匠或是艺术家的劳动已经成为好的生活必不可少的一部分，这一事实还是没有告诉我们，被社会性地组织起来的劳动必须实现何种规范性的标准。毕竟在经济领域，只要个体必然被卷入社会性的服务交换中去，那么他们从事的活动就总要服从一些要求。出于这个理由，我想把一切根据有机的、纯粹自我决定的生产模式来批评那个给定的、资本主义式的工作关系的尝试称作外在的批评。它们都提出了一些规范性的诉求，这些诉求诉诸的劳动模式是外在于它们所要批评的对象的，而这是因为它们指向的行动结构对经济领域所要求的所有劳动形式并不同等地具有本质性。对于个人的好生活来说或许是必要的那些工作经验，无法也同时提供标准来评判被社会性地组织起来的生产领域。在这个领域中盛行的那些约束和条件，要求的是一些明显与工匠技艺或艺术不同的活动。

当然，19 世纪的工人乌托邦构想释放了我们的社会想象，并打开了一个全新的思考空间。我们关于个人成就和成功合作的观念要归功于这些乌托邦，如果没有它们，我们对于一种更好的生活的愿望所留存下来的记录，就会贫瘠很多。这些关于工匠技艺或艺术作品的乌托邦提供了一种伦理思想，这种伦理思想有一种动力，要扩张传统的关于“善”（the good）的理念，把劳动也包括在内。从那时起，我们就很难想象一种过得好的生活中没有客体化活动作为其中一个要素。但是这些成就都没能改变这样一个事实，那就是以工匠技艺的理想为名义而对资本主义劳动组织形式提出的批评有一种缺陷，即它来自一个纯粹外在的立场。[7] 在经济领域为了改善工作环境而进行的社会斗争不得不诉诸一些与乌托邦式的、关于整体性活动的理念非常不同的规范。我们只有利用已经构成了社会性服务交换领域中的理性要求的道德规范，才能越过这个门槛，提出一种对于现存社会劳动组织形式的内在批评。归根到底，制度化的劳动理念，作为对于社会劳动分工的一种贡献，是和那些自始至终都与工作场所的组织形式有关的规范性主张联系在一起的。[8] 在我探讨提出这样一种批评的条件之前，我想先简略地考察这样一种尝试，即把一种内在批评的要旨悄悄地加入到对类似工匠的、整体
60 性的活动的设想中去。

我们看到，由工匠理想所激发的批评，其弱点在于，它挑选了一种无法保证其要求能在社会再生产的结构中具体实现的劳动模式。即使特定的劳动类型接近了这一理想，还是无法合理地证明如下主张，即所有被社会要求的劳动形式都必须具有同样的形态。当然，如果我们能够表明，从事每一种社会必需的劳动，都倾向于导向有机的整体主义和自主的自我控制，并因此导向类似工匠的劳动组织形式，那么我们就可以得出不同的结论。无论我们讨论的是哪种劳动类型，仅凭其自身的目的性，这种活动就会要求主体对劳动保持尽可能多的控制权。我自己曾经试图发展出一种基于工业社会学研究的论证，来证明工人的日常抵抗表明他们渴望自主地控制自己的活动。我确信，雇员们不断地做出颠覆性的努力去获得对他们工作的控制权——仅仅是这个事实就提供了充足的证据，证明要求在工作场合中有更多的工人控制权是合

理的。[9] 我的目的在于,将这一工匠理想作为一个内在的而非外在的标准来评判资本主义的劳动组织形式。如果在他们的工作结构的基础上,雇员们有控制他们自己的工作的愿望,那么这一道德要求就内在地包含在被历史性地给定的工作关系当中,而且并不必然要外在地反对这些关系。

没过多久,尤尔根·哈贝马斯就指出我犯下了一个错误,那就是得出了一个“在起源上错误的结论”(genetically false conclusion),因为我认为某些欲望和要求,仅仅因其存在,就可以被当作对它们进行道德辩护的基础。他反驳说,只有实践的话语,而不是被假定的道德要求,才能为哪些规范应当在一种给定的劳动组织形式中生效提供道德上的辩护。[10] 我花了很多年才意识到,只要能将这个反对意见吸收进一种更恰当的批评中去,其实就抓住了一个更好的解决方案的关键。毫无疑问,内在批评的目的不可能仅在于主张某些群体在特定时期根据他们的社会或工作境况提出的要求和需要。这些控诉是在社会内部被提出来,以反对现存的规则的——这一事实给了它们一种真正内在的特质,但它们仍然缺少任何可证明的理由,成为内在批评的正当标准。在当时,我试图理性地改进我的论证,我想表明雇员们所提出的颠覆性的要求, 61
符合“在人类学上”嵌入于他们所从事的劳动中的自主结构。但是无论能否证实这种抵抗的实践确实存在,对我来说,把类似工匠劳动的主旨归入这样一种目的理性主导的活动,似乎是牵强附会。我们甚至不清楚,对于现代服务业中大多数的工作而言,我们说劳动必须是自主的、纯粹客观和客体化的,究竟是什么意思。在这个产业中,没有哪个产品是以能够反映我们所获得的技能的方式被构造出来的;相反,从业者们仅仅是尽可能主动地去回应来自雇主或顾客的个人性或非个人性的需求。换句话说,声称所有社会所必需的活动都是根据一个有机的、整体性的,例如工匠技艺这样的劳动形式自然而然地构成的,无疑是一种谬论。

如果我们像哈贝马斯一样，把劳动的结构这个问题放到一边，而去考察把劳动组织起来的规范，我们就会面临一个不同的问题。这位《交往行为理论》的作者，在这里突然谈论起应当渗透进社会劳动组织之中的“规范”，而在其他地方，却把经济领域称为一种“规范无涉的系统”，当然，这归根结底没什么好惊讶的。哈贝马斯的构想之所以如此重要，是因为这种视角上的转变提出了一个问题，即现代资本主义的劳动组织形式是否建立在道德规范的基础之上，而这些道德规范就其功能而言，就像相互理解的规范对于现代生活世界一样必不可少？这并不是说哈贝马斯在他的理论中直接启用了那些由这个视角发现的规范；他一直都确信这些规范是相对任意的，且屈从于资本和市场冲突的结果。根据哈贝马斯，“系统”和“生活世界”的区别在于，在前者当中，协调行动是通过目的性的、策略性的立场的调节才得以发生的，而后者预设了道德态度。这就是为什么虽然哈贝马斯偶尔也承认现代的劳动组织形式确实包含某些规范，但他无法把任何道德的基础结构归于资本主义的经济领域。[11] 但是，如果我们能够表明，资本主义劳动市场的运作也预设了一整套道德规范，那么这些劳动关系就会变得截然不同了。在这种情况下，不仅“系统”和“生活世界”之间的对立会瓦解，而且从一个内在的视角批评工作关系也将成为可能。

与外在的批评不同，内在的批评预设我们能够找到一种标准，这一
62 标准构成了在被批判的关系自身之中一项正当的、理性的要求。我希望为当下工作领域的状况找到这样一种评判标准，并考察了一些替代方案，然而事实证明那些替代方案都是不充分的。那些反对他人控制他们的工作的雇员的沉默抗争无法被证明为普遍化的，因而无法将其作为内在批评的正当标准。考虑到社会所必需的劳动是多种多样的，主张它们原生的、内在的结构要求它们要以一种统一的、单独的方式被组织起来，似乎是不可能且荒谬的。如果我们因为这些理论路径无法证成一些既必要又合理的要求，而把它们排除在外，那么在我看来，一

个替代的选择就是在现存的劳动组织形式中寻找我们所需的合理要求的根源。但是,这种论证要求我们不能仅仅从经济效率的功能主义视角来考察资本主义劳动市场。如果我们把自己限定在这个视角上,那么现代劳动组织的结构就只会表现出哈贝马斯在他的系统理论建构中所处理的,单薄的、只涉及策略性规则的层次。相反,如果我们把资本主义劳动市场视作也具有社会整合的功能,那么这幅图景就会彻底改变。这时我们就会面临一系列作为现代工作领域基础的道德规范,正如那些达成相互理解所需要的规范是社会生活世界的基础。在下文中,为了揭示现代劳动组织形式的规范性基础,我想要挖掘出一个几乎被遗忘了的传统。我希望借此复活对当前盛行的劳动关系进行内在批评的可能性。

二

在《法哲学原理》中,黑格尔试图揭示出一些要素,这些要素属于在他眼前发展起来的资本主义经济结构中一种新的社会整合形式。他从一开始就确信,这种新的由市场来调节从而满足需求的体系所带来的成就,不能仅仅根据经济效率来衡量。虽然他也知道这种新的市场制度显著提升了经济活动的生产力,但他坚持认为,这种制度的功能一定不能被限定在这个单一的物质性成就上。否则,这种制度在社会中就没有伦理性的支点,从而缺少必要的道德合法性。因此,黑格尔试图证明,由市场来调节的、其目的是满足需求的整个劳动交换体系,只有在 63
满足特定的规范性条件的情况下才能得到认可。对黑格尔来说,这种新的经济形式,其主要的整合性功能在于把“主观的自私性”转变成为“其他所有人的需求的满足”而工作的意愿。[12] 只要民众的经济需求要在没有个人特征的市场交易中得到满足,那么每一个(男性)社会成员就必须愿意抛弃他个人对于懒惰的偏好,并凭借他自己的劳动为共同利益做出贡献。对黑格尔来说，这种对于工作的普遍性的义务要求每一个个体都必须以一种能够增加“普遍资源”（universal resources）的方式去发展他的技能和才干。[13] 但是，以这种方式为共同利益做贡献的意愿已经预设了要有一种相应的服务作为回报。每一个由市场调节的服务交换的参与者都有“一项维持自己生计的权利”：[14] 也就是说，在一种特定的生活水平上养育他自己和家人。因此，在黑格尔眼里，这一新兴的经济体系的第二个规范性成就在于，它创造了一个相互依存的体系，这个体系保障了其所有成员经济层面的生存所需。放到今天我们可能会说，每个人都必须工作，这一期望是和每个人都获得一份足以谋生的工资这一条件联系在一起的。[15] 为了强调这些内在的前提条件在道德上的重要性，黑格尔创造了“承认”这个术语：在由市场调节的交换体系中，主体作为私人的、自主的、为彼此而行动，并因此通过他们的劳动对社会做出的贡献来维持生计的存在者，彼此承认。[16]

当然，黑格尔的眼光足够锐利，能够看到资本主义市场经济的发展处于一种和它自己规范性的承认条件发生冲突的危险之中。只要以利润为导向的商品生产“处于一种不受阻碍的活动状态”，“利润”就会集中在少数人手中，而“特定职业的细分与限制”对“广大群众”来说会得到强化，这将反过来导致“依附和痛苦”。[17]“乌合之众”（the rabble），作为全部人口中有一定影响的一部分，将没有机会获得由市场调节的、对于他们的劳动的承认，并且会因此遭受缺少“自尊”的困扰。由于黑格尔对于这种新的经济体系的规范性条件的理解，他并不同意通过富人贡献的慈善捐款来把穷困的阶级维持在“他们通常的生活水平上”。他
64 确信，这种再分配会导致“那些贫困的人将不通过劳动就直接获得他们的生存所需，而这侵犯了市民社会的原则，以及个人的独立感和自尊感”。[18] 相反，黑格尔建议以两种组织来补充资本主义市场经济，而这两种组织的任务是保障相互承认及“自尊”的规范性条件。“警察”（*Polizey*）承担的职能是为了确保平衡的供需关系而干预经济过程，而

“同业公会”（*Korporationen*）——仿效贸易协会和工会——将帮助它的成员维持他们的技艺和能力，并保证他们基本的经济层面的生存所需。

但是这些特定的、制度性的解决方案并不是黑格尔对于资本主义劳动组织形式的描述中令我们感兴趣的部分。所谓的“警察”和“同业公会”共同构成的组织性的结构，太过限定于资本主义工业化的早期阶段，所以对今天的我们而言并不十分相关。对于我的目的而言，更重要的是这样一个事实，那就是黑格尔不是从一个外在的视角，而是从他恰好试图矫正的经济制度本身的规范性原则来得出对这些矫正性制度的指导和设计的。黑格尔确信，资本主义劳动组织形式的道德预设就要求了个人劳动不仅要有一份足以谋生的工资作为报酬，还要能够在掌握了从事那份工作所需的技能的基础上，被承认为对共同利益有一份贡献。在互惠性的服务交换背后的那个完整理念，要求每一种个人性的活动都能具体体现一种足够复杂和明显的对技能的展示，从而证明其配得上与“自尊”联系在一起的普遍的承认。因此，黑格尔坚持认为，当经济发展导致一种特定的劳动活动下沉到了某个必需的技能水准和独立水平之下，“同业公会”就会承担起本应是资本主义市场经济自己去承担的任务。同业公会要确保其成员的技能得到足够的关心和公众的关注，从而能在未来享有普遍的尊重。因此黑格尔赋予同业公会一项任务，而这一任务构成了一个根植于这种新的社会劳动组织形式之存在条件中的规范性主张。

无论如何，凭借上述关于资本主义劳动组织形式的规范性的观念，黑格尔站在了如下观念的对立面，这一观念看到的是这种新的经济体系中正在起作用的一个相反的过程。根据这种相反的解释，资本主义经济的发展导致的不是道德关系的转变，而是社会伦理（*lebensweltliche* 65
Sittlichkeit）的解体。即使在黑格尔的时代，也有许多支持这一立场的理论家，但是直到一百多年后，卡尔·波兰尼才准确地表述了这个理念，他把资本主义市场经济理解为一个过程，在这个过程中经济活动的领

域通过脱离所有的传统习俗和道德规范而被“脱嵌”(disembedded)。[19]和黑格尔相反，波兰尼相信，确立一种无所不包的劳动和商品市场，一定会伴随有创造一个无法容忍任何形式的道德限制的“自我调节机制”。在他看来，这个领域中只有供需规律在起支配作用，以至于社会劳动仅仅是出于对有利可图的商品的销售这一目的被组织起来的，而且仅仅是在实现这一目的所要求的程度上才会得到报偿。我们只要稍加思索，就能意识到，如果这一论点确实是正确的，那么我迄今为止所寻求的策略就会因此瓦解。如果像波兰尼声称的那样，资本主义经济的形成，让劳动的组织形式完全从属于市场规律，那么我们就无法在这个新的被社会性地整合起来的劳动模式中谈论任何一种规范性。这当然也会使得我们无法在存在于资本主义劳动组织形式之中的道德原则中确立起一种对现存工作关系的批评。

但是，波兰尼的这个最初被认为是自明的论点，也受到了批评——这一批评建立在这样一种观察基础上，即市场对于社会行动的协调面临着一系列的问题，而这些问题根本上只能通过制度性和规范性的规则得到解决。如果市场中的行动者不依据某些商品的价值、公平交换的规则以及预期的可靠性而在行为上做出某些让步，那么关于在市场中应该如何行动，他们就不会有任何线索，而在市场中行动所需要依据的线索，就是他们在据称纯粹由目的理性引导时会去考虑的那些参量。[20]我们如今把这些规范称为市场中的“社会秩序”，这些秩序因此不仅包含积极的法律调控以及为订立契约和从事经济交换之自由设定条件的原则，也包含了一系列不成文的、含糊的规范和规则，它们在任何以市场来调节的交易发生之前隐含地确定了某些商品的价值是如何被估价的，以及在交换行为中什么才是应当正当地加以尊重的。或许我们最好应该把这些相互影响理解为对行为之规范性的规定，而正是这些规定让行动者最初得以参与到这些交易中去。这些期望不必总是得
66 到实际的满足，但是当它们没能得到满足时，人们也不会无动于衷；不

管怎样，它们构成了一种文化性和规范性的解释框架，而市场必然嵌入在这种框架之中。根据这一几乎完全和波兰尼对立的论点，[21] 黑格尔对于资本主义劳动组织形式的定义能够以一种更精确的、社会学的形式加以重构。资本主义劳动市场的结构只能在这种高要求的伦理前提下发展，而这一前提要求所有的社会阶层都可以期望获得一份保障他们生计的工资，并从事一些配得上承认的劳动任务。因此，黑格尔试图证明，这种新的市场体系只能在满足两种条件的情况下要求规范性的认可：第一，它必须提供一个最低工资标准；第二，它必须能够显而易见地表明，所有类型的劳动都代表了一种对共同利益的贡献。

理解这些规范性预设的地位的最大困难在于，它们只对实际的经济发展过程施加了最低限度的影响，却渴望普遍的有效性。如果黑格尔认为这些规范无法阻止一个纯粹以利润为导向的生产过程的自主运行，那么说资本主义的劳动组织形式嵌入在一个道德规范的视野中，是什么意思呢？解决这一矛盾的唯一方法就是把这些规范理解为资本主义劳动组织形式之有效性的一个反事实的基础。社会行动者只有在他们预设了黑格尔所揭示的规范时，才能理解这个新的经济体系的意义——这个主张意味着以市场来调节的劳动组织形式有赖于其规范性的条件，而这些条件，即使它们在实践中失效了，也依然能保持其有效性。在这个背景下谈论“嵌入”，意味着让资本主义劳动市场的运作依赖于其自身也不必然满足的规范性条件。在几乎是不透明的劳动市场中发生的那些事件，是建立在道德规范的基础上的，而这些规范，即使实际的发展状况与其相违背，也仍然能保持有效性。同时，这些规范性的规定构成了社会行动者在质疑现存的资本主义劳动组织形式的规则时，能够利用的道德资源。我们需要的不是诉诸一个更高阶的价值领域或是普遍的原则，而是调动那些隐含的道德规范，这些规范构成了根植于现代劳动市场的、对其加以理解和接受的条件。为不合理的工资，或是对其从业资格的剥夺而作斗争的社会运动，原则上只需使用已经

67 存在于黑格尔的分析中的那种道德词汇。这样做的目的包括捍卫一种足够复杂,但又不完全受外在因素控制的劳动形式,或是为一份足以谋生的工资而奋斗,而这两者共同构成了黑格尔以“自尊”这一术语来概述的规范性的主张。但是,他的解决办法仍然不能在规范性层面上充分解释曾遭到工人挑战的资本主义劳动市场的缺陷。虽然他把注意力聚焦于那些资本主义市场提供给所有男性成年人的新的承认形式,诉诸“同业公会”这种补偿性的设置,却忽略了对大多数工人而言最重要的那种体验:他们的劳动中所有具有实质性意义的内容都被掏空了。

直到八十年后,爱米尔·涂尔干才第一个付出了认真的努力,指出了这种对有实质性意义的劳动(qualitatively meaningful labour)的要求是内在于这种新的经济体系的。[22] 像黑格尔一样,涂尔干也主要是从它们对现代社会的社会整合的贡献这个角度来研究资本主义劳动组织形式的结构的。而且就像他的前人一样,他也遇见了一系列规范性的条件,这些条件是市场调节的交换活动的基础,并以独特的反事实的预设和理想的形式存在。[23] 在《社会分工论》中,涂尔干追问,现代社会随着其由市场调节的劳动分工不断扩张和增长,是否能在它们的成员中创造一种团结感和社群感?就像《法哲学原理》的作者一样,他也确信,仅仅是对经济增长和经济效率的预期,还不足以在这种新的经济体系中注入成功的社会整合所需的道德合法性类型。这并不是说涂尔干要寻找外在于这个社会经济体系且能构成他分析的参照点的团结的来源。他最不愿意做的,就是为了消除虚弱的社会纽带的威胁而描绘一种更加现代的公民宗教或是集体精神。相反,他打算识别出一些能在这个新的、资本主义的劳动组织形式结构中改变我们的社会归属感的条件。整合更加现代的社会所需的那种团结,不应来自道德或宗教传统所提供的资源,而应当来自经济现实。

为完成这一事业,我们需要在方法论上采取与黑格尔在他对“市民社会”的分析中所运用的同样的操作。资本主义的劳动组织形式不是在它偶然的、被经验性地给定的形式中呈现出来的，而是必须通过使它变得正当的那些规范性特征呈现出来。如果我们要为这个新的经济体 68
系给出一个经验性的描述，那么我们就无法洞见为什么它应当成为一种伦理性的整合或团结的来源。从涂尔干带有他个人风格的分析中延伸出来，我们恰好能够发现与黑格尔对于自由主义经济关系的辩证的描绘中相同的论证，这种经济关系以新兴资本主义经济为特征。[24] 这两种论证都证明了在新的经济条件下，每一个成年的社会成员都有资格对共同利益做出一份贡献，并获得一份恰当的、足以谋生的工资作为回报。虽然涂尔干没有用“承认”这个术语，他论证的核心要点还是可以很容易地借助这个术语提炼出来：由市场调节的关系引发了一些社会关系，在这些关系中社会成员能够形成一个个特定的、“有机的”团结形式，这是因为对他们各自为共同利益做出的贡献的相互承认，给了他们一种彼此相联的感觉。黑格尔主要关注的是市场参与者通过一份足以谋生的工资来保持自身的经济独立性，而涂尔干却赋予社会劳动分工的公平和透明性以特殊的价值。涂尔干感到，这种新的经济体系只有在满足了两种道德条件的情况下才能承担起社会整合的功能，而这两种条件都存在于对劳动市场的所有交换关系的反事实的预设中。为了让雇员能够自由地同意一份劳动合同，我们必须提供一个为劳动者获得必要的资格条件而设立的同等水平的竞技场，并且根据所有社会贡献对于共同体的实际价值给予其报偿。[25] 因此，对涂尔干而言，正义和公平不是外在地施加于资本主义劳动组织的规范性理想，而是构成了在这个经济框架中实现其功能所必需的预设。没有它们的存在，就不会有社会归属感。对于第二个规范性的规定，也就是涂尔干试图概述这种新的经济体系必要的道德条件时使其发挥作用的规定，情况也是一样：如果由市场调节的劳动关系要确保社会整合，除了要以公平、正义的方式将其组织起来以外，还要满足这样一个要求，即个人性的活动要以一种尽可能透明的、被清楚安排的方式彼此关联起来。

在这里，涂尔干提出了一个组织个人劳动活动的标准，从而迈出了超越黑格尔的决定性一步。他的论证以这样一个洞见开始，即只有在
69 所有劳动者都能感到自己是在为共同利益而合作努力时，资本主义的工作关系才能生成“有机的”团结形式。这要求主体自身的活动与其工友的活动之间有一种合作性的联系，而这种联系从每一项单独的劳动任务的视角来看，都要显得清晰可见。但是，涂尔干坚持认为，这只有在各种不同的劳动活动足够复杂，以及要求足够高，以至于每一个个体都能感觉到与所有其他社会所需的劳动活动有一种一定程度上有意义的联系时，才是可能的。他毫不犹豫地做出了这样的解释：对于有意义的工作的要求是一项根植于资本主义经济体系之规范性条件中的权利。

> 劳动分工意味着工人远远没有被他自己的任务限制起来，他没有忽视自己的合作者，而是对他们施加影响，并对他们做出回应。那么，他就不是一个在不知道其意义的情况下重复他的动作的机器，相反，他知道这些动作以某种方式趋向于一个目的，而这个目的在他看来或多或少是独特的。他感到自己在对某事做出贡献。[26]

黑格尔认为，“自尊”是在以市场调节的社会中每一个成员都有权享有的承认形式，在这一点上，他可能也怀有与涂尔干相同的理念，但是涂尔干是第一个更进一步详述这种新的社会体系的规范性含义的人，其中就包括要求一种能让人感到有意义的劳动。[27]

三

那些现存的完全不受管制的工作关系似乎嘲讽了黑格尔和涂尔干

对于内在于资本主义经济体系的道德条件的观点。社会劳动的实际境况，无论是在工业民主国家后福特主义（post-Fordist）的制度中，还是在第二和第三世界的低收入国家中，都以如此不合情理和压迫性的条件为特征，以至于任何对可持续的改善的要求听起来都一定像是痴心妄想。就像我在本章一开始提到的，要对劳动者的工作环境问题提出一种有效的、具有实践后果的批评，从来没有像今天这样困难。虽然如此，黑格尔和涂尔干提出的批评还没有完全失去意义。如果我们看一下近来经济社会学或是经济制度主义的发展，我们就会对如下事实获得更多的理论性洞见，那就是虽然人们赞美“市场自我调节的力量”，资 70
本主义劳动市场实际上依赖于隐藏在这种赞美之下的规范性条件。但是，在这些相当新近的学科的转变了的视角中显现出来的市场之先于经济的（pre-economic）预设，并非本质上都同样是道德的。这里分析的规则中的大多数反而更像是制度性的惯例与社会网络。[28] 直到我们开始接受黑格尔和涂尔干的这一确信，即资本主义劳动市场一定不能仅仅是提升经济效率的一种手段，而也应是一种社会整合的媒介，我们才会找到严格意义上的道德规范。只有在这个并不自明的前提下，我们才能显而易见地看到，市场的运作需要依赖于对道德承诺的履行，而这些道德承诺要以“自尊”、“一天的工作支付一天的报酬”和“有意义的工作”这类术语来描述。因此，在回应我们是否有内在的标准来批评现存的工作关系这个问题时，一切都取决于我们决定从系统整合还是社会整合的视角来分析资本主义市场。如果我们把自己限定在前一个视角，那么我们将在市场中发现先于经济的条件和规则，却发现不了道德原则。如果相反，我们采纳后一种视角，我们就会看到所有的道德含义，而这些道德含义，根据黑格尔和涂尔干，保证了市场在社会生活世界中规范性的嵌入。

在面临这两种不同视角之间的选择时，那些受资本主义劳动市场影响的人们或许终于可以理直气壮地发出他们的声音了。在这一章的行文中，已经显而易见的是，我们不能仅仅基于雇员们自己的判断来证明我们对于给定的工作关系的批评是合理的。如果我们这样做了，我们就没有论证为什么这种公开的抱怨与悲叹应当享有任何一种道德上的正当性。但是，或许我们可以使这种不满在一个更高阶的层面上发挥作用，在这个层面上，它不是作为一种批评的规范性来源，而是作为一个促进我们在两种视角之间进行选择的装置来发挥作用。选择采取系统整合的视角还是社会整合的视角，不能仅仅由个别理论家任意的意志决定。相反，理论家一定要根据这两种视角中的哪一种在每个单独的情形中更加恰当，来证明他或她的选择是合理的。但是只要雇员们仍在与不合情理的劳动条件作斗争，只要大多数人仍在资本主义的工作环境下受苦，我们就几乎没有理由从资本主义经济效率的视角来
71 分析资本主义劳动市场。[29] 至少，市民社会的子女们——这是改述黑格尔的说法——似乎都深信不疑，虽然他们具有一些与市场有关的权利，但市场也对他们提出了同样多的要求。[30] 无论如何，我们只有采取社会整合的视角而不是系统整合的视角才能恰当地解释现代资本主义劳动市场的参与者在市场中的反应。只有当我们继续把市场作为社会生活世界的一部分来分析时，才能理解这样一个事实，即当前盛行的工作环境下，人们正遭受折磨，而且只有这样，我们才不会对他们无动于衷。但是，如果我们采纳了这个视角，我们就会看到所有我在这里借助黑格尔和涂尔干加以重构的资本主义劳动市场的道德条件。而且，尽管当前的现实对我们施加着沉重的压力，我们也几乎没有理由抛弃这样一个道德原则的储藏之所。

注　释

1 见 Robert Castel, *From Manual Workers to Wage Labourers: Transformation*

of the Social Question, trans. and ed. Richard Boyd (New Brunswick, NJ: Transaction Publishers, 2003)。我已经评论了这本书的德语版，见 *Literaturen*, vol. 2(2001), pp. 58－59。另见 Eva Senghaas-Knobloch, *Wohin driftet die Arbeitswelt?* (Wiesbaden: VS Verlag, 2008), part I。

2 例如，见 Christoph Morgenroth, 'Arbeitsidentität und Arbeitslosigkeit — ein depressiver Zirkel', *Das Parlament — Aus Politik und Zeitgeschichte*, vols. 6－7 (2003), pp. 17－24; William Julius Wilson, *When Work Disappears: The World of the New Urban Poor* (New York: Vintage Books, 1996)。

3 Jürgen Habermas, 'The New Obscurity: The Crisis of the Welfare State and the Exhaustion of Utopian Energies', in the *New Conservatism: Cultural Criticism and the Historian's Debate*, ed. and trans. Shierry Weber Nicholsen (Cambridge, MA: MIT Press, 1989), pp. 48－70.

4 Jürgen Habermas, *Theory of Communicative Action*, vols. 1－2, trans. Thomas McCarthy (Boston: Beacon Press, 1981－7). 我已经对这种对经济领域的去规范化表示了怀疑，见 *Critique of Power*, trans. Kenneth Baynes (Cambridge, MA: MIT Press, 1991), ch. 9。

5 对于这些有关工匠技艺或审美性的工人乌托邦，一个优秀的综述见 Ernst Bloch, *The Principle of Hope*, trans. Neville Plaice, Stephan Plaice and Paul Knight (Cambridge, MA: MIT Press, 1986), ch. 36。对于社会主义中那种潜 72
在的浪漫主义倾向的一个评论，见 George Lichtheim, *Origins of Socialism* (Durrington: Littlehampton Book Services Ltd, 1969)。

6 见 Martin Seel, *Versuch über die Form des Glücks* (Frankfurt/Main: Suhrkamp, 1995), pp. 142－150。

7 对于那些想要复兴工匠技艺以及整体性活动的理想的尝试来说，当然就更是如此了。见 Richard Sennett, *The Craftsman* (New Haven and London: Yale University Press, 2008)。

8 我选择讨论社会服务交换的规范性维度而非劳动的规范性维度的动力首先来自这篇论文：Friedrich Kambartel, 'Arbeit und Praxis', *Deutsche Zeitschrift für Philosophie*, vol. 41, no. 2 (1993), pp. 239ff.; 另见他的 *Philosophie und politische Ökonomie* (Göttingen: Wallstein, 1998)。

9 Axel Honneth, 'Arbeit und instrumentales Handeln', in Axel Honneth and Urs Jaeggi, eds., *Arbeit, Handlung Normativität* (Frankfurt/Main: Suhrkamp,

1980), pp. 185 - 233.

10 Jürgen Habermas, ‘A Reply to My Critics’, in John Thompson and David Held, eds., *Habermas: Critical Debates* (Cambridge, MA: MIT Press, 1982), pp. 219 - 283; n. 11, p. 312.

11 Richard Münch, ‘Zahlung und Achtung: Die Interpenetration von Ökonomie und Moral’, *Zeitschrift für Soziologie*, vol. 23, no. 5 (1994), pp. 388 - 411.

12 G. W. F. Hegel, *Elements of the Philosophy of Right*, trans. H. B. Nisbet (Cambridge: Oxford University Press, 1991), § 199.

13 同上书。

14 同上书，§ 236, Addition。

15 Hans Christoph Schmidt am Busch, *Hegels Begriff der Arbeit* (Berlin: Akademie Verlag, 2002). 我提出接下来的几条论证的动力都要归功于这样一部杰出的专著。

16 同上书，pp. 59 - 65。

17 这里所援引的表述都来自《法哲学原理》，§§ 243 - 244。

18 同上书，§ 245；另见 Schmidt am Busch, *Hegels Begriff der Arbeit*, p. 146。

19 Karl Polanyi, *The Great Transformation: The Political and Economic Origins of Our Time* (Boston: Beacon Press, 2001), part II, ch. 5.

20 Jens Becket, ‘Die soziale Ordnung von Märkten’, in Jens Beckert, Rainer Diaz-Bone and Heiner Ganssmann, eds., *Märkte als soziale Strukturen* (Frankfurt/Main: Campus, 2007), pp. 43 - 62.

21 关于这场争论，一个优秀的综述见 Christoph Deutschmann, ‘Unsicherheit und soziale Einbettung: konzeptuelle Probleme der Wirtschaftssoziologie’, in
73 Beckert et al., *Märkte als soziale Strukturen*, pp. 79 - 93。塔尔科特·帕森斯在这场争论中也很自然地扮演了一个重要角色，因为他也为市场活动假定了一系列规范性的前提条件：‘The Motivation of Economic Activities’, in *Essays in Sociological Theory* (New York: Free Press, 1954), pp. 50 - 68。而且，帕森斯使用“承认”这个术语作为他论证中的一个关键点，因为在他看来这些规范性的条件一定要确保工人承认彼此在劳动过程中的角色履行，从而使他们获得“自尊”(p. 58)。

22 Émile Durkheim, *The Division of Labour in Society*, trans. George

Simpson（New York：Free Press，1964）.

23 我无法在此讨论涂尔干的分析中所包含的各种疑难，对此，一个有益的综述可见 Steven Lukes，*Émile Durkheim: His Life and Work, A Historical and Critical Study*（London：Penguin，1973），ch. 7；Hans-Peter Müller，'Die Moralökonomie moderner Gesellschaften'，afterword in Émile Durkheim，*Physik der Sitten und des Rechts*，ed. Hans-Peter Müller（Frankfurt/Main：Suhrkamp，1999），pp. 307－341。

24 史蒂文·卢克斯通过比照涂尔干的分析和英国新黑格尔主义者 T. H. 格林的分析，间接地指出了这种与黑格尔的密切关系。见 *Émile Durkheim: His Life and Work*，pp. 265，271，300。

25 Durkheim，*The Division of Labour in Society*，pp. 389－395.

26 同上书，p. 372。

27 1898 年的一篇短文清楚地表明涂尔干确实意识到了他的社会学分析中所有这些规范性的含义：Émile Durkheim，'L'individualisme et les intellectuels'；英语翻译版为'Individualism and the Intellectuals'，in Robert Bellah，ed.，*Émile Durkheim on Morality and Society: Selected Writings*，trans. Mark Traugott（Chicago：University of Chicago Press，1973），pp. 43－57。

28 Mark Granovetter，'Economic Action and Social Structure：The Problem of Embeddedness'，*American Journal of Sociology*，vol. 91，no. 3（1985），pp. 481－510.

29 Pierre Bourdieu et al.，*The Weight of the World: Social Suffering in Contemporary Society*（Cambridge：Polity，1999）.

30 *Philosophy of Right*，§ 238. 74

第五章

作为意识形态的承认：道德与权力间的关联

承认的概念在过去几年间已经成为几场不同的解放性运动核心的规范性主张，而与此同时也出现了越来越多对这一概念的批判潜力的怀疑。这种理论怀疑无疑是由这样一种经验培育起来的，即我们生活在一种肯定的文化中，但在这种文化中公开展示的承认经常是纯粹修辞性的，并且只是物质报偿的替代品。对特定品质或能力的赞扬似乎成了一种政治工具，其未被言明的功能是通过鼓励一种积极的自我形象，将个体或社会群体纳入现存的支配结构。社会承认，根本就不是在不断促进社会成员的自主性，而似乎只是在帮助创造一种顺从该支配体系的态度。对于“承认”这个新的批判路径持保留意见，因此也就相当于持有这样一种观点，即认为承认的实践并没有为人们赋权，而是使他们受制于支配。简而言之，互相承认的过程鼓励主体采纳一种特定的自我概念，这种自我概念驱使他们主动地承担那些服务于社会的任务和责任。[1]

这些根本性的保留意见让我们想起三十年前马克思主义理论家路易·阿尔都塞的思考，那些思考促使他将公共承认的实践视为所有形式的意识形态的共通机制。[2] 阿尔都塞粗略地勾画了一些论证，但这些论证处理的仅仅是国家政策的问题，而这些论证后来为朱迪斯·巴特勒采用，巴特勒利用雅克·拉康精神分析学的作品，将这些论证塑造成了一种能够站得住脚的概念。[3] 众所周知，阿尔都塞利用“主体化”(subjectivation)这个法国概念的双重含义来说明他对于意识形态的理解：个体，只有服从于一种实践规则和为他们提供一种社会身份的角色归属的体系，才成为“主体”，即能够意识到他们的责任和权利的人。一旦我们根据公共肯定的模式来理解服从行为，“承认”就会立刻失去其所有的积极内涵，并转变为意识形态的核心机制。根据这个解释，承认某人就是通过重复性的和仪式性的邀请和要求(*Aufforderungen*)，鼓励他们完全接受一种顺从于已经确立的行为预期体系的自我观念。 75

然而，阿尔都塞自己从未在批判的意义上使用过意识形态概念，相反，他仅仅是以纯粹描述性的方式来使用这个概念。[4] 他没有做任何规范性判断，只是将制度化的承认行为描述为一种机制，该机制能创造出其行动与给定的社会系统相一致的主体。但是，对于试图将其规范性基础置于相互承认行为之上的社会批判理论来说，阿尔都塞的概念规定造成了巨大的挑战；一种承认理论被迫要去追问，社会承认是否也可能偶尔发挥一种巩固社会支配的功能。在这个新的语境下，意识形态概念失去了它纯粹描述性的意义，并且成了一个贬义的范畴，暗示着必须被认为是错误或不公正的承认形式，因为它们没能促进个体自主性，反而造成了顺从于支配实践的态度。[5]

当然，我们不该怪罪承认理论从一开始就忽略了顺从和支配这样的消极现象。毕竟，这条进路的全部批判动力都源自缺乏承认或承认不足这样的社会现象。它试图让人们注意像羞辱和贬低这样的实践，这些实践从主体身上剥夺了一种正当的社会承认形式，因此也就剥夺了形成主体自主性的一个决定性条件。[6] 所以，恰恰相反，这种构想问题的方式清楚地表明，“承认”一直是被当作与支配或顺从截然相反的东西。像“支配”这样的权力行使形式被视为是通过阻碍承认、故意不尊重或羞辱的现象体现出来的，因而承认本身绝不会被怀疑为是支配的
76 一种方式。然而，阿尔都塞的意识形态概念随后引发的那些思考，使得承认的概念不再能不证自明地免于这种指控了。随后的那些思考使人们注意到了某些承认形式，这些承认形式通过使用仪式性的肯定在人们身上创造出一种与社会期待相一致的自我形象，从而发挥了和社会支配一样的效果。因此，它们有助于现存支配关系的再生产。我们很容易就可以引用之前的例子来证明，对承认的公开展示，很多时候只不过是在帮助创造和维持一种个体与自我的关系，一种可以被无缝地整合进当前主导的劳动分工体系之中的自我形象。例如，“汤姆叔叔”感受到的骄傲，只不过是在人们不断赞赏他拥有顺从的美德时做出的反应，而正是这种骄傲把他变成蓄奴社会中一名顺从的仆人。[7] 几个世纪以来，在情感上呼吁一种被教堂、议会或大众媒体创造出来的“好”母亲和家庭主妇的形象，导致女性仍被困在那种最有助于维持劳动性别分工的自我形象之中。[8] 英勇的士兵享有的公共尊重，使得一个人数众多的男性阶层不断生成，这些人为了追求荣誉和冒险自愿走向战场。[9] 虽然这些例子很琐碎，它们还是醒目地说明了，社会承认也可能总是充当一种因循守旧的意识形态，因为只要不断重复同样形式的承认，我们就可以创造出自我价值感，这种自我价值感为种种自愿的服从提供了动机资源，而不必调用任何压迫手段。

然而，这些案例之所以会让我们产生这样的联想，只是因为我们的后见之明而已。对这些例子的选择本身，更准确地说，这些例子被描述的方式，是我们道德判断的结果，而这种道德判断只有从我们道德进步的当下来看才是可能的。因为我们生活在自认为我们的道德优越于前代的时期，所以我们确信有德性的奴隶、好的家庭主妇、英勇的士兵享

有的尊严是纯粹意识形态式的。然而，如果将我们放回过去的时代，区分错误的、“意识形态的”承认形式和正确的、道德律令式的承认形式就变得更加困难了，因为我们原本如此确信的准则突然就变得不确定了。为什么一个奴隶因顺从而得到白人主人的尊重，这种体验不能让他获得能提供一定程度的内在自主性的自我价值感？而且，女性因为不被允许承担家庭以外的角色而忍受的不受尊重感，难道不是在一定程度 77
上因对慈爱母亲身份的公共承认而得到补偿吗？最后，男性英勇气概的一系列价值特征可能使那些因失业或缺少职业资格而遭到社会忽视的人有机会成为一个独立的男性亚文化群体的一分子，他们可以在其中获得补偿性的声望和名誉。在每个案例中，这些可能的解释都揭示了，在更仔细地检视历史情境的情况下，以回溯的眼光来看似乎是纯粹意识形态式的尊重的特定社会机制（*dispositif*），实际上也可以证明是特定群体提升自我价值感的条件。一旦我们根据当时主流的社会文化条件来考察承认的特定形式，判定其中哪些内容是意识形态的，似乎也变得更困难了。只有当人们实际上反抗支配性的承认实践时，我们才能有理有据地说这种承认是纯粹意识形态的。然而一般而言，这种困难会随着时间的推移逐渐缩小；我们和某个情形之间的历史距离越长，我们就越有可能有一种普遍接受准则，使我们得以回溯式地区分意识形态形式的承认和道德律令形式的承认。

然而到目前为止，这个理论难题还是错综复杂的。只要我们没有经验证据表明人们将特定承认实践体验为压抑的、约束性的，或是培养陈规旧习的，那么以合理的方式区分意识形态的和正当的承认形式就会极其困难。这个困难源于下述事实：当我们谈到承认行为时，通常指的是对归属于某一个体或社会群体的价值或成就的公开展示。因此在这一点上谈论“意识形态”就是宣称本质上积极和肯定性的实践实际上具有自愿顺从行为的负面特征，虽然这些实践初看之下似乎并没有歧视性的特征。由此引发了一个问题，即对社会价值的公开展示，也就是承认,如何会有支配性的特征。这个问题构成了本章的主题。作为一个导论,在我们最近多次尝试澄清该问题之后,我对我们如今应该如何理解承认的实践做了总结。我们将看到,承认概念是规范性的,因为它表明了我们可以对某个人或某个群体的评价性品质(*Werteigenschaften*)做出反应的理性行为(一)。但是,这些概念性的考虑似乎只是在表面
78 上解决了如何区分意识形态的和道德上正当的社会承认形式的问题。我们将看到承认的意识形态只有极少部分是完全非理性的;相反,它们动员了包含在我们价值视域中的评价性理由(二)。只有尝试剖析和澄清承认的各种不同形式的条件,由此揭示所有承认的"意识形态"形式的"非理性核心",我们才能找到解决问题的方法。我猜想这种非理性并非存在于我们评价词汇的表面语义中,而是存在于评价性承诺和物质实现的矛盾中(三)。

一

在某种意义上,我这里想要聚焦的问题,对阿尔都塞来说甚至都是不存在的。他的承认概念是一维的,不能区分"正确"与"不正确"、"对的"与"错误的"、"正当的"与"意识形态的"承认实践。相反,对他而言,承认的每一种模式都必然是意识形态的;它通过向对象提出"号召"或要求,给他们施加一种作为个体无法拥有的想象中的统一性。相比之下,如果要尝试区分承认的"意识形态"形式和承认的恰当形式,就必须先给予"承认"一个积极的定义。[10] 尽管近来针对"承认"的研究增长迅速,但在"承认"的概念内核这个问题上还存在大量的争议。如果间接地援引黑格尔,那么承认概念一般被用来描述一些模糊的态度和实践,个体或社会群体通过这些态度和实践获得对于其特定品质的肯定。不仅承认与康德的"尊重"概念之间的联系还没弄清楚,而且比以往更加显而易见的是,承认概念包含的语义学成分在英语、法语和德语用法

中存在差异，不同成分间的关系也并非一眼可见。在德语中，这个概念从根本上来说只表明赋予积极社会价值的规范性行为，然而，它在英语和法语中的用法包含了识别或回想起某事的认识论意义。进一步的困难是：在这三种语言中，承认的概念都可以用来表示一个人承认或认可一个观点的语言活动，在这种情况下，“承认”的意义主要是自我指涉的。[11] 最终，一种维特根斯坦主义的解释开始与黑格尔主义对这个术语的使用展开竞争；“承认”在这里充当对他人行动的表述行为 79
（*Lebensäußerungen*）意义上的回应。承认的范畴已经渗透到了分析哲学的核心圈子中，这尤其要归功于斯坦利·卡维尔的著作，而他在做这项工作时完全没有诉诸黑格尔。[12]

在这些错综复杂的概念困惑和未解答的难题中，我们唯有简化问题或排除某些要素从而给出范畴性的定义，才能使问题变得更明晰。我们必须考虑如下事实：承认代表着根植于社会世界中的、每天都会发生的道德行动。我假定了四个前提，在我看来我们对于这四个前提有充分的共识。第一，我们可以主张，承认的最初模式存在于德语对这个概念的使用所强调的含义之中：对人类主体或群体积极品质的肯定。但是，这并不是说我们不能建立该术语的此种定义与其他定义之间的系统性联系。第二，如今已经存在普遍共识：承认是一种不仅存在于语言或象征性表达中的行动，因为只有相应的行为举止模式才能使被承认的主体认为其获得的承认是在规范性层面上有意义的，从而是可信的。当我们将自我限制在主体间性关系中时，我们应该将承认称为“姿态”（*Haltung*），即作为一种在具体行动中落实的态度。[13] 第三，我们可以假设这种承认行为代表着社会世界中一种明确的现象，因此，它也就不能仅仅被理解为一个单独的行动所产生的纯粹的副作用，相反，它必须是出于一种明确的意愿。无论它们是举止、语言行为还是制度性的政策，这类表达或举措总是代表着承认行为，因为它们的主要目标是肯定另一个人或群体的存在。根据这个概念规定，那种在互动中不可避免地伴随其他利益的积极态度，便不能被定义为承认的一种形式了。如果我有强烈的欲望要定期和另一个人下棋，我可能表达了对他智力能力一定程度的尊重，但我的主要目的是找人一起下棋，而不是表达对他的肯定。第四个有着广泛共识的前提可以归结为这样一个主张，即承认代表着一个概念性的类别，这个类别由许多次类别组成。因此，爱、法律上的尊重，以及社会性的尊敬等等“姿态”，就强调和展示了我们一般理解为承认的基本态度的不同方面。

通过含糊地使用承认这个术语，这四个前提只是大致概述了我们
80 所假定的承认的含义。承认应该被理解为包括不同形式的实践态度的一种类别，它的主要意图存在于肯定另一个人或群体的特定行动之中。和阿尔都塞的设想不同，这样一种承认性的姿态是完全积极的，因为它们允许对象认同他或她自己的特质，并且因此达到更高程度的自主。承认远不只是意识形态，对自主实现一个人人生目标的能力来说，它构成了一个主体间的先决条件。[14] 然而，一旦我们开始探讨这种肯定行为的认识论性质，澄清承认概念的用法所面临的真正挑战就浮现了；这个决定性的问题是，我们应该把承认理解为一种归属性的行为还是接受性的行为？当涉及为承认的一般性案例寻找一种恰当的特征描述时，我们似乎就在我们与互动伙伴的认知关系上面临着两种选择。我们要么把这类行为中包含的肯定理解为一种新的积极品质归属于某人，要么将其理解为对某人已经拥有的品质的感知，因而只是再次强调或表明它们。第一种情况下，承认代表着对相关主体之前未曾拥有的一种状态的归属或补充；第二种情况下，承认成为一种特定的感知行为，通过该行为我们意识到一个主体所拥有的已经存在的状态，这种状态独立于我们的感知。另一种界定方式则是说，第一种情况下的承认是生产性的，而第二种情况下的承认只是再生产性的；一个人或社会群体拥有的状态或积极品质要么是在承认活动中生产出来的，要么是仅仅用一种特定的有意义的方式加以再生产了。

在这两种概念模式之间进行选择并不容易，因为两种模式似乎都有某些独特的优势。我相信感知或接受模式能让我们更好地解释这一直觉，即承认必定是由实践理由驱动的行动，因此，我们以正确或适宜的方式，对内含于人类不同方面的评价性品质中的理由做出反应。[15] 相反，归因模式不涉及这类价值实在论。归属模式解释了我们的如下直觉：承认是一种建构性行为，我们通过承认将特定的属性赋予某个人或群体。这种模式的不足之处也是接受模式的优势：如果承认只是把特定的品质归于他者，那么我们就没有判断这类归属行为的正确性和恰当性的内在标准。承认所采取的先后次序也将没有限制，因为我们必 81
须把所有被赋予了积极品质的能力或状态都视作是应得承认的。我们可以宣称，解决这个问题的唯一方法是，一个给定的承认行为是否正当，要根据这种承认产生的方式之规范性的性质来衡量。但是，这样承认的概念也就失去了所有的道德含义，而这些道德含义本可以把承认和社会学意义上纯粹的“贴标签”行为区分开来。

现在，乍看起来，除了接受模式或者说回应模式，我们找不到其他更好的模式了。为了能够宣称承认行动构成了对某人或某群体评价性品质的“正确”反应，我们必须预先假定价值是客观存在的，而这种预设与我们关于价值是被如何建构的知识无法调和。对我们来说，或许应该继续把承认放置在“理由的空间”中，这样承认就不会被剥夺其作为道德行为的特征。只有当承认是由我们可以清楚表达的理由所激发时，才能将其理解为有意向的行动，因而在广义上属于道德领域。通过承认，我们似乎证明了他人或群体的价值，这使我们可以令人信服地将这种类型的理由视为“评价性的”。而我们在承认行为中所尊重的道德约束来源于我们的承认行为予以公开表达的那些有价值的品质。只有当我们试图就这类评价性理由的地位给出更精确的界定时，事情才开始变得麻烦起来。我们似乎别无选择，只能退回到一种价值实在论的立场，而这种立场与我们其他基本的本体论信念无法相容。但是，一旦我们承认这样一种可能性，即这些价值代表的只是我们生活世界中的一些存在物，其特征可以在历史中得到修正，情况就会有所不同。那些我们在个人或群体中，为了在我们的承认行为中“正确地”回应它们而必须感知到的品质，因此将不再是不变的、客观的，而是在历史维度上可变的。但是，为了形成一种看起来还算合理的理论，我们不得不为这里勾勒的承认理念再添加一些进一步的要素。我们必须把生活世界设想为“第二自然”，在其中主体通过学会欣赏他人有价值的品质而完成社会化。这个学习过程必须被设想为一个复杂的过程，在这个过程中我们获得与对评价性品质的感知相符的行为模式，它的特征显然会迫使我们限制我们习以为常的自我中心主义。因此，我们就能将人类的
82 承认行为理解为一系列与他人的价值的理由息息相关的习惯，而这些理由是可修正的。[16]

但是，这一论证思路还是没有解决由这种温和的价值实在论带来的真正困难。我们已经说明了，我们能在他人身上恰当地予以承认的那些有价值的品质，只有在一个特定生活世界的经验视域中才是真实的。那些成功地通过社会化而融入那个生活世界的文化中的人，将这些价值看作是由他们的社会环境客观地给定的，正如他们最初将其他文化的特殊性视为理所当然的一样。这当中蕴含着一种相对主义的威胁，而相对主义从根本上就与承认这一概念的规范性目的不可调和。因为根据相对主义，我们据以衡量承认行为之恰当性的那些价值只在一种单一的文化中才是正当的。因此，与回应模式或接受模式关联在一起的相对主义与归因模式就没有差别了。在这两种情况下，承认性的姿态——无论是归属行为还是恰当的回应——其正当性都将取决于一种给定的生活形式中的规范事实。依我看，要避免这个困难，我们只能为这种温和价值实在论配备一种强有力的进步的概念。这意味着要假定有价值的人类品质的文化性转变有一个确定的方向，这种方向使我们能够合理地判断一种特定的承认文化之跨越历史的正当性。[17] 先

不探究这样一种进步概念的细节内容——我相信这一概念必须被定义为对在生活世界中指导着我们的知识的一种反思,[18] 其背后的主要观点是：伴随着我们在我们的社会化基础上观察和注意到的评价性品质的分化,我们的承认关系的规范性层次也随之上升。伴随着我们能够通过承认行为去肯定的每一种价值,我们也有了更多的机会去认同自己的能力并获得更大的自主性。这应该足以为这样一种理念提供辩护,即我们的承认概念根植于一种价值实在论的温和形式中。

但是在我重返这个问题,即我们如何区分承认的意识形态形式和正当的形式之前,我仍然需要解决另一个问题;这个问题产生于如下事实：我们所说的意识形态主要是指对意识或评价性的陈述体系的转变,其来源不是主体间的行为,而是制度化的规则和安排。正如马克思认为民事合同形式是一种生产意识形态的制度,[19] 我们假定正是某些制度的具体构造导致了错觉性或虚构性的信念。如果我们仍然认为承认的模式能够产生此类意识形态,我们就不得不澄清如下事实：不是只有人可以给予承认,社会制度也可以。所以,我们的讨论必须从主体间承认的层次转移到由制度保障的承认的层次上来。[20] 83

为实现这个过渡,我们就需要认识到制度规则和实践可以包含某些特定的观念,而这些观念涉及的是人类的哪些评价性品质应该以何种特定的方式获得承认。例如,一个人,作为有其自身需求的个体,他身上那种应当被承认的价值,是在现代核心家庭制度中表达出来的,同时,现代社会的成员应被尊重为自由和平等的主体的规范性事实,是在由现代法律制度加以制度化的平等原则中表达出来的。在这两种情况下,制度都可以理解为是特定承认形式的具象化,而这种承认形式是主体基于特定的评价性品质而给予彼此的。但是,我们不得不区分"表达了"承认形式的制度和仅以间接或副作用方式来说明承认之特定形式的制度化规则及实践。所有制度都具有的那种常规性安排传达了特定的关于人类主体的观念,虽然它们并没有有意识地给予承认,但是也可以将其理解为对一些承认模式的具体表现。某些特定行业的规则,如规定劳动报酬、安全预防措施、卫生保健和工人的假期时间的规则,反映了由社会斗争带来的承认形式,那种在与医院病人的治疗有关的组织化实践和惯例中反映出来的承认形式就是这样一个例子。某些知觉和行为模式是按特定方式对待这些组织中作为成员或服务对象的个体的先决条件,这些模式可以理解为生活世界中承认之实践的沉淀。当然,这些沉淀的方向是可以被逆转的:例如,一个特定组织可能会在创造或发现新的评价性品质时居于主导地位。在这种情况下,在某种修正了的承认模式在给定的生活世界的叙事实践中被表达出来之前,它
84 就已经在制度规则和实践中被建立起来了。针对如下问题,即某些鼓励主体自愿地顺从于占主导地位的规则与期望体系的承认模式,如何且在何种意义上会具有意识形态特征,第二种制度化的承认毫无疑问是至关重要的。

二

目前为止,我的主要关切是找到一种对承认概念的恰当理解。我选择了归属模式和接受模式之间的一个替代方案,即一种温和的价值实在论。我们应该把承认理解为一种理性地回应评价性品质的方式,这些品质是我们在被整合入作为第二自然的生活世界之后,学会在他者身上感知到的。这足以使我们意识到这个概念性的界定和阿尔都塞的暗示,即每种形式的承认都代表一种意识形态之间的差别。阿尔都塞认为无论主体怎样被告知,纯粹的社会价值的赋予都代表着一种意识形态实践,因为它创造了团结和认同的幻觉,同时也让人们变得愿意接受相应的对其行为的期待。相比之下,在这篇文章中发展出来的论点假设,一种恰当而理性的承认形式是可能的,这种承认形式在于给予现存的评价性品质一种由行动来体现的表达。然而,这还没能使我们

足够清晰地意识到为什么这种承认的观念应该表示一种道德行为。尽管我们所处理的是由评价性理由调节的行动，但这本身并没有表明这种行动必定是道德的。其作为道德行动的特征，直到我们更仔细地考察了我称之为“对自我中心主义的限制”的东西，才变得明显起来。在某种意义上，这个想法是以康德为基础的，当康德引入他的尊重概念时，他写道：每一种价值的观念都迫使我们给自己的行动施加限制，这“阻碍”了我们的“自爱”。[21] 我们可以延续这一思路说，承认他者就是感知到他们身上的一种评价性品质，而这种评价性品质内在地激发我们不再按自我中心的方式行动，而是根据他者的意图、欲望和需求来行动。这也就说明承认行为必定代表一种道德行为，因为它使其自身由他人的价值决定。当我们采取承认的姿态时，指导行动的不是我们自己的意图，而是他人的评价性的品质。如果是这样，我们就必须能在与道德行为的众多形式一样多的值得承认的价值中作出区分。这就是我得出如下结论的原因：我们必须区分在生活世界中与不同形式的承认 85
相对应的三种道德来源。正如我已经宣称的，与其他几位作者的观点一致，现代社会的价值视域以这样一个理念为特征，即人作为有需要的、平等地享有自主性并且平等地拥有获得成就的能力的存在者，应该拥有一种价值，而不同形式的承认行为应当与之相符（爱、法律上的尊重、社会性的尊敬）。[22]

在我推进这个想法之前，我想处理一个实际应该放在这篇文章中心的问题。我已经说过，我们不能排除如下可能性：如果社会承认的形式鼓励一种适应现存支配秩序的、个体性的与自我的关系，那么它就发挥着纯粹意识形态式的功能。这些承认的意识形态形式，不是真正地表达一种特定的价值，而是要确保人们有一种动机性的意愿，愿意不加抵制地去完成某些特定的任务，履行特定的责任。在这里我们或许应该进一步缩小可能在这些承认的意识形态形式中发挥任何作用的公开的价值陈述和关于人类主体的观念的集合，因为我们当下可能会在生活世界中遇到的大多数评价性的分类,甚至无法构成一种可信的承认的意识形态形式的先决条件。

第一,在这些意识形态式的承认中,那些可能有争议的信念体系,必须对一个主体或群体的价值给出积极的表达。这些意识形态只有通过给予个体机会,让他们以肯定性的方式与自身关联在一起,以至于认为自己正被鼓励着去自愿接受某些特定的任务,才能实现赋予它们的功能。因此,我们必须排除那些带有明显歧视性特征的类型;那些否定特定群体的价值的信念体系——种族主义、厌恶女性或仇外心理——不能代表承认的意识形态形式,因为它们通常会伤害对象的自我形象。想要在社会承认方面发挥作用的意识形态不能排斥它们的对象,而是必须有助于其整合。

第二,为了实现想要的效果,这些信念体系必须在对象自身眼中是“可信的”。如果对象没有理由认同向他们宣讲的价值陈述,那么这些陈述就不能完成其表述行为的功能。这个限制条件绝不是无关紧要的。很明显,如果积极的价值陈述要加强某人或某群体的自我形象,它
86 们必须是现实的,也就是,它们必须适用于对象真正拥有的能力或德性。赞美警察的数学能力和赞美杰出数学家的体力一样几乎毫无意义,除非两者都荣获了与其各自职业无关的成就。但是“可信性”的标准还有第二个,也是更重要的要素,这个要素与评价性理由的范围的扩展相关:人们只会接受那些在克服了片面或不恰当的解释之后仍然保留下来的价值陈述。换言之,承认的意识形态形式只能使用符合当下评价性词汇的价值陈述。对那些已经不足信的评价性品质的称赞,在对象眼中是不可信的。因此可信性的标准还包含一种带有明显的历史或时间指标的合理性成分。如今,女性已经不太可能因为被称赞为具有一个好的家庭主妇的德性,而去认同这个价值陈述,除非她真的认为她的自我价值感因此得到了增强。

相应地,不应将承认的“规范化”模式视为承认的“意识形态”形

式。[23] 毕竟，“规范化”这个术语在这个语境中意味着，某人或群体因为拥有特定的品质或某种身份——这些品质或身份在他们看来是对他们自主性范围的一种限制——而得到了承认。[24] 因此，规范化的承认形式无法驱使我们发展出一种肯定性的自我观念，这种自我观念将指导我们主动接受他人施加于我们的任务和要求我们做出的牺牲。如果我们没有任何经验证据表明对象不满或反对规范化的行为，而仅仅是在怀疑这样一种行为的效果，那么问题就变得更复杂了。在这些情形中，负面的判断会假设，如果对象了解所有细节信息，他们就会拒绝赋予他们的特质，因为在这种情况下，他们会意识到他们的自主性因此受到了限制。所以，这个想法本质上意味着如下主张，即如果承认以一种不正当的方式服务于维持一种限制性的、就其评价而言不合时宜的身份归属，这种承认形式就是“规范化的”，而承认的意识形态形式则只会借助于当代的、评价性的理性价值陈述来维持它无须借助压迫便可实现的效果。

要让社会承认的形式发挥一种意识形态的功能，也许我们应该提出第三个必须满足的条件：这样的价值陈述在表达特定的新价值或某
种特殊成就时，必须不只是积极而可信的，而且也必须是对比性的。这 87
个限制条件源于如下事实：只有当个体感到自己以某种方式被区分出来了，他们才能认同那些施加于他们的界定。如果一种价值陈述要让对象在与过去或周围的社会秩序相比较时认可它的评价，那么它就必须表明一种对比，这种对比保证对象能感到自己以某种特殊的方式被区分了出来。如果一种现存的社会承认形式的扩展，只不过是把之前被排除在外的社会圈子包括进来，它就会缺少这种决定性的对积极品质的突出强调，而正是这种对积极品质的突出强调才能引发某人自愿服从的动机性意愿。

这三种限制在重要性上有所不同，但列出了这三种限制之后，我就要开始刻画那些使承认的意识形态形式取得部分成功的条件了。只有

当它们所使用的价值陈述同时是积极的、可信的和对比性的，它们才能唤起一种驱使主体自由并自愿地接受任务和责任的个体的自我观念。但是总的来说，这些成功的条件说明承认的意识形态模式不只是非理性的信念体系；相反，它们必定调动了评价性的理由，而这些理由有能力理性地驱使它们的对象将这些理由应用于自身。有些意识形态具有排斥性的特征，并且会让个人或群体看不到他人的评价性品质，从而破坏当下的评价性感知视域，与这些意识形态相比，承认的意识形态形式在一种历史性的“理由的空间”中运作：我们可以说，它们只是通过添加新的意义——当这种意义成功地被采纳时，将创造出一种与个人在社会中的功能相符的自我观念——扩展了我们已经学会在其他人类身上感知到的评价性品质。正如内在于社会承认的每一种新的对积极品质的突出强调，这些理性的意识形态类型也处于围绕当代社会规范性的承认文化的价值视域之内。它们也不能避免对爱、法律平等和成就之原则的语义学使用，这些原则塑造了从互相承认到我们的评价性意识的给定条件。所以，我们必须提出的问题是：我们怎样区分社会承认的正当形式和不正当形式？在什么情况下一种新的对积极品质的突出强调将成为意识形态发挥功能，而这种功能纯粹在于唤起一种符合给
88 定社会角色的个体与自我的关系？

直到回溯承认的历史发展，这种发展通常是在一般性的原则视域中揭示新的观点，我们才清楚地认识到我们面临的问题有多困难。通过援引一个首要的承认原则，就能使一种新的、之前被忽视的价值发挥作用，这种价值带来的考虑驱使我们扩大我们的评价性视域，并因此对承认加以强化或扩展。我认为，在过去的两个世纪中，通过援引“爱”的规范性含义，人们不断主张新的需要，诸如儿童的福利、妻子对自主性的需要，等等。这些需要逐渐深化了互惠关怀和情感；在从现代法律中获得的承认关系中我们也能看到同样的变化，人们围绕那些过去曾被忽略的生活境况提出法律上的控诉，使得法律性的平等得到了明确的

增强。我还要谈及和成就原则有关的，在普遍和特殊之间的对立统一，因为关于“工作”和“报酬”之含义的一种符号意义上的斗争，把我们带向了一种更广义的关于社会贡献和成就的观念。但是我们越是意识到承认关系是通过对一般性原则的新的突出强调而被历史性地改变、扩展和完善的，要识别出承认的纯粹意识形态形式就变得越困难。在那些被突出强调的事物上发生的转变，在历史中揭示了对承认的斗争，而谁能确定无疑地告诉我们说，一种显然是功能性的、意识形态式的评价不属于这种转变之一呢？只有当相关各方实际上拒斥了对于其评价性品质的新的识别，这个问题的答案才是简单无疑的。在那种情况下，至少我们有初步的理由质疑那些变化了的承认形式，并怀疑一种纯粹的意识形态是否真的可以生效。但是在这些抗议缺席，而个体似乎通过承认的新形式获得了更强烈的自尊感的情况下，我们一开始就缺乏任何标准来区分，在这些对积极品质的突出强调的变化中，哪些是意识形态式的，而哪些是正当的。在这篇文章的最后一部分，我将试图以一个最近的例子，至少先勾勒出该问题之答案的轮廓。

三

承认的意识形态形式必须代表那些积极的评价性分类，其评价性
内容足够可信，使其对象有充分的理由接受它们。任何一种新的识别 89
形式都必须能改变他们与自我的关系，从而承诺一种精神性的奖赏，即提高他们的自尊——只要他们确实将与这种识别联系在一起的能力、需要和美德看作是他们自己的。如今，这类意识形态最主要的例子可以说就是广告了，广告建立了一种承认的模式，在其中某个特定群体有强烈的愿望要与一组给定的标准保持一致。如果相应的实践要借助于一项商品来开展，而这个商品是以一种或多或少隐蔽的方式加以推广的，那么广告就实现了它的目的。但是，消费广告的例子还不足以充分

说明承认的意识形态形式。一般来说，人们在接受广告内容时，精神上是有所保留的，这种保留意见认为广告所提供的商品不能以任何实质的方式真正改变我们的生活实践。但是如果某些特定的广告冲破了这一界限并且对我们的行动产生了实在的影响，那么我们就可以说它们掌握了与承认的意识形态形式相同的那种力量：这些广告将通过允诺增加自尊和得到公共肯定一类的好处，拥有“调节性的”权力，从而生成人们的行为模式。借用福柯的术语，承认的意识形态形式运用的权力是生产性的而非压迫性的。通过承诺对某些能力、需要或欲望的主观表现的社会承认，它们使人愿意采纳那些适于社会支配之再生产的实践或行为模式。[25] 但即使阐明了承认的意识形态形式所代表的权力类型，我们还是不能确定如何将它们从不间断的、多层次的为承认进行的斗争中识别出来。虽然与现代广告方式的比较让我们对如下事实有了清醒的认识：这类意识形态必须以一种强化自身评价可信度的方式与其对象对话，如果不采取象征性的政治目的来吸引公众的注意，就不能再合理地要求社会承认做出新的突出强调。接下来我将不再从纯粹概念性的层面处理这个问题，而是开始观察一个经验性的例子，期望它能进一步澄清问题。我想从当前在我们的社会文化中发现的多种新的承认形式中——与成就原则相关的女性家务劳动价值的增加，与法律平
90 等相关的对社会少数群体之归属的重视，给予“公共服务”(*Bürgerarbeit*)以承认的理念——挑选出一个可以展示出承认的纯粹“意识形态”形式的所有迹象的例子。这应当能揭示是否存在任何确定的、可以判断承认形式的意识形态内容的标准。

最近，在发达的资本主义经济体中，工作的领域经历了一次深远的结构性的转变，其后果是一种新的对待企业雇员的方式。当今的管理学文献不再谈论“工资工人”或“劳动力”，而是代之以富有创造性的、对于自身劳动而言的“企业家”，或曰“企业家式雇员”(*Arbeitskraftunternehmer*)。[26] 伴随着这种术语变化，在对积极品质的突出强调上的转变采纳了个体自

我实现的话语，为的是能将其运用于生产和服务领域的劳动组织之中。劳动领域中日益增长的对自我实现的需要，应该通过层级的水平化、提高团队工作的自主性、提供更高水平的自我管理来满足，从而提升某人把自己的活动设想为其技能的自主表达的可能性。此外，这种新的术语似乎伴随着一种看待自己职业的新方式，因为主体不应该再把他们的工作视为完成一种必须要做的事情，而是作为对“天职”或“召唤”的实现。将劳动者称为其自身劳动能力的雇佣者，这个理念促使我们把每一份新工作或每一次工作环境的新变化，都视为由主体根据各自工作的内在价值自己做出决定的结果。既然工资劳动者被要求从事所有那些自主的、创造性的和灵活的活动，而这些活动从前是留给传统的企业家的，那么这个修改后的术语似乎也伴随着对成就原则的一种新的突出强调。这种新形式的承认声称，在自主运用他或她所有的技能和能力的情况下，劳动力中的每一个有资质的成员都能像规划充满风险的企业一样规划他或她的职业路径。

在这种情况下，我们就可以合理地识别出具有调节性的权力的“意识形态式”承认了。这里有一个疑问，即承认的突出强调的转变，其主要功能是否在于唤起一种新的个体与自我关系，而这种个体与自我的关系鼓励人们主动接受一种在相当大的程度上修正过的工作内容？伴随着资本主义的新自由主义结构转型，日益增长的对灵活性和放松劳动力管制的需求，要求一种有效地推销自己的能力，这种能力是通过将工人称为“企业家式雇员”而产生的。[27] 但是，在这个初步的质疑与合理的主张之间仍存在鸿沟；唯有克服重重困难发展出一套准则，才能跨越这一鸿沟。如果这种新的对待员工的方式真的被视为承认的一例，我们就可以说它满足了一种承认的意识形态形式的条件：主体有充分的评价性理由去把转变后的对于他们的识别运用到自己身上，并因此获得更高程度的自尊和自重。因此我们不能追随所有意识形态批判都采用的那种标准进路，即证明一种被视为意识形态的信念体系的非理性，

91

因为至少在评价性的意义上，新的承认形式在雇员们眼中必须是充分理性以至于可信的，他们才会将其运用于自己身上。所以，我想我们必须更加细致地阐明给予社会承认的条件，以期澄清承认的意识形态形式特有的缺陷。要做到这一点，我会从我上次中断的地方继续我的论证：讨论作为对人类评价性品质做出足够理性、道德的回应的承认。

我在这篇文章的开头指出，承认可能不只存在于纯粹语言或象征性的表达中，而是必须伴随着能够确认这些承诺的行为。只要承认行为没能导向那些真正表达在最初的行动中表现出来的实际价值的行为模式，那么这种承认行为就是不完备的。但是，承认只有在两人之间的简单互动中才可以被合理地宣称为“实现了”。一旦我们转而谈论社会制度所提供的广义的承认的例子，我们就不再能认为承认只能在相应的行为模式或惯例性的活动形式中完成了。虽然制度性的、广义的承认形式最终也在人们改变了的习惯中得到了表达，但是它们首先是在制度性的政策和实践的领域完成的。为了确立起新的、广义的承认形式，必须改变法律界定并进行物质性的再分配。

因此，除了社会承认之可信性的评价性维度，我们还必须同时考虑物质性的要素，而根据一种给定的社会互动的复杂程度，这种要素要么存在于恰当的个体行为之中，要么存在于合适的制度性程序之中。一种转变后的社会承认形式除了从评价的角度看是理性的之外，在物质
92 层面也要公平对待一种新的价值品质，只有这样它才会是“可信的”。如果要对象确信他们以一种新的方式被承认了，那么物理世界中的某些东西——无论是行为模式还是制度环境——就必须有所改变。[28]

正是这第二个物质性的维度提供了区分承认的正当形式和意识形态形式的关键。正如我们看到的，只有当承认的意识形态形式的评价性词汇是充分理性的，从而揭示出塑造一种新的而且是肯定性的自我观念的可信模式时，它才能发展出调节性的权力。一般来说，这类意识形态形式越能充分说明为相互承认的文化的进步指明方向的那些评价

性期待，它们就越是成功。但是这些意识形态的缺陷——通过这种缺陷我们或许能识别出这些意识形态——在于它们在结构上无法确保实现新的评价性品质的物质前提。在评价性的承诺与满足其物质条件之间存在着裂隙；其制度性的前提条件将无法再与占主导地位的社会秩序相调和。如果我们将这个标准运用到我上面所举的例子中，那么就会证明我的这个想法是正确的。把雇员或有资质的工人看作雇用自己劳动力的企业家，这种新的对待雇员的方式可能包含承认一种更高程度的个体性和主动性的评价性承诺，但是它无法保障使得这些新的价值得以维续的制度性措施。相反，雇员们不得不在没有物质基础的条件下，假装自己有主动性、灵活性和天赋。这种新形式的承认在评价性的意义上并非不充分或非理性的，但它确实没有满足一种可信的、正当的承认所需的物质要求，因为要真正实现这种新强调的价值所需的制度性实践没有在承认的行为中传递出来。如果我们把共同构成了承认之合理性的物质性满足的要素也纳入考虑，那么我们就可以说承认的意识形态形式具有一种二阶的合理性缺陷。这些承认形式来源于在历史中改变了的评价性理由的领域，即使在这个意义上它们是理性的，但是在没有超越纯粹象征性层面而到达物质性满足层面的意义上，它们仍然是非理性的。我们可以举出第二个例子，来说明从这个角度来看是意识形态的新的承认形式，即一种当下流行的观念："公共服务"，凭借这一观念，一个社会群体在制度层面没有引入相应措施的情况下，被赋予了一种对其评价性品质的象征性的识别，而这种识别会鼓励他们 93
自愿地服从。

当然，即使是这里构想的标准也不应使我们误入歧途，进入一种过度自信的怀疑的解释学。我们从不能排除这样一种可能性，即存在于评价性承诺与它的物质性满足之间的鸿沟只是暂时性的，只是在实现制度性的前提条件时的一个延迟。在制度性承认的层面上，就像在两人简单互动的情形中一样，我们应该预期，只有经过一个漫长的学习过程，一种新的承认形式之评价性的主旨才能在变化了的行为模式或制度安排中得到表达。但是总而言之，物质性满足的标准确实给我们提供了一种有用的方法，来预先测试给定的承认形式中的变化是否实际上会带来调节性权力的增长。那些没有带来任何物质性变化之前景的制度化的评价性识别模式，可以公正地被标识为承认的意识形态形式。

注　释

我要感谢乌得勒支大学“权力和承认”会议(2003年3月13—15日)，在布拉格举办的“哲学与社会科学”学术报告会(2004年4月20日—5月4日)，还有我自己的有关社会哲学的研究讨论会的参与者，感谢他们有价值的建议和问题。波特·范登·博瑞克、拉埃尔·杰基和大卫·欧文的提议尤其有帮助。

1 Patchen Markell, *Bound by Recognition* (Princeton and oxford: Princeton University Press, 2003); Kelly Olivier, *Witnessing: Beyond Recognition* (Minneapolis: University of Minnesota Press, 2001); Markus Verweyst, *Das Begehen der Anerkennubg: Subjekttheoretische Positionent bei Heidegger, Sartre, Freud und Lacan* (Frankfurt/Main: Campus, 2000).

2 Louis Althusser, 'Idology and Idological State Apparatuses', in *Lenin and Philosophy and Other Essays*, trans. Ben Brewster (New York: Monthly Review Press, 2001), pp. 127-188.

3 Judith Butler, '"Conscience Doth Make Subjects of Us All": Althusser's Subjection', in *The Psychic Life Of Power: Theories in Subjection* (Stanford:
94 Stanford University Press, 1997), pp. 106-131.

4 Raymond Geuss, *The Idea of a Critical Theory: Habermas and the Frankfurt School* (Cambridge: Cambridge University Press 1981), ch. 1.

5 同上书，pp. 12ff。

6 Axel Honneth, 'The Social Dynamics of Disrespect: On the Location of Critical Theory Today', trans. John Farrell, in *Disrespect* (Cambridge: Polity,

2007), pp. 63 – 79.

7 Gert Raiethel, *Geschichte der nordamerikanischen Kultur*, *vol. I: Vom Puritanismus bis zum Bürgerkrieg 1600 – 1800* (Frankfurt/Main: Zweitausendeins, 1995), ch. XXXI.

8 Karin Hausen, ' Die Polarierung der " Geschlechtsckaraktere "-Eine Spiegelung der Dissoziation von Erwerbs-und Familienleben', in Werner Conze, ed., *Sozialgeschichte der Familie in der Neuzeit Europas* (Stuttgart: Klett-Cotta, 1976), pp. 363 – 393; Bärbel Kühn, 'Vom Schalten und Walten der Hausfrau: Hausarbeit in Rat, Tat und Forschung im 19. und 20. Jahrhundert', in Birgit Bologness-Leuchtenmüller and Michael Mitteerauer, eds., *Frauen-Arbeitswelten: Zur historischen Genese gegenwärtiger Probleme* (Vienna: Verlag für Gesellschaftskritik, 1993), pp. 43 – 66.

9 René Schilling, Kriegshelden: *Deutungsmuster heroischer Männlichkeit in Deutschland 1813 – 1945* (Paderborn: Ferdinand schöningh, 2002).

10 Axel Honneth, 'Der Grund der Anerkennung: Eine Erwiderung auf Kritische Rüchfragen', in *Das Andere Gerechtigkeit* (Frankfurt/Main: Suhrkamp, 2004), pp. 303 – 341.

11 Avishai Margalit, 'Recognition Ⅱ: Recognizing the Brother and the Other', *Aristotelian Society Supplementary*, vol. 75 (Bristol: The Aristotelian Society Publications, 2001), pp. 127 – 139.

12 Stanley Cavell, 'Knowing and Acknowledging', in *Must We Mean What We Say?* (Cambridge: Cambridge University Press, 2002), pp. 238 – 265.

13 Heikki Ikäheimo, 'On the Genus and Species of Recognition', *INQUIRY*, vol. 45, no. 4 (2002), pp. 447 – 462; Arno Laitinen, 'Interpersonal Recognition: A Response to Value or a Precondition of Personhood?', *INQUIRY*, vol. 45, no. 4 (2002), pp. 463 – 478.

14 在这一点上，一个与阿尔都塞的理论的区别变得明显了，阿尔都塞的理论的社会本体论本质奠基如此之深，以至于我们几乎不能在此进行讨论。作为一项原则，阿尔都塞不承认主体在其行动和决定中获得更高程度自主性的可能，反而假设只有经由公共承认而服从于一个在个人自主性方面没有任何变化 95
空间的社会规则网络，主体才能成为能被社会性地识别出来的主体。相比之下，我假设（正如涂尔干所做的）这样的承认的社会规则必然能够根据它们所允许的自主性空间而被区分开来。

15 Laitinen, 'Interpersonal Recongnition: A response to Value or a Precondition of Personhood'.

16 John Mcdowell, 'Two Sorts of Naturalism', in *Mind, Value ans Reality* (Cambridge, MA: Harvard University Press, 2001), pp. 267 - 297; Eva Lovibond, *Ethical Formation* (Cambridge, MA: Harvard University Press, 2002), part Ⅱ; Axel Honneth, 'Zwischen Hermeneutic und Hegelianismus', in *Unsichtbarkeit* (Frankfurt/Main: Suhrkamp,2003), pp. 106 - 137.

17 Honneth, 'Zwischen Hermeneutic und Hegelianismus'.

18 Axel Honneth, 'the Irreducibility of Progress: Kant's Account of the Relationship between Morality and History', in *Pathologies of Reason: on the Legacy of Critical Theory*, trans. James Ingram (New York: Columbia University Press, 2009), pp. 1 - 18.

19 Karl Marx, *Capital: a Critique of Political Economy*, vol. Ⅰ, trans. Ben fowkes (London: penguin, 1976), pp. 181 - 191.

20 Emmanuel Renault, 'Reconnaissance, Institutions, Injustice', *De la Connaissance: Revue de Mauss*, Semestrielle no. 23(2004), pp. 180 - 195.

21 Inmanuel Kant, *Groundwork of the Metaphysic of Morals*, trans. H. J. Paton (New York: Harper and Row,1964).

22 Axel Honneth, 'Redistribution as Recognition: a Response to Nancy Fraser', in Nancy Fraser and Axel Honneth, *Redistribution or Recognition? A Political-Philosophical Exchange* (London and New York: Verso, 2003), pp. 110 - 197.

23 Carolin Emcke, Kollektive Identitäten: *Sozialphiosophische Grundlagen* (Frankfurt/Main: Campus, 2000); Hans-Uwe Rösner, *Jenseits normalisierender Anerkennung: Reflexionen zum Verhältnis von Macht und Behindertsein* (Frankfurt/Main: Campus, 2002).

24 Emacke, Kollektive *Identitäten*, pp. 237ff.

25 Wolfgang Detel, *Macht, Moral, Wissen: Foucault und die Klassische Antike* (Frankfurt/Main: Suhrkamp,1998), pp. 55ff.

26 Sven Opitz, *Gouvernementabilität im Postfordismus: Macht, Wissen und Techniken des Selbst im Feld unternehmerischer Rationalität* (Hamburg:

Argument, 2004), ch. 8; Günter Voss and Hans J. Pongratz, 'Der Arbeitskraftunternehmer: Eine neue Grundform der Ware Arbeitskraft?', *Kölner Zeitschriift für Soziologie und Sozialpsychologie*, vol. 50, no. 1 (1989), pp. 131-158. 另见本书第十章。[在一篇对于他们论证的英文摘要'From 96
Employee to "Entreployee": Towards a "Self-Entrepreneurial" Workforce?', *Concepts and Transformation*, vol. 8, no. 3 (2003), pp. 239-254 中,作者建议用"entreployee"这个术语。]

27 Opitz, *Gouvernementabilität im Postfordismus*, ch. 8.

28 这就是当约翰·奥斯汀说,如果某事或其他事物作为一个结果而发生了,那么特定表述行为的陈述就被视为成功或是完成了时,所要表达的意思(*How to do Things with Words* [Cambridge, MA: Harvard University Press, 1975])。我以"物质满足"的概念,将他对表述行为陈述的分析运用到了"承认"的具体案例中。 97

第六章
社会的解体：吕克·布尔当斯基和劳伦·泰弗诺的社会理论

虽然道德范畴无处不在,但它却从社会学的理论词汇中消失了。在解释社会秩序时,无论是关于合法性的信念还是对于不公正的感受,无论是道德争论还是规范性的共识,都不再发挥任何有意义的作用。相反,社会学将其研究对象视为没有人格特征的自我组织过程,或是策略性的行动者彼此合作的后果。为这些研究充当范例的学科是生物学和经济学,人们认为它们的概念模型足以解释像社会再生产这样复杂的过程。这些理论性的再定位,难免让读者产生如下印象：当代社会学正力求最终摆脱其开创者的影响。毕竟,对马克斯·韦伯、爱米尔·涂尔干还有塔尔科特·帕森斯来说,我们显然只能通过运用道德理论的概念、模型和假说才能获得基本的社会观念。可以这么说,对于传统社会学来说,实践哲学是其发源的温床,也对其提供指导。但是在哈贝马斯的《交往行为理论》问世之后,最后一次试图在实践哲学之上建立社会学理论的宏伟尝试也被彻底遗忘了。如今,我们似乎可以认为,哈贝马斯的著作代表了规范社会学传统的终结。但真实情况并非如此，在社会学理论中，仍然存在着一股利用道德哲学资源的潮流，而这主要归功于以吕克·布尔当斯基和劳伦·泰弗诺为核心的一小群法国研究者做出的努力。这个格外具有生产力的圈子所做的工作起源于对皮埃尔·布尔迪厄的社会学的批判，并且在其为解释现代社会之整合—— 98
这种整合是一种不同道德信念之间充满冲突的互动——所付出的努力中，不断开辟新的路径。[1] 这个社会学学派的奠基性文本是布尔当斯基和泰弗诺 1991 年出版的《论辩护》。[2] 这本著作如今已经被翻译成了英文，[3] 对我们而言，仅仅因为这部著作是迄今为止最有趣的在当代赋予社会学以新的道德哲学基础的尝试，它就值得被仔细分析。

一

即使是在设想他们研究起点的方式上，布尔当斯基和泰弗诺就已经采纳了经典社会学家在努力建立一种社会理论时所采取的视角。像韦伯、涂尔干和帕森斯一样，这两位作者将社会学的关键问题定位在理解如下问题上，即个体行动者通常会协调他们的目标并因此帮助生产出社会秩序——这究竟意味着什么？但是在解释产生这样的协调行为所需的共识时，布尔当斯基和泰弗诺没有使用曾经支配该领域的两种策略。他们没有追随涂尔干，把这种必要的共识置于一种先在的集体意识之中，也没有追随现代经济学家将这种协调看作个体的策略偶然一致的幸运后果（26 及以下诸页）。[4] 既然拒斥了这两种概念模型，两位作者就必须要寻找第三种类型的解释，一个——不同于涂尔干——考虑到了个体行动者在解释行为上的权威，并且——不同于现代经济学家——没有否定复杂的社会解释系统的影响的解释。布尔当斯基和泰弗诺以三个步骤展示他们对这个问题的回答，这三个步骤组合在一起形成了他们社会理论的第一个要素。

他们论证的第一步是假设一般行动者通常通过诉诸他们之前学到的道德秩序模型来协调他们的目标，而这些道德秩序模型为正当的社会共存模式提供辩护。与布尔迪厄曾经主张的不同，社会成员不应被设想为意识不到自身动机、其社会行为模式主要由无意识的解释性的力量决定的个体。相反，他们应当被理解为拥有自我决定的认知性能
99 力的存在者，因为他们可以主动地在协调他们的个人目标时诉诸完全不同的秩序观念。因此，在第一步中，他们假定存在多元的社会共存模式，这个假定不是被任意加上去的，而是他们整个理论的一个必要组成部分：因为主体可以被视为有能力的和认知层面上自主的行为者，如果他们要根据自己的标准在这些社会秩序之间进行选择，他们就必须能够诉诸不止一种社会秩序模型。

在他们论证的下一步中，两位作者引入了一个来自美国实用主义的区分，这个区分在很大程度上修正了这样一个主张：尽管主体可以几乎无意识地、不经思索地协调他们的行动，但条件是他们的互动没有发生中断，一旦发生了中断，他们就必须把注意力导向他们之前习以为常的认知和道德假设。所以，个体只有在所谓的“非自然的”、打断了他们生活世界实践之连续性的情况下，才能开始意识到他们用来协调自身目标的秩序模型。一旦上述情况发生，他们就要面对约翰·杜威和乔治·赫伯特·米德称之为“功能性要求”的东西，“功能性要求”考察他们之前假定为有效的东西，以适应环境的变化。像其他有着这样一种实用主义倾向的理论家一样，布尔当斯基和泰弗诺也相信，为了研究社会整合的真正结构，科学观察必须利用这些分裂、“崩溃”和“危机”的时刻(36)。我们通过参与者的视角来洞悉使个体行为的协调成为可能的那些背景性的规范性信念，而这些参与者必须通过反思他们彼此冲突的秩序观念，来处理他们互动中的分裂。

他们论证的第三步是提议我们把这种“非自然的”时刻，即我们论辩性地考察我们之前接受的秩序观念的时刻，理解为社会再生产的关

键："对辩护的迫切要求"是社会生活的一个特征，这些要求在面临定期发生的危机时迫使社会成员揭示他们潜在的秩序观念，并且向彼此辩护该秩序。这些论辩性的辩护的基础代表了社会再生产有意识的和反思性的一面，使得从前仅仅是隐含在日常生活世界的互动中的东西变得显见：沟通中的参与者不得不为这个问题提供论证和辩护，即他们生活世界中的某个有问题的部分为何要在这种而非另一种秩序模型的视域内得到解决。当一种需要人们去协调行动的情境遭受质疑时，为什 100
么这个问题只能用他们所偏好的方式来解决？他们需要为此提供辩护。

当然，两位作者意识到了，在这些社会秩序被有意识地突破的时刻，总是有一种作为替代方案的暴力解决方案。力量最强的一方可以打断论辩性的论证，并把自己的秩序观念强加于另一方（38）。但是，布尔当斯基和泰弗诺有意地将其范围限制在处理"和平"形式的争辩对抗之中："内战……和暴政（它们为建立在暴力和恐惧之上的政治秩序奠定基础）"（38）被排除出他们的研究。两位作者没有明说他们是否要把研究限制在民主社会；他们不愿更详细地界定他们的研究将运用于何种社会类型。我们只是发现，他们的研究聚焦于"分化的"、"复杂的"社会，这些社会的特点是，许多相互竞争的秩序观念都可以完成某一给定的行动领域中的协调任务（173）。我们或许还可以补充说，其聚焦的是这样一种社会——在其中解释性的冲突通过争辩，以和平的方式得到解决。我们可以理所当然地假定《论辩护》研究的对象本质上是西方民主国家。

这三个前提勾勒了这本书的理论框架。它的主要成就——其理论性的穿透力与其提供的丰富的推动力——只有当作者开始填补这个空洞的规范社会理论时，才真正走向前沿。他们不满足于只对社会生活论辩性的中断进行纯粹形式化的分析；与作为争辩性冲突之基础的理性条件相比，他们更关心西方社会日常生活中典型的道德话题和冲突情境。在这个意义上，这项研究的目的在于对像法国这样的社会生活世界中可能产生的所有道德争议和冲突做出一种综合的、以经验为导向的分析。要实现这个目的，作者就面临着两大任务，而两者都提出了重大的挑战：第一，他们必须尝试重建所有作为协调社会行动的规范性资源而服务于当代社会的那些道德的秩序模型；第二，他们必须对那些社会冲突的类型有一个概览，而在这些社会冲突中用于实践的秩序模型的合法性差异开始呈现出来。布尔当斯基和泰弗诺的研究的宏伟之处就在于他们在完成这两项任务时，使用了丰富的经验观察、解释学推
101 断和文本分析。同时，这项研究也证明了，在不使用任何结构性规定的情况下发展一种社会学理论的局限。

二

根据这两位作者的一般论点，协调个体目标通常要求道德规范上的相互同意，这些道德规范确定哪些对未来的预期可视为正当的。正如我们在上文见到的，这些在主体间预设的秩序观念通常保留在生活世界中未受中断的事件过程之先于反思的背景之中。个体行动者只有在互动崩溃时才会意识到它们；这个崩溃迫使我们反思之前那些隐含的信念。对布尔当斯基和泰弗诺来说，第一项任务就是尝试理解这些崩溃，从而深入了解这些规范性的秩序模型必须遵循的基本原则。进一步地，他们还想在解释学上重建那些对维持社会秩序而言最重要的秩序模型。

在他们的整个研究中，用来界定正在实践中的秩序模型之形式属性的方法细节尚不清晰。尽管布尔当斯基和泰弗诺没有清楚地说明这一点，但是很明显，他们相信正当的社会秩序必须遵守的许多规范性原则，而这些规范性原则正是现代性的特征（74 及以下诸页）。这个隐含的前提，在他们引入当下正在生效的辩护或“体制”之秩序

(*Rechtfertigungsordnung*)的第一个基本原则时,显得尤为明显。根据布尔当斯基和泰弗诺,所有为人所熟知的正当的社会秩序模型都必须承诺于“一个体制之成员据此共享一种共同的人性的原则”,并且因此必须禁止极端形式的歧视或排斥(74)。这种道德普遍主义的先决条件并没有在这本书中得到论证,而只是被宣称为在“我们的”社会中被经验性地给定的东西。当然,他们有必要更细致地探究一些结构历史性的或社会历史性的理由,来说明究竟为什么这样一种关于人类的普遍化的观念应该是现代社会的一个规范条件。在布尔当斯基和泰弗诺看来,对于确定了所有当前有效的秩序观念的第二个基本原则来说,情况就更是如此了。他们声称所有惯例性的、辩护的当代模式都是由这样一种观念所指导的,即一个人在社会层面的优越性是通过对“共同善”(common good)做出一份特殊贡献而得到辩 102
护的(76 及下页)。尽管作者使用了令人困惑的表述方式(“投资准则”),但他们想表达的意思可能是每一个得到了辩护的社会秩序模型都必须建立在成就原则之上,而成就原则规范性地规定那些“原本”平等的社会成员应该在社会层级中占据哪一档。某人或某群体为共同善做出的“牺牲”或“奉献”越多,他们就越是应该在社会中占据更高的地位。当作者说这第二个原则应该在所有现有规范性的秩序模型中有效时,他们的意思不仅是说必定存在有关这些贡献或牺牲的不同的、互相竞争的观念,而且尤其是想强调,个人成就的观念必须在整个为当代社会秩序辩护的谱系中占支配地位。在“现代”社会中,所有关于一种正当的社会秩序的观念,毫无例外,都是由如下原则决定:那些被认为特别有价值的成就要通过被给予一种更高的地位或“价值”而得到尊崇。

虽然两位作者没有这样明确说明,但是成就原则就是这样变成辩护现代社会秩序的规范的。以几乎难以察觉的方式,两位作者偷偷把一个并非自明且需要更强辩护的前提加入了他们的考察中。即使只是稍微参考一下经验研究，我们也能大致看出，西方社会的成员在判断社会正义问题时，倾向于坚持完全不同的原则。他们使用社会平等、个体需要或个人成就等规范性标准，而选择哪个标准取决于某个特定的分配问题被认为需要哪种类型的社会关系。这一类的观察驱使戴维·米勒在正义理论上采取了一种多元主义的尝试。[5]当需要在现代社会中界定那些确定了什么是一种公正的对益品和负担之分配的道德规范时，我们必须假定存在着多元的原则，而这些原则的有效性取决于在那个情况下的社会关系的性质。当然，布尔当斯基和泰弗诺感兴趣的不是提出一种正义的规范理论；作为社会学家，他们感兴趣的是要努力深入了解人们背景性的规范信念，当代社会成员用这些信念来形成一个有着实践上的共同性的世界。然而米勒的方法不能说与这个探究完全无关，因为甚至是他，也把自己的理论建立于社会学调查之上，并且得出如下结论：在成就原则以外，还有一些
103 其他完全不同的基本标准来判断社会秩序的道德合法性，所有这些标准都在社会世界中有其重要性。如果我们将这个想法放到布尔当斯基和泰弗诺的作品中，就会出现一个问题：我们是否应该在实际上认为，所有当下广泛传播的关于得到了辩护的社会秩序的观念都是依附于成就原则之上的？主张人们会随时随地协调他们的目标，而这种协调是通过隐含地预设一种规范性的秩序做到的，这一秩序以优越的社会地位来奖赏特殊成就，这似乎并不准确。还有同样多的其他关系领域或形式，在其中人们提出了一些遵循如个体需求和法律平等这样的标准的合法性观念。在这里，或许只有一些结构性的考虑才会让作者更明显地意识到他们自己预设的前提。我们不应先直截了当地对当代关于正义的那些信念之形式性的属性给出一个定义，相反，明智的做法是首先追问，是否现代性中某些类型的社会实践或制度，会要求完全不同于个人成就的规范性原则。布尔当斯基和泰弗诺忽略了这些考虑，这是一个非常严重的缺陷，读者会在本书

中多次遇到这个缺陷。制度结构和价值领域、社会子系统和相应的规范之间的关系，目前还是完全不清楚的；那么我们难免会产生这样一种印象，即个体行动者对于社会秩序的解释并不受制于任何社会结构性的指导方针。

两位作者在这种普遍主义和成就原则的帮助下定义了现代秩序观念的形式属性，随后他们继续研究这些观念具体的体现。在这里有人可能会期待一种方法论上的程序，这一程序是从查尔斯·泰勒在一个不同领域的宏伟研究《自我的根源》当中延续而来的。[6] 这种程序将包括对在现代性中获得的正义的社会秩序观念进行历史解释学重构。有人也可能期待作者通过小组讨论、访谈或问卷去进行一项经验研究，探究一下当下什么样的正义的社会共存形式为人们广泛接受。但是布尔当斯基和泰弗诺没有使用两种方法策略中的任一种。他们既不尝试历史解释学也不使用经验例证，反而在政治哲学史中建立了他们的研究基础，因为他们假设所有当下有效的社会正义观的根源或模型都能在这个领域的典范作品中找到。两位作者在整个文本中都没有真正地去给这个不同寻常的方法提供清楚的辩护；相反，对此的辩护只隐含地出现在少数几个地方。例如，一方面 104
作者写道，现代政治哲学给当代许多社会赋予了决定性的特征（71 及下页）。如果我们概括一下文本中对这个问题的各种不同的评论，他们这个诉诸政治思想的经典文本的辩护最终等同于如下主张：即使在今天，我们伟大的哲学经典也决定性地影响着我们所有关于正义和社会共存的观念。我们还必须补充这一点：正是通过形成文化传统，哲学传统中的某些观念才如此强烈地影响了我们的日常观念，以至于即便现代社会的辩护文化也很大程度上以过去的政治思想模型为其来源。

这个理念并非没有吸引力，虽然它是高度推测性的并且尚未有很多努力来为之辩护。两位作者当然不想宣称政治哲学的经典作品其自身就是我们用来协调和辩护日常行动的秩序观念的起源。这个假设会将我们带入文化唯心主义，在其中我们的日常社会意识不过是过去理论历史的存档。他们的主张最有可能是这样的，即某些哲学作品影响我们的意识的力量已经如此之大，以至于它们通过文化沿袭的隐晦方式，产生了我们当下用来就社会正义潜在形式达成共识的范式或原型。在这些辩护的情形中，我们确实没有谈及亚里士多德或卢梭的作品，却运用了最先在这些作品中明确表达的论证模式，而且这些模式经过重复和传播已成为我们集体知识财产的一部分。尽管如此，布尔当斯基和泰弗诺在他们的主张应如何解读上偶有摇摆。有时似乎他们引用的作品只是说明了某些辩护的叙事(73)，而另一些时候他们又有一种将同样的文本看作我们当下的正义观念之来源的倾向(74)。但是，只有第一个，也就是更弱的解释才适于理解其余的文本，只有这种解释才避免了任何文化唯心主义的痕迹。

当涉及如何选择用来说明他们主张的文本时，两位作者使用了同样的标准，这一标准是他们在解释当代秩序观念的形式属性时认识到的。经典传统中仅有的可被视为范例的作品是那些在道德普遍主
105 义的基础上发展出特定成就原则的作品，这一原则能够证明社会等级制度的合理性。布尔当斯基和泰弗诺声称他们能在众多的奠基性文本中将其区分出来，而这些文本就像我们关于正义的信念中有关成就的不同标准一样多。两位作者并没有排除这样一种可能性，即其他经典的参照系也可以用来说明“社会价值”的观念，他们也没有声称，在未来这些正义范式不能为其他模型所补充(71)。[7] 在这些限制的基础上，两位作者动用了观念史上的六个文本来说明在我们的辩护文化中正在起作用的互相竞争的正义观念：奥古斯丁的《上帝之城》确立了克里斯玛式的个人成就的范式；博须埃的《源于圣经的政治》发展了家庭等级制(*häusliche Rangordnung*)的观念，在其中家长要负责保护家庭；霍布斯的《法律要义》代表了一种纯粹建立在一个

人在公众眼中受尊重程度之上的地位等级制；卢梭的《社会契约论》为一种公民间的秩序建立了基础，在其中一个人的社会价值取决于他代表公共利益的程度；圣西门的《论实业制度》勾勒了一种工业阶层制度的轮廓，这一制度完全取决于一个人相对于社会整体需求之满足的有用性；最后，亚当·斯密的《道德情操论》发展出了一种价值尺度的市场经济原则，这一原则以对社会有用的财富成就为核心（78—123）。需要再次强调的是，我们把上述作品视为我们当代正义观念的来源，这并不意味着它们的标题和措辞明确地存在于我们的脑海中。无论一位作者的名字出现在这个清单上的何处，只要其他作者也确立了一种类似的成就原则，他的名字也可以很容易地加进来。真正具有决定性意义的是这样一个事实：这些哲学作品都在某种程度上促成了在今天仍然有意义的社会等级观念的形成和发展。

因为这个理由，批评在这个作品清单上的个人选择就没什么意义了。当然，对某些名字和作品的选择显然直白地反映了两位作者在法国哲学传统中形成的偏好。在哪些文本最具历史影响方面，考虑到德国的作者对家长制的价值提供了更具深远影响的辩护，布尔当斯基和泰弗诺选择博须埃作为家庭等级观念的奠基者是十分奇怪的。整本书中没有任何一行去说明这些作品是凭借什么样复杂且含糊的途径去发挥它们的范式性影响的。没有一个词提到这些作品被 106
接受的历史，两位作者也没有考虑这些作品出版时的政治环境，仿佛提供一个我们当下的正义观念之谱系的野心勃勃的计划仅仅通过提出几个经典文本的核心观念就可以实现。但是这个清单真正的不足之处，不在于它忽略了这些作品被接受的历史，或是它的视角局限于特定文化，而是它忽略了一整类在今天仍然有影响的政治哲学作品。他们既没有提到康德的政治共和主义，也没有提到约翰·洛克的古典自由主义，他们的根本性的平等主义对我们当代的正义观念至少是同等重要的。这个鸿沟尤其表明了将所有体制形式都绑定在成就原则上是有很大的问题的。除了那些广泛存在的正义观念——在其中我们的社会秩序被规范性地建立在某种成就之上并且因此被分等级地组织起来——还存在着广泛的公民间的平等主义潮流,例如在康德和洛克的作品中就能找到这样的传统。他们排除这些作品不是由于疏忽大意,而是因为他们简化了基本的规范性概念;这个问题在他们研究的更早阶段中就有其根源。

但是这六种正义的观念不应该只包括各种不同等级如何形成的原则,还应该包括与整个社会甚至整个生活世界的图景相应的规范性核心。两位作者把这些体制称为“城市”或“共同体”并不是偶然的,他们意在表明这些是关于整个的生活方式,关于一个综合的规范和实践之系统的观念。布尔当斯基和泰弗诺大胆地主张我们日常行为和经验的视域总是被秩序模型的类型决定,我们根据这些秩序模型去解释一个给定的情境。我周围的环境是根据一种规范性的共识呈现给我的,而这一共识在社会世界的某一部分中调节我与我的互动伙伴的关系。只有当我们意识到,两位作者甚至将物质性的人造物也包括在这个被道德地建构起来的领域之内,我们才能弄清楚这个观念的后果对作者来说有多么深远的影响:“为了人们能够达成共识,……事物的性质必须以符合价值原则的方式来确定。”(130)根据
107 之前在给定情境中被接受的等级制度的类型,人们行动指向的对象对他们而言有不同的含义:重述一个作者使用的例子,在家庭领域中,一张桌子获得了它的意义,这个意义在于邀请共同进餐;而在工业领域中,它是一个工作台;在市场领域中,它是一个集会的场所。作为社会的成员,我们与世界的规范性关系和我们在互动中已经接受的道德共识原则一样多。所以,熟悉所有现代性中构成性价值秩序的行动者,被迫不断地在六个不同的生活世界之间来回切换。

但我们并不清楚两位作者为什么将他们对体制之社会构成性角色的思考扩展到对生活世界的分析中。这本书偶尔会援引布鲁诺·

拉图尔的作品，目的是让必须把物质对象包括进社会学分析之中的做法显得合理起来。[8] 但是这些言论显然没有辩护为什么我们应该根据关于正义的根本信念的标准去理解特定的生活世界。毕竟，这个论点与一个强有力的前提联系在一起，那就是通常的实践哲学的范畴解释了我们与世界的全部关系。不管我们经历过什么，也不管我们怎么认知人、环境和事物，我们都是借助某种范畴性的图式来做到的，而这种图式源于某种被预设的关于正当社会秩序的观念（133 及以下诸页）。这个假设将我们的社会环境设想为总是已经根据我们的某些兴趣和计划而被揭露出来的东西，这倒是没什么问题；这些观念是布尔当斯基和泰弗诺可以从梅洛—庞蒂或早期海德格尔作品中找到的。关于这个前提，令人困惑的地方反而是这样一个事实，即我们的世界之"触手可及"的特征，完全源于一些道德指导，而这些道德指导又来源于我们彼此接受的秩序观念。我们的社会生活之实用性质因此就缩减为一种单一的规范性地辩护社会秩序的方式。我们的世界之所以对我们而言是有意义的，不是因为我们诉诸了自己一系列工具性的利益，也不是因为我们掌控了环境或是得到了生存所需，而只是因为我们有一种根深蒂固的渴望，想要发现对我们的社会制度之合法性的证明。

在涉及社会学对道德哲学的依赖时，这个现象学的或者甚至可能是"先验"的转变，使得布尔当斯基和泰弗诺远远超出了社会学的经典作者们会接受的范围。要在社会再生产结构中寻找与用来把握道德信念或价值导向的哲学范畴相对应的现象，在社会学的创立者们看来是一种挑战。这产生了诸如价值领域、集体意识和行动体系这样的社会学概念。 108
相比之下，在《论辩护》中，政治哲学的范畴被视为我们日常社会意识内容的直接表达，而没有将它们转变成在社会中固定下来的结构。这种道德内容，也就是所谓的"体制"，被视为不同生活世界在其中被建构起来的一个"先验的"框架。归根结底，对布尔当斯基和泰弗诺来说，社会世界的不同领域仅仅是道德辩护实践的产物。在忽略结构性的社会学范畴以及替代性的、非道德的行为指导方针的情况下，以这样一种片面的方式给予道德哲学以特殊地位，产生了显而易见的困难。在书中作者没有努力追问这个问题，即道德信念是如何在制度和稳定的行动体系中具体表达出来的；也没有考察是否存在其他驱动社会再生产的非道德的兴趣。如果这些缺陷在此时还只是间接地显现出来，一旦两位作者转而处理在得到了辩护的互动过程中的危机或崩溃时，它们就变得更加明显了。

三

我们从这个研究中接受的图景是，现实被分化成几个局部的子世界，它们的内在联系来自在每个相应的秩序观念中具体表达出来的成就原则。社会成员被迫在得到了辩护的社会性模型的帮助下协调他们的行为；他们诉诸一个沿袭而来的被称为“体制”的规范性资源武器库，并在他们共享的道德信念视域内理解他们之间相应的正当化了的互动，从而实现了这种协调。但是这个图景，就像布尔当斯基和泰弗诺一开始就明确说明的那样（36 及下页），处理的是社会生活中一个相当不可能实现的，即完全和谐的侧面；但是在现实中，关于什么是对于他们的互动关系的恰当辩护，总是存在着争论和冲突。只有通过着手处理这些日常的争论，两位作者才能进入他们理论圈子的经验研究于其中周旋的竞技场。[9] 在这里我们还发现了一个被称为“关于批判的社会学”的计划，不同于批判社会学，它避免任何一种
109 规范性判断，并严格聚焦于观察能动的行动者的批判活动。[10] 以布尔当斯基和泰弗诺为核心的这个知识分子圈子的整体工作是建立在这样一个观念之上的，即我们总在不断地争论我们的辩护模型的意义和恰当性。

两位作者区分了我们每日常规活动的两种不同的崩溃形式，从而迈出了界定这些争论之意义的第一步。当运用规范的条件或相应的规范性结构的恰当性受到质疑时，作为我们互动之基础的共识就有可能被扰乱。在第一种情况下，也就是被称为“争论”（187）的情况下，行动者必须中断他们的常规行动，因为参与者之一质疑那种被共同预设的体制或辩护秩序是否是以一种公平而恰当的方式被运用的。在第二种情况下，也就是所谓“冲撞”的情况下（187），他们的互动陷入了停顿，因为他们无法就应该使用哪一种辩护的潜在秩序达成一致。很明显，两位作者试图采用哲学上常见的内部与外部批判的区分，并将它从理论语言的层面下降，运用到日常行动中：在“争论”中，行动者通过探求运用一种已经被接受的正义观念所需要的恰当条件，调动起一种用于提出质疑的内部标准，而当他们“冲撞”的时候，他们通过质疑此前惯用的秩序模型的恰当性，来主张外部的标准。通过这种非常有技巧的理论策略，两位作者暗示，即使是日常行动者在日常情形中也要执行这种通常只要求哲学家或批判性的理论家去做的智力性的行为。布尔当斯基和泰弗诺主张在我们的日常行动中，我们中的每一个人，甚至在学院知识分子开始发表观点之前，就总是已经参与到规范性批判的事业中了。

为了说明“理论”批判与我们每个人在日常生活中实践的那种批判处于同样的层面，两位作者必须在原则上说明他们自己的知识绝不会优越于一般行动者所拥有的知识。毕竟，将从前被认为是批判社会学的东西替换为一种“关于批判的社会学”的意图要求去除这两种层次的知识之间的鸿沟。[11]“争论”的情形，也就是冲突发生的第一个场合，似乎并没有给布尔当斯基和泰弗诺带来任何困难；他们仅仅是去“观察”在一个基本被接受下来的体制中，当源于那种秩序的地位等级制度遭受怀疑时，参与其中的行动者做了什么（133 及以下诸页）。根据作者所言，他们一般是用被称为“测试”的论辩性事件来解 110

决这些争论的。这指的不是用来管理授予学位头衔的正式程序，而是几乎无意识的，且每天都发生着的情形，在这些情形下，我们通常在没有压力的情况下，去测试此前惯用的对于身份地位的分配是否真正与作为其基础的体制相符（136及以下诸页）。每一个被规范性地加以调节的领域都被给予了一种特定的、作为其特征的测试程序。例如，在一种公民间的秩序内，一种由议会实行的调查就有助于澄清，某个议员，考虑到有关其不当行为的传言，是否真正具备赋予他或她的那种能力和“名望”。在“声誉的领域”中，一个可在主体间检验的、试验性的阶段确保研究者必须能够证明他们的计划配得上他们宣称应得的承认。这些测试程序的特别之处在于，正如布尔当斯基和泰弗诺不厌其烦地重复的那样，其中关于正确性的标准就等同于正义。共同预设的体制赋予物质对象以意义，它们是相应的测试程序要去测试的对象，因此我们必须参照一个人在对待“触手可及的”对象时有多“恰当”，来证明他或她在地位等级中的位置是否正当（33、41、130）。

但是即使在这一点上，我们也可以指出，把这样一些社会性的发展排除在外是草率的，在其中参与者开始有意无意地使用“不恰当的”或在规范性层面上被错置的标准来检验“社会价值”。我们的社会化可能必定会赋予我们一种“共同感”，这种“共同感”告诉我们在一个给定的情境下判断实际能力和成就的恰当的相应程序是什么（201及以下诸页）。一般而言，我们倾向于按照道德上的正直和专业能力来评判政治家，按照激发灵感的能力和审美表达的力量来评判艺术家，按照技术性的技能和对材料的熟悉程度来评判工匠。但是即便是在这个我们相对熟悉的社会领域中，还是经常会有一些倾向，即在衡量对象的社会价值和成就时使用不符合那些看似恰当的以及被社会性地塑造出来的标准。我们都熟悉这样一些研究，表明当下有一种日渐增长的以市场成功与否来评估艺术创造性的倾向，市民根据政治家在媒体上投射出来的形象，而不是他或她道德上的可靠性来投票，这种现象也不少见。而且我们不断地遭遇这样一种主张，111
即对学生的表现的衡量总是涉及对他们社会文化习惯的潜在评估。即使是布尔当斯基和泰弗诺也不会否认，异化的和不恰当的有关卓越性的标准有可能会支配社会性的价值领域。这两位作者有时会援引迈克尔·沃尔泽的作品——他把社会性的任务与相应的内部分配原则之间的一致作为他的正义理论的指导方针，这并不是偶然的。[12]至关重要的是，作者是怎么在他们的理论内部解释这种转变或“支配性的”现象的。他们的研究本身没能提供对这个问题的清楚答案，而只是通过把它归入外部批判的领域，把这个问题排除在外。然而，这些标准并不是在一个先前以不同方式调节的领域中，有意识地要求一种新的辩护原则；相反，这些发展通常是无意识的，在其中一种不恰当的社会价值原则躲在那些参与者的背后悄悄发挥作用。一种社会分析在面对这些事件时，无法仅仅把它们描述为给定的事实而保持中立。毕竟，其基本的理论假设之一就是，每一个体制和每一个社会性地分化出来的价值领域都有一种排他性的特点，那就是它有一种自己独有的用于检验能力和成就的程序。然而，不知为何，布尔当斯基和泰弗诺忽略了他们自己的概念工具集合的内在规范性。尽管他们似乎假设了在一种体制与相应的分配标准间有一种必要的联系，但他们接下来又否定了这一联系。仿佛是意识到自己比研究的行动者拥有更多知识，从而产生了负罪感一样，两位作者否认了他们已经间接地宣称了的东西：每一个被社会性地建立起来的主体间行动的道德规范体系都有一个特定的关于卓越性的标准；如果它被外来的和不恰当的标准所主导，就代表着理论上的错误发展或社会的病理状态。

让我们用另一种方式来描述被布尔当斯基和泰弗诺所使用的道德—社会学进路中的问题，即他们有一种迅速地且一再地在一些同样的结构性假设上停滞的倾向，而这些假设是他们的论证所依赖的，也是他们的论证目标所在。在这里，这些假设仅仅是指这样一些主张，即主体间共享的规范和实践能够生成社会制度。在社会学分析中，如果我们要识别出什么东西在永恒的变化之流中是确定的且能够暂时地保持稳定，那么我们就不得不依靠这些被规范性地加以调节的行动"体系"。但是在《论辩护》一书中，这种来自风俗、习惯或法律
112 的，被规范性地协调起来的行动的持久的结晶，似乎全然不见踪影。尽管两位作者谈论辩护或"体制"的秩序，但他们确实没有认真对待"秩序"这一社会学概念所蕴含的东西。这一问题，即在同时既否定又使用规范性的结构，在布尔当斯基和泰弗诺继续分析对于恰当的体制之社会争论的第二种形式——"冲撞"时，变得更加棘手了。从一开始我们就不确定这些秩序仅仅打算指出一些观念和信念，还是打算表明事实上真实存在的结构。

正如我们在上文已经看到，两位作者使用冲突的概念来说明社会的不和谐与争论，这些不和谐与争论争辩的不是对一种体制的恰当解释，而是不同辩护秩序或体制在同样情形下可能的运用方式。行动者习惯性的主体间行为的中断，不仅可能是因为一个参与者质疑了一种被人们所接受的、此前正在实践中的规范性结构该如何运用，也可能是因为互动中的主体认为某种体制对当下的行动领域而言是不恰当的，因而对体制的合法性提出质疑。根据两位作者用于讨论这第二类道德分歧的页数（213—273）来判断，布尔当斯基和泰弗诺似乎认为这是社会分歧最普遍的形式。根据这一理念，西方民主社会中主要的分歧点指的是哪一种在文化中可找到的成就模型要被运用到哪一个社会互动领域。如果抛开将当代社会正义理念光谱缩减到那些建立在成就原则基础上的理念的不合理性，那么作者发展出来的西方社会的图景当然并没有错。许多社会学诊断都同意，资本主义福利国家逐渐发生的转型，其主要特点就是与特定行动领域的

规范法则的变化相联系的那些冲突。但是，即便是这种给予他们的理念一些经验上的合理性的尝试，也包含了无法与两位作者的描述相一致的内容，因为他们并没有声称这些冲突的出发点存在于社会领域的规范性构造之中，以至于我们无法视其为变化或转型。相反，他们的研究似乎坚持认为，行动者只要可以完全自由地决定他们将使用哪种辩护秩序来尝试并解决一个特定的行动问题，就总是会介入道德冲突之中。这种独特的唯意志论比本书中任何其他一处都更加清晰地表明，布尔当斯基和泰弗诺对被规范性地调节的行动领域 113
毫无概念。

这项研究的核心部分的困难在于：道德冲突代表的是社会中的一种规范性图景与另一种图景之间的碰撞，还是与一种制度化的规范结构之间的碰撞，这个问题还没有完全弄清楚。就文本而言，文本给人的印象是，第一种可能性才是正确的，改变体制的提议只会与那些固守过去被证明的体制的人的信念相碰撞。但是真实情况并非如此，因为每一个体制都应该形成一个完整的生活世界，并且由此导向稳定的行为和知觉习惯。改变规范性安排的要求并不是与纯粹的观念或信念相碰撞，而是与已经成为我们第二本性的习惯性的实践相碰撞，这种实践的总体状态明显比精神状态更加稳固。但是这与作者的预设，即这些冲突可以通过“妥协”或协商的方式得到调解形成了对立；他们一再论证说，道德“指责”出现后，为了达成妥协，双方都认为自己遭受了挑战，因而要去检查各自的论点（277 及以下诸页）。但是我们如何可能以一种纯粹协商性的方式，来改变一种已经成为我们的第二本性，因而几乎无法控制的规范性态度？如果习惯性的、已经得到证明的体制是我们生活世界中的一个自明要素，那么它将比仅仅就道德冲突进行协商的观念所允许的更加持久。两位作者陷入这些矛盾的原因是，他们未能充分解释自己关于体制的观念。如果体制是一种我们可以用来可靠地协调彼此间互动的秩序观念，那么它就拥有制度化的行动体系的特征，在其中角色性的期待、道德义务和社会实践共同形成了一个完整的整体。声称这些结构像信念一样可以单单通过论证而改变，是一个严重的范畴错误。

但是这个不一致还不是两位作者在处理道德冲突时的唯一问题。上述否认理论上的内在规范性的倾向，在这里以一种更有张力的形式重现了，这导致了一些困难，而这些困难在我们目力所及的范围内还没有解决方案。作者似乎假定，所有这六种不同的体制都可以随时随地作为一种规范性模式在我们的互动中提出一种改变。无论我们是在处理工业领域的公司、家庭生活、医院还是政治事件，其中一个参与者总是能根据一种未曾使用过的社会正义观念来要求一种新的制度安排，而对先前被接受的社会秩序提出质疑。要解释这在经
114 验上意味着什么，只需要想象一下，某一天，一位父亲向他的家庭建议，将来整个家庭都应按照市场秩序进行重组。或是想象一位自然科学家提出了一种有关照料者的权威地位的家庭式安排，作为协调实验室各种活动的模式，从而尝试颠覆实验室中的劳动分工。关键不在于这样离奇的提议和反叛并没有出现在我们社会世界中；关键在于，对于社会的分析能否像布尔当斯基和泰弗诺做的那样，以完全中立的方式对待这些提议。上面处理的制度化的规范性结构，或者说被正确理解的体制，不是偶然地发展出来的；它们是从实践经验中产生的，在其中，当涉及处理协调行动这样的核心问题时，某些承认的规范已经随着时间被证明为合乎情理或恰当的。对社会的分析不能简单地从规范性学习的过程中抽离出来，而必须把它们采纳为自己范畴装置中的理论要素。那么核心的社会领域就是无法和那种纯属任意的规范相调和的行动领域，或者，更确切地说，代表着只与那些已经被证明为优越和合乎情理的规范相调和的行动领域。当然，这并不意味着每一项社会任务都只能通过使用一种特定道德规范的体制才能获得解决；如今我们区分出来的不同行动领域在这个规范

性的意义上已经证明，它们比帕森斯式的功能主义所声称的更有可塑性。家庭中的道德秩序遭遇了与工业界的工作领域和国家福利计划一样多的变迁。[13] 但是通过反复考察替代选项，我们可以显著减少我们所要处理的秩序模型的类别。在家庭中，我们无法再——至少无法在不显得顽固、非理性和荒谬的情况下——诉诸家长制或具有克里斯玛式领导方式的体制。出于同样的理由，在学校中要求一种纯粹的市场秩序或一种工业组织体系也是很奇怪的。社会学观察者不能把这些限制作为他们自己的价值判断武断地添加到我们的规范性选择之中。作为规范性事实，它们就像离婚率的提高或是有更强烈的个人化特征的生活方式一样，从属于经验现实。出于这个理由，布尔当斯基和泰弗诺就不能在论证的时候假装这六种正义模式对所有协调个人行动的领域都是适用的。如果他们更多地考虑到自由—民主社会所隐含的规范性，他们将意识到这些模型中的一些内容对某些任务来说是不恰当的；事实上，对这些不恰当的模型的使用甚至会代表道德上的倒退。 115

两位作者偶尔似乎想要回答这个反对意见。例如，在处理共同感或道德感（*Gemein-oder Moralsinn*）的地方，他们写到能动的行动者一定能够“认识到情形的本质并且能够使相应的正义原则发挥作用”（146）。这个主张就等同于我们上文所见的声称社会具有隐含的规范性的主张。正常情况下，我们在社会化的过程中学习哪种体制被证明为适合于哪类任务，以至于我们从一开始就排除了替代性的解决方案。社会学家对于他或她作为社会成员所获得的规范性知识进行了概括，从而把那些替代性的选择描述成倒退性的或是荒谬的。所以，理论家对一些错误发展的批判并不是越过行动者自己的头脑做出的，而仅仅是从对于他们的潜在知识的分析中派生出来的。如果布尔当斯基和泰弗诺认真对待从这段引文中发展出来的想法，他们必定会得到这个结论。但是他们只在很少的地方才提及了市民的

"道德感"(216、227),相反,我们可以发现他们谈到在规范性层面上非结构化的社会。几乎在全书的每一页中,研究都有崩溃的危险,也就是说,社会的道德结构都有解体的危险。只有在少数情形下,辩护的秩序才采用了制度化规范性结构的稳固形式,而且在对社会关系的道德安排中,也几乎没有哪些替代方案是被历史性地加以排除的。

然而,对于社会的规范性构造缺乏洞见不应使我们重返布尔迪厄的结构主义或帕森斯的功能主义。他们的研究进路赋予社会的过度的结构和独立的道德逻辑,需要在理论上加以削减和开放。布尔当斯基和泰弗诺的研究任务是清理并解放这些研究路径,而同时保留道德整合的首要地位;这样他们就教会了我们如何感知到规范性秩序脆弱的和竞争性的本质。但是或许他们走得太远了。布尔迪厄在社会习俗的形成中看到了规定性力量在起作用,而帕森斯只看到了一维的行动体系,而布尔当斯基和泰弗诺甚至都没有离开这些规范性指导方案的废墟。他们的研究仅仅把社会描绘成社会行动的竞技场,在其中,所有文化上沿袭下来的体制所允许的安排随时随地都是可能的。如果两位作者意识到了社会具有先结构化的规范性本质,他们就会意识到自己不应满足于一种纯粹的"关于批判的社会学"。
116 一种由其研究对象所推动的社会分析,一定会促使我们批判相应的社会形式。

注 释

1 对这种方法在当代社会学中的地位和作用的一个优秀的综述,参见 Hans Joas and Wolfgang Knöbl, *Sozialtheorie: Zwanzig einführende Vorlesungen* (Frankfurt /Main: Suhrkamp, 2004), pp. 739 - 744。另见 Peter Wagner, 'Soziologie der kritischen und der Rechtfertigung', in Stephan Moebius and Lothar Peter, eds., *Französische Soziologie der Gegenwart* (Konstanz: UVK,

2004), pp. 417 – 748; Mohammed Nodi, *Introduction à la sociologie pragmatique* (Paris: Armand Colin, 2006)。

2 Luc Boltanski and Laurent Thévenot, *De la justification: Les économies de la grandeur* (Paris: Gallimard, 1991).

3 Luc Boltanski and Laurent Thévenot, *On Justification: Economies of Worth*, trans. Catherine Porter (Princeton: Princeton University Press, 2010).

4 所有的页码均参考 2010 年英语翻译版本。

5 David Miller, *Principles of Social Justice* (Cambridge, MA: Harvard University Press, 2003);另见本书第七章。

6 Charles Taylor, *Sources of the Self: The Making of Modern Identity* (Cambridge, MA: Harvard University Press, 1992).

7 在他们开创性的研究 *The New Spirit of Capitalism* [trans. Gregory Elliott (London: Verso, 2007)]中,布尔当斯基与合作者夏娃·夏佩罗试图证明,从 20 世纪 80 年代起,资本主义"精神"就开始改变,因为一种新的秩序模式,即"项目导向的"('*cité par projets*'),正越来越多地被用来为资本主义辩护并在规范性层面上给予保障。这意味着在《论辩护》一书中已经列出的六个辩护的观念之外还可以添加第七个;这个新观念的规范核心在于将成就与创造性、灵活性和创新性联系在一起。

8 *Bruno Latour*, *The Pasteurization of France*, trans. Alan Sheridan and John Law (Cambridge, MA: Harvard University Press, 1993); Bruno Latour and Steve Woolgar, *Laboratory Life: The Construction of Scientific Facts* (Princeton: Princeton University Press, 1986).

9 参见 Luc Boltanski, Yann Darré and Marie-Ange Schiltz, 'La dénonciation', *Actes de la Recherche en Sciences Socials*, vol. 51 (194), pp. 3 – 40; Luc Boltanski and Laurent Thévenot, eds., *Justess et justice dans le travail* (Paris: PUF, 1989)。 117

10 参见 Luc Boltanski, 'Critique sociale et sens moral: Pour une sociologie du jugement', in Tetsuji Yamamoto, Edward G. Andrew, Roger Chartier and Paul Rabinow, eds., *Philosophical Designs for a Socio-Cultural Transformation: Beyond Violence and the Modern Era* (Lanham, MD: Rowman & Littlefield, 1999), pp. 248 – 273; Robin Celikates, 'From Critical Social Theory to a Social Theory of Critique', *Constellations*, vol. 13 (2006), pp. 21 – 40; Wagner,

'Soziologie der kritischen Urteilskraft und der Rechtfertigung'。

11 参见 Robin Celikates 做出的更详细、更翔实的解释，*Kritik als soziale Praxis: Gesellschaftiche Selbstverständigung und kritische Theorie*（Frankfurt / Main：Campus，2009）。

12 Michael Walzer，*Spheres of Justice: A Defense of Pluralism and Equality*（New York：Basic Books，1983）.

13 参见 Judith Stacey，*In the Name of the Family: Rethinking Family Values in the Postmodern Age*（Boston：Beacon Press，1996）；Robert Castel，*Form Manual Workers to Wage Laborers: Transformation of the Social Question*（Piscataway，NJ：Transaction，2002）；Stephan Lessenich，*Die Neuerfindung des Sozialen: Der Sozialstaat im flexiblen Kapitalismus*（Bielefeld：Transcript，
118 2008）。

第七章

作为社会研究的哲学：戴维·米勒的正义理论

如今在政治哲学领域，理论和实践之间的鸿沟，似乎比它长久历史中的任一时刻都更大。一方面，由约翰·罗尔斯开创性的工作所激发的对于辩护正义原则的集中关注，已经达到了前所未有的概念抽象性和伦理普遍性。但是，另一方面，它却失去了影响政治行动者的自我理解和在面对制度障碍及文化挑战时为其提供意见的能力。

鉴于这种在正义的哲学理论和政治实践之间的裂缝日益增长，对戴维·米勒《社会正义原则》的德文翻译必定让人感到十分有益。[1] 尽管最早的版本是十多年前出版的——当时对于社群主义的酝酿确保了正义理论在政治辩论中享有一定程度的共鸣，米勒的目标在今天却可能要比书出版时更重要。牛津大学政治哲学教授戴维·米勒很早就认为自由主义理论的整个架构都存在问题。罗尔斯式的理论并非没有得到强有力的论证或是令人印象深刻地展示其内在一致性；困扰米勒的也不是在对待政治领域中的正义问题时，平等的价值被赋予优先性。相反，使米勒感到不安的是这样一个事实，即平等的价值被有意地应用到了所有社会领域，甚至成了正义观点的整个参照点。米勒感到这些进路通过假设平等是正义的唯一原则，将理论从实践，将正义的观念从先
119 于理论的信念领域中分离出来了。经验性的正义观念不再在哲学理论中发挥作用，因为哲学理论在方法论上排他性地承诺于平等原则。米勒因此认为，正义理论从一开始就忽略了经验现实。正义理论与公共话语失去了相关性，而且也没能应对那些具体的挑战，这都是因为其仅聚焦于单个的原则，而且忽视了在我们的经验中关于正义的信念本质上是分化的。米勒《社会正义原则》一书的真正意图是反击这种倾向，并且提供一个建立在先于理论的信念之上的相反的观念，使之成为正义理论的指导。他处理的是我们日常生活中当涉及为分配问题寻找正义的解决方案时所做出的那些区分，并把他的理论建立在这样一个论点之上，即人们所运用的正义原则不止一个，而是有三个。在米勒看来，能够达到接受者预期的正义理论不能是一元论且只支持单一原则的，而必须是多元的，并且包含着人们自己所主张的三个原则。

一

当然，米勒在用正义原则的多元主义对抗传统自由主义正义理论的一元论时并非孤军奋战。早在 1983 年，迈克尔·沃尔泽的《正义诸领域》一书就提出了一种“复杂的”正义模型，其本质观念在于为每种不同的社会权利与负担赋予一个在其领域内排他性的正当分配原则。[2] 他主要的论点是社会中每一种不同的负担或利益都拥有一个一般性的、可以由直觉确定的意义，而这反过来规定了一种理性的分配方式。在社会学领域，我们在吕克·布尔当斯基和劳伦·泰弗诺的《论辩护》一书中看到了相似的提议，他们发展了一种理念，这一理念认为社会中的每一行动领域都有其给予或否认某些权利的独特标准。[3] 这两位作者的

理念与沃尔泽的区别仅仅在于,分配的特定原则不是由解释学而是由经验确定的。虽然这两条进路很大程度上都同意社会益品(或负担)的多样性必然要求多元的正义原则,但米勒却开启了一条完全不同的进路,这一进路始于这样一个观察,即根据他们所聚焦的关系的具体类 120
型,主体会使用一些截然不同的分配正义原则。

米勒通过回顾关于一般主体面对分配问题时所做出的判断和决定的经验研究,来到了这个出发点。这些经验研究通常是大规模的定量调查,随机选择的不同国家的主体被要求填写问卷,问卷上的问题是关于围绕着益品之正当分配的种种冲突。然而米勒足够谨慎,没有盲目相信这些经验调查,也没有不假思索地把它们作为自己理论的基础。正如他相信一种规范的正义理论有赖于人们关于正义的实际信念的规定,关于正义的社会科学研究也需要哲学理论的帮助。在他这本书的第三章——这一章位于他对经验研究的评估之前——米勒尝试澄清社会科学和政治哲学、对于正义的经验研究和一种规范的正义理论之间的互相依赖关系。在这两个学科日益被科学的专业化和分工分割的时代,第三章显得尤为重要。米勒正确地相信,只要经验研究的分类还没有得到哲学评估,那么它对我们的日常道德规范来说就还是“盲目的”。尽管这种范畴性的前判断并不总是有助于消除在评估经验材料时的所有困难,但是它们将确保与某些行为或判断形式有关的道德辩护模式和非道德辩护模式之间存在清晰明确的区分。解读人们对社会正义态度的问卷的最大问题之一在于,问卷上的答案不能表明受访者是出于恰当的道德考虑还是出于其他社会—技术性的考虑做出的。例如,一种对于平等主义的工资形式的诉求并不必然表达一种社会思潮,而很有可能只是表达了受访者期望生活在尽可能和谐稳定的社会中的欲望而已。为了把这类关于解释的问题减到最少,米勒建议从事经验研究的社会学家诉诸道德哲学和规范性的正义理论。毕竟,这些领域的工作中相当重要的一部分,就在于在积极的道德行为和判断的不同类型之间做出合理且通常是可接受的区分。

因此，根据米勒所言，对正义的经验研究而言是正确的东西，对正
121 义的哲学理论来说也是正确的。正如社会学依赖于政治哲学家的概念解释一样，后者也依赖于前者对日常文化的研究。米勒阐明了他的主张：在规范理论转向了罗尔斯的正义理论之后，它就需要从社会学研究那里得到补充。[4] 对《正义论》的作者罗尔斯来说，虽然他尝试调和他的主要原则与普通公民所持有的关于正义的基本信念，但他对需要探究人们实际信念的经验研究几乎没有表现出什么兴趣。考虑到罗尔斯在辩护过程中所有花费在道德心理学、经济理论和其他学科上的谨慎的努力，经验性的道德心理学的彻底缺席就显得更不同寻常了。虽然他的理论尤其要依赖于借鉴这些研究，但这些研究在他的论证中却没有发挥任何作用。米勒自己并不关心这种引人注目的遗漏背后有什么理由，他只关注这种遗漏导致的理论后果。因为罗尔斯把所有关于人们对正义的日常感受的研究都放到一边不予考虑，甚至都没有对它们加以批判性的关注，所以在忽略所有表象的情况下，他最终在单一的平等价值的基础上建立了作为一个整体的社会正义。米勒认为，如果罗尔斯转而借鉴经验研究，他很快就会意识到，他所描绘的公民心中必需的和正当的正义原则并非只有一个。

米勒先进行了与政治—科学密切相关的方法论讨论，在采纳了这条迂回的道路之后，米勒终于到达了他所要考察的真正对象。正如上面提到的，在一系列使用定量方法并且经常运用文化比较来判定公民真正的正义信念的社会学研究中，米勒为他的论证找到了所需的经验材料。这一艰辛过程的结果被用来充当一种与一般主体的实质性信念更为一致的正义理论的基础。然而，为了做到这一点，米勒不能仅仅满足于对他可获得的材料进行回顾。由于这项研究缺乏哲学上的说明，而米勒认为哲学说明对于他的目的来说是一个必要的准备步骤，所以他必须让这些研究的结果服从于范畴性的检验。米勒成功地通过哲学

重构获得的东西（第四章），与他把对材料的回顾和一种概念性的解释内在地结合在一起的方法，都可以正当地视为是对社会研究和哲学之融合的突出强调。初看之下，各种经验研究的结果似乎是关于各种分配规则之合法性的不同态度的混乱聚合。在问卷的回复中使用的标准 122
似乎不只依赖于被分配益品的类型、需求的紧迫性以及与相应的受益人的亲近度，同时也依赖于一个人对于那个待解决的冲突的介入有多深。无论如何，对经验材料的肤浅观察几乎无法揭示任何系统性的要素，因而无法看出受访者在解决分配问题时是否采用了前后一致的规则。直到米勒开始根据具体的标准对问卷的回复进行分类，将它们分成更大的群组时，这样一种秩序才开始成形。米勒凭借此方法设法处理了杂多的问卷回复，并且逐渐为回答者使用的分配准则注入一些规律性，从而恰当地处理了他所使用的经验材料。

米勒在重构经验材料时所获得的首要的也是核心的发现，与标准的正义哲学理论形成了明显的对比。与认为平等原则支配我们当下的道德文化的那种主张相反，人们似乎在日常生活中使用着差异非常大的分配准则。根据哪种社会关系在给定的分配问题中是相关的，他们在平等原则之外，也让关于需求和应得的规范性考虑发挥了影响。米勒也注意到了，在这些不同原则的多元论中，平等分配的想法仅仅发挥着一个次要的作用。平等分配的想法只有在主体感到公民间的社会关系出现问题时才开始起作用，而在所有其他情境下，需求和应得原则占据优先性。如果我们再进一步分析这些不同社会关系类型之间精细的，然而多半是隐含的区分，那么我们将发现受访者再次将宪政国家领域之外的互动模式分成了两个不同的领域。主体十分有规律地把那些成员在其中共享团结的价值和经验的领域，从被经济目标正当有效性支配下的目的—理性关系中区分出来。鉴于这些差别，受访者一般倾向于在这两个非国家关系中的第一个中使用应得原则，第二个中使用需求原则，就不奇怪了。如果我们处理的是经济活动领域的分配问题，那么一种公正解决方案一般以一个人之前所做的工作为评判标准；如果这样的问题是在团结网络和亲密关系的情境下产生，那么分配的合
123 适标准一般是个体的需求。

当然，在这些区分框架下，也就是说把三个不同的、独立的分配原则给予三个不同的关系情境，米勒必须承认其中还是有许多重叠和模糊的地方。例如，绝大多数受访者都感到，只有在达到了可以保证工人们基本生计的情况下，应得原则才应该被运用到经济生活中。然而，没能达到这个门槛时，他们就偏爱需求原则，这个原则要能确保——以最低工资的形式——基本需要获得满足。受访者经常不确定不同分配原则的不同应用领域间精确的界限在哪里。在这种情况下，典型的伦理冲突经常要通过诉诸社会—技术性的考量才能得到解决。但是多数情况下，米勒发现有一幅图景基本保持不变，那就是相对稳定地划分出来的、各自有独立分配原则的三部分。当涉及公民领域时，平等分配的理念拥有优先性，而应得原则应该支配经济领域，需求原则应该在更小的、整一的价值共同体中占主导地位。

现在，如果把这个纯粹经验性地重构的三分式的区分当作为一种多元的正义理论辩护的充分基础，这就相当于纯粹的实证主义。人们对正义做出了相差无几的相对有区分的判断，而且公民根据社会情境使用不同的分配原则，这不是主张一种三分式的正义理论的唯一理由。[5] 为了从经验事实推进到规范原则，我们在论证时还需要一个额外的步骤，即解释为什么遵循日常公民所做出的道德区分是正确的。我们仍然需要对一个规范性的方面进行简要刻画，这个方面为把有关正义的日常判断事实上的多元论塑造成一种系统的正义论提供了辩护。米勒坦率地承认了这项工作的紧迫性，并在他这本书的第二章——甚至是在呈现经验材料之前——就承担了这项工作。在这里米勒发展了一种正义观念的轮廓，而其唯一的辩护来源就是我们共享的直觉性的信念。

二

隔开一段距离来看，米勒为了避免一种纯粹实证主义的正义理论而选择的策略，让我们回想起了罗尔斯的“反思平衡”的理念。[6]就像罗 124
尔斯通过努力在哲学上证明了的原则与“深思熟虑的判断”的不断变换中寻找平衡点来辩护他理论的有效性，米勒也通过一个反思性平衡的过程来辩护他的观念。唯一的不同在于他的程序中的两个变量不是道德原则和深思熟虑的日常直觉，而是对于正义的实际判断和我们被社会性地证明了的直觉。米勒认为如果经验性的判断与直觉性的，但经过理论清理的信念可以达到和谐的话，那么一种正义理论就将得到充分辩护。因此，米勒相信构成了我们对于社会正义之理解的“语法”的一般假设，必须被描绘为经验社会学发现的对应物。

在米勒重构我们直觉的内核时，他遵循了那个完全经典式的理念，根据该理念，“正义”意味着给予“每一个人其所应得”（*suum cuique*）。与这个观念一致，每一个主体都应以对他或她的个人品质来说是恰当的方式来被对待。所以，正义要求我们应将人们的特殊性纳入考虑，并相应地以平等或不平等的方式对待他们，而不是要求无差别的平等对待。但是如果我们对正义的直觉仅仅在于这一个主要的理念，它们就是没有依据的。我们知道自己应该根据他人各自的特点来对待他们，但是我们没有任何共享的标准来分类和评价这些补充性的要求。在米勒看来，根据我们与他人关系的类型来判断人们的哪些品质与确定正义观念相关，这就弥补了我们直觉性的正义观念中的不确定性。根据把我们和其他公民联系在一起的纽带的本质，正义观念能够正当地对我们提出的要求也会有所不同。“给每一个人其所应得”因此意味着根据规范性的义务对待每一个人，而这些义务正是把我们结合在一起的社会关系类型的特征。

需要再次强调的是，这些言论不是旨在描述我们关于正义的实际信念，而旨在重构我们关于正义的直觉性信念。伴随着这些对社会关系之规范意义的揭示，米勒仅仅是想主张每一个有能力的社会成员，都可以根据他或她所属的社会生活领域直觉地理清正义问题。所以，米勒认为我们都拥有——至少在成年时期拥有——一种共享的语法、一
125 个“道德地图”，来帮助我们区分正义的不同情境。但是对米勒来说，与对话伦理相反，这些情境表明的不是同一个程序的各种不同的应用领域，而是实际上就不同的正义领域。[7] 每一个米勒相信我们能够直觉性地加以区分的社会领域都有其自身排他性的正义原则。对于米勒通过重构我们的正义感所追寻的方法论目的来说，我们在不同领域之间做出的日常的和直觉性的区分几乎必须在本质上就与人们事实上做出的区分相一致。没有这种模糊的和初步的一致性，米勒甚至无法想象把这些重构的正义观念理解为对流行的社会正义观点的规范性辩护。因此，米勒认为我们关于正义的直觉在这三个社会领域中也存在差别，这就没什么奇怪的了。在米勒的解释中，自由—民主社会的成员直觉性地把他们的社会世界分割成三个不同的情境，这些情境根据其中具体的互动关系的广泛程度或伦理色彩的多少而有所不同。米勒把这些关系命名为“人类关系模型”，并把它们区分为“团结”、“工具性联合体”和“公民身份”。在第一个领域中，社会成员在一个共享的信任和团结的“伦理”视域中相互联系；在第二个领域中，每一个人在各自得到的好处中共享一种利益；在第三个领域中，他们共享对他人自主性的法律性的尊重。根据米勒，我们正义观念的“语法”的一部分也是这样一个事实，即互动的每一种形式都由一个规范性地调节相应负担和权利之分配的独立原则的社会有效性所决定。在团结的情境下，支配性的原则是需求原则；应得原则支配着“工具性联合体”；平等原则在公民领域占据主导地位。几乎是同样的区分也出现在经验研究之中——人们可能会对此感到十分惊讶，为了回应这种惊讶，我们必须不断提醒自

己这些考虑究竟具有什么样的地位。通过宣称社会中每一个有能力的成员都能直觉性地认识到这三个不同的正义领域，米勒的目的在于为一个独立的、规范性的正义理论奠定基础，这个基础，通过确立起一种“反思平衡”，应该能够回顾性地辩护在经验研究中观察到的正义观念。

但是即便在我们澄清了这个问题之后，米勒的纯粹重构性的正义理论仍然带来了几个不容易解决的问题。米勒追问，互动领域和分配原则间的紧密联系难道不会让人怀疑他的论证中有一种特定的循环论 126
证吗？毕竟，如果不同的交往领域的特征是共享一种导向，这种导向指向的是已经包含在各自规范性原则中的那些同样的义务，那么道德辩护就会与这些领域的划分相一致，并因此失去独立性。对黑格尔主义者来说，这样的融合没有什么问题，因为他们确信社会正义的原则只能来自对“伦理生活”制度的规范性实践的分析。[8] 但是米勒——他也被认为有黑格尔主义倾向[9]——在他的理论中引入三个独立于经验性互动模式的规范性原则，因此尝试把这些原则理解为凭借它们自身而获得辩护的。他选择用来解释这种独立性的准则是，主体不会犯下“逻辑上的”错误，也就是说他们不会在特定的交往领域中施加一个外部的原则。归根到底，米勒相信，全部的社会实践一同构成了一个领域，这个领域可以在不参照相应的正义规范的情况下得到解释，至少得到初步解释。但是我们还是不清楚米勒是否可以真正主张这样一种存在于实践和道德规范间的“逻辑上的”分离，因为他几乎总是使用包含规范性事态的概念来描述他在自由—民主社会中发现的互动的三种模式，这些概念反过来是从相应的正义原则中借来的。在“团结”的领域，互相信任的感觉保证了每一个成员的“需求性”处于关注的中心；在“工具性联合体”的领域，每个成员都必须为实现共同目标做出各自的“贡献”；而“公民身份”的领域只能通过“平等的”权利和义务规则来界定。这三种情况中的实践，在不使用还未参考相应正义规范的范畴的情况下，是无法被描述的。由于这个原因，虽然米勒认为正义原则可以承担一个分析性的独立地位，从而把交往的领域从道德规范中区分出来，但真实情况要困难得多。

这是一个重要问题，因为它触及了米勒重构性的正义理论的方法论地位。如果三个互动的领域一开始就是被界定了的，比如通过各自的正义原则而被界定，那么就不需要额外的论证来辩护为什么相应的原则在它们被指定的领域中应该是有效的。因为不同的领域恰恰将由各自正义原则的有效性构成，那么就不会出现需要规范性辩护去填补
127 的理论鸿沟。米勒所采用的在实际上重构我们的实践之前提的方法足以辩护如下论点：平等原则、需求原则和应得原则在它们各自的社会领域内是规范性地有效的。如果相比之下，米勒不想主张这样一种社会实践与道德规范的无缝融合，也就是，如果他主张互动领域最初就是独立于相应的正义原则而被建构起来的，那么他必须提出额外的规范性论据，这些论据可以独立地辩护这些原则在这些特定领域中的支配地位。在米勒的研究中很难发现容纳这种论证的理论位置。所以，米勒似乎在对他自己的程序的两种解释间摇摆：一方面，他进行的是纯粹历史性的论证；另一方面，他又想添加规范性辩护。因此，总的来说，在涉及给一种作为经验研究的平衡物的正义理论提供辩护时，米勒的这本书没有做出决断。

与第一个问题紧密相关的是第二个问题，但这是一个米勒自己没有提出来的问题。米勒的论证中不清晰的地方在于他如何获得如下主张：自由—民主社会应该恰好以他描述的三个互动领域为特征。这并不是说这样的三分法式的区分看起来不怎么合理；许多经典的正义理论——虽然我们可能只想到了黑格尔——本质上也都在米勒把他的区分奠基其上的社会关系的三种模式间划出了同样的边界。但是因为米勒把所有的关切都放在了如何在哲学上采纳经验材料，他就几乎没有花精力去辩护这些他区分出来的领域。像哪种类型的互动关系可以在

社会中被区分出来这样的问题，需要通过利用社会—理论的论证来回答。这些互动的模式不是简单地"在那里"，向观察开放；相反，它们有一个先在的历史并且随着时间改变其规范特征和彼此间的关系。如果我们主张有一个"更高"类型的理由在这三个领域的区分中起作用，那我们就只能把这些经验事实放在一边。但是因为米勒避开了这些考虑，而且因为他可能不习惯于按照哲学史来思考，他的三分法式的区分就还是没有得到辩护，并且是脱离情境的（*begründungs-und bezugslos*）。

一旦我们意识到这种区分必然会给米勒带来辩护的规范性负担，这个缺陷甚至就变得更显著了。毕竟，米勒在互动的三个领域间做出 128
的区分似乎为一种辩护人们关于正义的经验判断的正义理论提供了基础，但是为了做到这一点，社会关系的三种模式必定凭借其自身而拥有某种类型的道德合法性。仅仅主张这些领域纯粹的存在是不够的，相反，我们必须表明存在着遭遇它们的良好的、规范性的理由，让我们得以在我们直觉性的社会语法中发现这三个领域的存在。换句话说，米勒必须在回顾性反思时超越他自己的三分法式的区分，以表明每个单独的领域是如何获得道德或伦理辩护的。只有到了这时候，我们才可以排除这样一种可能性，即我们仅仅是出于历史性的偶然原因去捍卫一个与某个领域有关的正义原则。在米勒论证的整个过程中，我们尚不清楚他是否意识到了这种辩护的必要性。在任何情况下，他似乎都有一种倾向，要以偶然的经验事实作为整个正义理论的规范性基础。

反过来，一旦我们把米勒正义理论的真正目的纳入考虑，这些方法论上的关注就大多失去了其重要性。米勒关心的不是非常详尽地阐明辩护一种正义理论的方法论程序。相反，他竭尽全力地要推翻当下流行的正义理论中的一元论，以此来恢复正义理论与政治实践的联系。在米勒理论的核心之处，我们发现了这样一种理念，即我们日常生活中关于正义的信念其特征不是一个单一的原则，而是三个独立自足的原则。而且，捍卫这个主要理念的最佳方法，就是从社会关系的不同模式出发。

三

米勒的这本书最主要的成就无疑是他尝试再次引入两种正义规范——需求和应得——而这两种规范有从更晚近的程序主义的正义理论中消失的危险。事实上，很显然，在某些社会情境下，我们有按照来自我们道德确信的个人需求的标准来分配益品的倾向。这里我们只要考虑家庭或一些小群体的情境，在其中人们并不会在道德上怀疑最饥饿的人在对份额的分配中应当获得优先权。如果这样一种不平等的、
129 以需求为基础的分配原则要在一种程序性的正义理论中占有一席之地，那么在这种情况下，它只能作为一个基于同意的平等原则的例外而得到辩护。所有的参与者因此都被假定为只是考虑到了特定的情况而同意采取不平等分配，同时根本性的平等的条件并未受到影响。米勒提出反对说，需求原则在我们关于正义的信念中拥有一个独立和原初的位置，其地位并不来自对其他原则的"寄生性的"运用。在一个特定的、被定义为更亲近的社会关系类型中，我们根据每个人的需求来给予他或她相应的对待，这在道德上是正确且必要的。当然，这个原则的应用需要预先规定什么可以算作需求以及相应的分配规则要怎么界定。当谈到需求原则时，米勒坚持认为，应该存在一些限制条件，不能把每一种任意提出的需求都视作特殊对待的理由。这类主张只能辩护那些必要的需求，这些需求的满足对于生存来说，或对于一个被某社会的社会文化规范所界定的充分体面的生活来说是必要的。所以，需求原则的有效性被限制在以共享价值为基础的团结所主导的社会情境中。只有在伦理共同体中——在其中成员就哪些属于个人责任的范围以及哪些属于"共同命运"的范围达成一致，根据每个人的需求来相应地对待

他或她的道德规则才能得到应用。毕竟，这样一种原则预设了我们都知道，我们作为一个集体，要在什么程度上对满足每一个人的基本需求负有责任。

这些限制条件很容易给我们留下这样的印象，似乎米勒主张需求原则只在小群体中有效。一旦我们考虑米勒政治哲学的另一个组成部分，就会更清楚地知道，上述说法是不正确的，米勒思考过还要大得多的群体。在比《社会正义原则》早出版四年的名为《论民族性》的书中，米勒开始尝试为民族国家概念赋予一种更积极的倾向性。[10] 米勒怀疑那种把民族国家视作不过是一种令人反感的排他主义的病菌的倾向，因此他力图证明民族归属感是政府推行再分配的必要前提。这个首次把民族描述为一个复杂的团结共同体的尝试，五年之后为第二部书所继承，只不过如今占据了米勒论证的核心的是“公民身份”的概念。[11] 米勒在该情境下发展的论点直接反对自由主义的观念，根据这种观念，对 130
政府中立性的要求需要避免支持一些特定形式的生活或特定的善观念。米勒因此力图表明这种限制在民族国家的范围内是荒唐的，因为民族国家必定认为支持一种相互信任感和共同身份感是它最基本的任务。因此，把公民的政治活动限制在参与每几年一次的投票上就是错误的。相反，我们应该正当地期待所有的社会成员都能积极参与公共讨论，以促进共同问题的一致解决。

这种共和主义式的、当然并非没有争议的公民身份观念，[12] 呈现了一种背景，我们必须在这个背景下才能理解米勒对于需求原则的处理。米勒不想看到这项原则的有效性被缩小到一个小群体的领域之中，因为他相信即便是更大的民族国家也能，至少在原则上，表现为伦理的共同体。如果情况是这样，并且团结存在于共享一种共同民族精神的国家成员之间，那么米勒相信他们将通过在分配匮乏的益品时给予处于需要之中的人以优先性（在上面提及的那个意义上）而主张需求原则。米勒的《社会正义原则》一书中用来说明这个正义原则之地位的例子是健康保险系统。在民族性的团结中，大多数的保险出资者都同意提供保险总额中明显更高的份额给那些处于一种特别极端的需要中的人，这是因为他们的疾病不是由于他们自己的过错而染上的。这类以需求为基础的分配的前提条件是显而易见的，正如米勒也清楚表明的那样：公民之间必须存在共识，能够在人们自己导致的需求与他们对其没有责任的需求之间划出界限。

涉及米勒提议的第二个分配原则时，情况就截然不同了。在米勒看来，应得原则既不依赖于对伦理共同体的预设，也不需要在达成文化共识方面付出太多努力。但是如今要复兴这个原则可不容易，因为许多理论家从根本上反对个人成就可以辩护任何类型的主张这一观点，反而将成就视为偶然赐予的天赋和技能的产物。罗尔斯在《正义论》中发展的论证在这方面就很有影响力。罗尔斯坚决主张“最初的自然天
131 赋以及在早期生活中成长和养育的偶然性，从道德的观点来看是任意的”[13]，在此之后要重新主张应得原则看起来几乎是不可能的。这是米勒在研究中反对的潜在共识；因此，对应得原则的捍卫构成了相当重要的一个组成部分（第 7—9 章），以至于可以将其理解为米勒整个理论事业的核心。

米勒当然意识到了应得原则受困于一系列概念上的模糊性，这些模糊性极大地妨碍了它的运用。但是在米勒看来，将这种复杂性当作把基于成就的分配原则从一种正义理论的议程中完全清除出去的借口，是荒谬的。不仅经验研究证明了应得原则仍在大众关于正义的信念中发挥着一种至关重要的作用，而且米勒也表明了，在某些社会领域中，我们对社会的直觉性的理解给予了这项原则优先性。最后，在米勒研究的第一部分中——该部分为他的研究进路打下了基础，他已经勾勒了这一分配原则支配的领域。在所有社会成员在对益品和服务的生产中彼此相遇的社会关系中，个人成就的规范性原则都是被预设的。因此，最大的困难存在于界定“成就”或“应得”的概念，以消除对于其

纯粹偶然性或任意性的异议。米勒在该书的第七章转向这个任务，在规范性论证和概念性的澄清之间不断变换。当谈到应得的概念时，他确信一个核心要素可以从日常意义的多样性中提取出来，这个要素没有被不能归属于个体成就的任意的要素所污染。米勒思考的出发点是一个观察，即“应得”或“成就”从参与者的角度表达了我们是如何在所谓的“反应性态度”（彼得·斯特劳森）中去回应以某种特别典范的方式执行特定工作的主体的。这种积极的判断的标准存在于工作本身之中，而我们可以用更好或更坏、更合适或更不合适的方式来执行这些工作。此外，这些判断传达了我们的信念，即参与其中的主体已经使出了浑身解数来把工作做到格外地好。如果我们把这两个要素结合起来，就会发现对应得的判断代表了一些道德表达，凭借这些道德表达，个体对特定工作的表现才能被认为是值得承认的；因此，在米勒看来，这些判断提供了主体为什么应该享有更好的对待、益处和权利的理由。 132

如果我们尝试将这种形式的判断运用到作为一个整体的社会中，那么我们将会发现米勒称为“应得原则的道德要求”的东西。当涉及分配益品时，我们无可避免地会更喜欢那些以特别熟练的方式执行重要工作的人。当然，应得原则自身无法决定我们应该把哪些工作纳入考虑以及应该给予哪些形式的补偿。但是一旦做出这种决定的制度性的秩序存在，那么没有对那些我们认为重要的工作上熟练的表现给予相应的报酬，就是违反了正义的命令。而且，米勒表明了对应得原则的应用总是需要我们施加一种“等值原则”，而这种原则要求同工同酬。毕竟，以成就作为给予偏好的理由就反过来预设了同样工作中做出同等表现的每个人都应该被给予同样的报偿。在米勒看来，没有理由把应得原则的应用与平等原则结合在一起。在一个人的生存不会受到威胁的情况下，一种多元的正义理论将根据个人的技能和天分的标准来为职位和社会地位的授予提供辩护。

我没怎么处理米勒为了给予他的正义观念更多的外延而额外呈现

的东西。无论是他关于这三个正义原则怎样相互补充的思考，还是他澄清自己与程序主义关系的尝试，我都没有进行充分讨论。但即便是这个简要的总结也应该足以证明米勒的理论的开创性意义。我们要在社会正义的三个原则之间进行区分，并把它们分配到我们社会的不同领域——有了米勒的这个提议，他就动摇了占主导地位的、程序主义的正义理论的基础，因此促使我们重新思考我们对社会正义的理解。

注　释

1 David Miller, *Principles of Social Justice* (Cambridge, MA: Harvard University Press, 1999). 这一章最初是作为这本书德语译本的导言发表的：
133 *Grundsätze sozialer Gerechtigkeit* (Frankfurt/Main: Campus, 2008)。

2 Michael Walzer, *Spheres of Justice: A Defense of Pluralism and Equality* (New York: Basic Book, 1983).

3 Luc Boltanski and Laurent Thevenot, *On Justification: Econmies of Worth*, trans. Catherine Porter (Princeton: Princeton University Press, 2010). 另见本书第六章。

4 John Rawls, *A Theory of Justice* (Cambridge, MA: Harvard University Press, 1999).

5 这一点在 Adam Swift 的这本书里得到了很好的发展：'Social Justice: Why Does It Matter What the People Think?', in Daniel A. Bell and Avner de-Shalit, eds., *Forms of Justice: Critical Perspectives on David Miller's Political Philosophy* (Lanham, MD: Rowman & Littlefield, 2003), pp. 13 – 28。

6 Rawls, *A Theory of Justice*, pp. 18, 42ff.

7 Rainer Forst, *Contexts of Justice: Political Philosophy beyond Liberalism and Communitarianism* (Berkeley: University of California Press, 2002).

8 Axel Honneth, *Suffering form Indeterminacy: An Attempt at a Reactualization of Hegel's Philosophy of Right*, trans. Jack Ben-Levi (Amsterdam: Van Gorcum Ltd, 2000).

9 Daniel A. Bell and Avner de-Shalit, 'Introduction', in Bell and de-Shalit, eds., *Forms of Justice*, p. 2.

10 David Miller, *On Nationality* (Oxford: Oxford University Press, 1995).

11 David Miller, *Citizenship and National Identity* (Cambridge: Polity Press, 2000).

12 见 Erice Benner, 'The Liberal Limits of Republican National Identity', in Bell and de-Shalit, eds., *Forms of Justice*, pp. 205 - 226; Daniel Bell, 'Is Republican Citizenship Appropriate for the Modern World?', in Ibid., pp. 227 - 247。

13 Rawls, *A Theory of Justice*, p. 274. 134

第三部分

社会的和理论的应用

第八章

国家间的承认：论国际关系的道德基底

从一个日常的、非理论性的观点来看，我们似乎理所当然地认为，在以相应的措施诉求承认时，国家行动者们通常坚持要求其他国家尊重他们所代表的共同体。在日常的讨论中，我们很容易同意，不把争取承认考虑在内，就无法理解例如巴勒斯坦的政治领袖的行为；我们也很容易同意，俄罗斯的政府已经在不遗余力地迫使西方国家更多地考虑俄罗斯的利益；又或者在乔治·W. 布什当政期间，西欧的政府利用外交关系和外交策略从他们的美国盟友那里重新获得尊重。[1] 初看起来，“承认”这一范畴在国际关系中的这些应用当然并不显得令人意外。毕竟，在近来黑格尔承认理论的复兴背后更重要的动机之一，就是希望在分析集体行动者和社会群体的行为时回到一种更强的道德词汇中去，从而把这个行为从纯粹目的理性的、策略性行动的主导范式中抽取出来。[2]

但是在《法哲学原理》中，黑格尔已经拒绝把“为承认而斗争”的概念应用在国际关系中，至少拒绝应用在“文明国家”的例子中。相反，他力图按照民族国家在被普遍接受的国际法框架内的自我确证（self-assertion）来描述国际关系。他把争取承认和尊重的观念留给了更不发达的和未被承认的国家，这些国家为获得尊敬和荣誉做出的努力一直
137 未能成功；同时，那些西方的文明的宪政国家则仅仅以福利最大化和维持国家安全这样的目的作为指导。[3] 这就是过去几十年里国际关系的主导理论所采纳的图景。在不谈及黑格尔的情况下，这一理论坚持认为，从它们的独立在国际上得到承认的那一刻起，国家政府本质上的目的就在于维护它们作为民族国家的利益，因此通常对国际上的尊重和承认这些事情不感兴趣。一个重要的鸿沟因此横亘在了我们的日常直觉和主导理论之间，而这个鸿沟显得很难跨越。当我们更加理论化地解释国家行为时，我们承认国家的活动只能按照目的理性来解释，而我们的日常直觉却也解释了诸如争取承认和尊严被侵犯等类道德的（quasi-moral）动机。

但是，这些直觉通常经不起学术模型的考验。国家行动者和政府仅仅对集体性的自我确证感兴趣，这一观念有如此强大的暗示性力量，以至于我们很快抛弃了我们的日常直觉，从而支持纯粹物质性动机这一标准方案。从这个观点来看，我们曾经假定是由不受尊重感或者对承认的渴望所刺激的行动，现在看来体现的仅仅是被象征意义掩盖起来的行动，而这一行动实际上是由国家利益所激发的。这首先提出了一个纯粹经验性的和描述性的问题：对于解释政治紧张、冲突和战争而言，以目的理性来解释行为的主导范式是一个适当的模式吗？从我们日常直觉的观点来看，我们反而不得不追问，为了解释一般性的外交政策和特殊的国际上的敌对状态，我们是否需要考虑更原初的（*originär*）动机，例如对承认和尊重的渴望。对这些问题的回答有着不能被排除在描述之外的、我们难以看透的规范性含义，因为我们对国际关系的解释越强调个别国家对承认的争取，看起来我们就越不得不承认这些国

家并不忽视其他国家的政治反应，因而这些国家潜在地意识到这个事实：他们的集体认同必须在国际上是可接受的。即使我们观点上的这个转变不能产生任何直接的行为指导方针，它也确实强烈地暗示了，在国际冲突中，相对于军事实力或者“硬实力”，我们应该更偏好“软实力”。[4] 因此我们选择的解释框架和我们对国家在国际紧张、分歧或冲突的情况下应该如何行动的规定密切相关。取决于我们强调国家自我确 138
证的方面还是争取国际承认的方面，我们关于国家应该如何行动的规定的规范性视域也会相应地改变。

在下文中，我将做出一些初步的、探索性的努力来回答这些问题。首先，我将解释为什么我们应该更加注意国际关系中的承认维度。这涉及对于描述国际冲突和紧张而言适用的纯粹描述性的范畴工具（一）。其次，在我们如何理解和解释国际关系方面所提出的这一范式转换，我将提及它的一些规范性后果。因为我缺乏对这个议题的熟悉度，我将不得不把自己限定在一些初步的考虑上，虽然如此，显然的是，通过强调国际关系中的承认维度，我们对世界政治的道德观点还是会有显著的改变（二）。

一

把承认的范畴运用于国际关系时，我们在寻找一套恰当的理论词汇时遭遇的障碍揭示了我们所面临的主要困难。一旦我们尝试为国家行为中包含的尊重维度赋予一个名称，我们就会发现仅有的可供我们使用的术语都负载了太多心理上的或者智力上的含义。我们有些尴尬地谈论争取承认或是对尊重的需要，即使我们知道这样的心理概念并没有恰当地把握住我们当前的这个议题。而一旦我们仅仅把承认的概念从人际层面转移到社会群体或者社会运动的行为上，我们似乎就没有任何术语上的问题了。在这种情况下，我们把一个给定共同体的集体认同视作个人同一性或是与自我的关系(relation-to-self)在更高层次上的等价物。因此,当个人或群体为了获得承认而斗争时,我们就对“为之斗争的是什么”有了一个相对清晰的描述。因此,当谈到少数族裔为了他们的集体认同能够得到法律的尊重和社会的承认而斗争时,一种“承认的政治”的概念是从来没有任何问题的。这些斗争的起点存在于排斥、侮辱或不尊重等他们共有的经历之中,这些经历激发这样一
139 个群体的成员团结起来,并为法律的或文化的承认而团结一致地斗争。[5]

但是一旦我们从群体斗争的层面转换到国家间的关系上,这样的概念转移就变得更加困难了,而且会产生更广泛的概念上的问题。在这里我们不能再谈论集体认同,这尤其是因为种族亚群体和文化亚群体的显著增加已经开始永久地消除一种幻觉,这种幻觉认为全国范围内的全体民众都是同质化的。即使是在民族国家的观念由于历史原因而获得了立足之处的地方,国家机器也不能被视作一个集体认同的执行机构,因为它所要执行的那些任务——提供安全保障、维护权力和确保经济协作,都遵循它们自身的一套规则(*eigengesetzlich*)。不仅政府的任务要根据不同的政治组织整体形式而改变它们的形式,描述这些任务的方式也要根据我们所采用的理论而改变。我们会发现在对政府的任务的描述中存在很大的差异,而这些差异取决于自由民主国家的功能被认为是对全体民众的“生物政治的”(biopolitical)管理,还是创造与国家安全的要求相容的社会正义的条件。但是即使超越了这些属于政府形式的差异或是用于描述的理论体系的差异,仍然有一个不争的事实,那就是国家的外交政治功能不能仅仅被视为一个负责表达集体认同的服从性的机构。相反,国家也服从于从保护边境、促进经济福利和维护政治安全这些任务中派生出来的强制和命令。因此,我们不能仅仅转移承认的概念,并且声称只要是集体认同存在的地方,就必然也有为承认的斗争。首先,服务于政治控制(*Steuerung*)这一功能的命令和对权力的维护会在这两者之间进行干预:一方面,是一个民族假定具

有的，使其自身的认同得到其他民族国家尊重的需要，无论这认同有多么支离破碎；另一方面，是国家行动者的行动。因此对于描述国际关系来说，当我们谈论“努力”、“需要”和“感觉”时所使用的心理概念是不恰当的。国家行动者并没有精神态度，而只是代表了负责执行那些在政治上被决定了的任务的官方机构。

当然，在理论层面上，有一个应用于国际关系中的“承认”的概念。
根据国际法的法令，一个政治上组织起来的共同体只有凭借其他国际 140
上“公认的”国家的承认，才能获得合法的存在。外交政策的一个主要任务因此就在于审查一个自视为国家的特定的共同体，看它实际上是否达到了一般界定的成为一个“国家”的先决条件。[6] 汉斯·凯尔森坚持认为这种法律性承认的行为必然是一种互惠的行为，因为一个新近被承认的国家只有反过来承认那些给予它承认的国家，才能被视作一个国际共同体的有充分资格的成员。只要一个国家没能回报那些给予它的承认，这个国家在国际共同体内的诞生就是不完整的，因为这个国家还没有证明它有能力成为一个合法的国家共同体中的一员。[7]

但是，同时凯尔森也强调，在国家间的承认行为中，一个政府仅仅是正式地注意到或者认识到一个经验性现实，而不是对那个国家传达了它的尊重。如果一个国家在国际法的框架内承认了另一个政治共同体，这只是意味着作出承认的国家把那个被承认的国家视作已经满足了国家地位所需要的条件。因此这种承认不是规范性的，相反只是表达了一个国家对一个给定事态的认识：“法律性的承认行为是对一个事实的确立；它不是对一个意愿的表达。它是认识（cognition）而不是承认（re-cognition）。”[8] 为了在这个术语的真正意义上谈论国家间的“承认”，凯尔森主张必须存在一定的决策空间。这不涉及考察一个既成事实（*fait accompli*）以便或许能得出一个国家应得承认的结论；相反，国家不得不做出的决策是关于这个问题的：是否要接受更热切的和更友好的关系。根据凯尔森，只有在这第二个阶段我们才能正当地谈论国家间的承认行为。这涉及的不是一个国家认识到一个经验事实的后果，而是一个政府自由地决定和另一个国家进入一段积极的关系。为了强调其特征，凯尔森把这些承认的行为称为“政治的”。通过一个政治的承认行为，一个政府表达它把另一个国家视为国际共同体的一个平等成员的意图。虽然凯尔森主要聚焦于外交关系和贸易协议的确立，他的这个关于概念的提议还是为我们在理论层面探求上述机制提供了一把钥匙。显然，当我们谈及国家间的承认、不尊重和侮辱时，我们所指的内容和凯尔森在谈及“政治的”承认行为时想到的内容是在同
141 一个层面上的。[9]

为了更好地把握这个议题，我们不得不迈出的第一步是强调约束国家行动者行为的合法性来源。不考虑它们这样做的方式是否符合假定的全体民众的期待，国家行动者就无法追求它们的外交政治目标。即使只是为了证明政府的执政能力，一个政府捍卫国家安全，政治影响力和经济繁荣的方式也必须依赖于这个国家的公民的同意。外交政策中的合法性甚至对非民主的政治制度来说也是必不可少的。即使在威权主义国家或者独裁国家，例如伊朗，统治者和政治精英通常也知道他们的权威完全依赖于对他们的行动的公共同意的程度。我们可以推定，不考虑那些可能使他们产生分歧的文化、种族或者宗教差异，一个国家的公民都非常热衷于看到他们的国家得到其他国家应有的尊重和敬意。其他共同体的政治代表要去承认的是一个共同体把它的自我形象建立于其上的那些东西——它在过去克服的那些挑战，它抵抗威权主义倾向的能力，它的文化成就，等等。[10] 我们一定不要犯下这样的错误，即立刻把这些渴望和民族主义或者某种至高无上感等同起来。这不仅仅是因为一个以国家形式组织起来的共同体已经无法在历史或者种族的共性中找到它的集体认同了，[11] 也不仅仅是因为任何这种追求至高无上性的意志都和文化全球化的过程背道而驰。更确切地说，是因为构成了一个国家的自尊的对国际承认的渴望，根本上指向的是对

其他国家的包容而不是排斥。关于这种渴望，可以找到这样一些平凡的例子：当他们的主队从一场国际体育赛事中带回一场胜利时，整个国家的民众都会被笼罩在盲目的兴奋之中，又或者一个国家的公民会带着朴素的自豪感，试着让来访者注意那些为这一共同体的过去带来荣光的文化成果。这既不是民族主义，甚至也不是宪政爱国主义（*Verfassungspatriotismus*），因为它既没有妖魔化其他民族，也没有赞美它自己的民主体制。相反，这代表了对一种集体承认的形式的争取，没有这种集体承认的形式，集体认同就无法以一种明确和完整的方式得到维持。

一个国家的政治代理人在外交政策中必须尊重的正是这种由一个 142
国家的全体民众表现出来的共同期待。为了证明他们的行动是合理的，他们明白在执行那些由他们的职责所规定的任务时，必须恰当地展现出那些让自己的国家显得值得被承认的特点。因此，为承认而共同斗争不只是一个国家的全部任务范围内的某个特定的功能；相反，当政治代理人履行那些由国家的宪法指派给他们的任务时，它影响着他们履行这些任务的方式，并构成了其基础。

为了理解国家行动者在这个背景下所面临的选择，我们需要做进一步的分析。我们需要对那必然围绕着全部国家行为的意义的象征性视域有一个清晰的描绘。政治手段和政治行动有一系列的意义，这些意义超越了那些被明确阐述的内容，并通过执行这些手段和行动的方式传达出来。其中包括使用某些很容易理解的隐喻、历史性的仪式，甚至是在高峰会议和其他政治活动上对面部表情和手势有意的操纵。这些都是国家行动者能够使用的象征符号武器库中的工具，通过这些工具，国家行动者能够有意地传达一些信息，这些信息超出了他们的官方公报中的“正式”内容。[12] 许多凯尔森称为“政治承认”的行为很可能就是在外交政策的象征性表演中发生的。许多叙述意在提升自己国家的集体认同，或是表达对另一个国家民众的成就的尊重，但这些叙述通常不是某个特定的政治交易中明确的一部分，而是包含在这些政治交易被决定和呈现的方式之中。当然，总是会有这样的例子，在这些例子中，政府的代表明确地对另一个国家国民的文化表达一定程度的承认，并且在这样做时，他们相信自己是在以符合他们本国政治氛围的方式行动。一个显著的例子是奥巴马总统 2009 年 6 月在开罗大学的那场令人震惊的演讲，这场演讲面对的是许多来自伊斯兰世界的政界和知识界代表。从以阿拉伯人的方式向观众致意，到他反复提到的伊斯兰的文化成就，他的整个演讲都在努力消除布什执政期间给许多阿拉伯国家造成的轻蔑印象。但是一个政治行动者明确地要求对他或她本国民众的集体认同表示尊重是相比之下更少见的。希望维持一种自己的国家不受其他国家看法影响的形象，旨在避免公开场合的难堪，以及外交
143 会见中的礼节，这些通常都阻止着一个民族的政治代表直接而公开地表达本民族渴望获得对它的集体认同的承认。国际关系的这个承认的维度因此通常是以间接而象征性的方式表达出来的。用来表示一个国家对自我确证感兴趣而上演的行为，其实隐含地传达了一次精打细算的博弈，在这场博弈中，尊重和不尊重、对承认的渴望和对羞辱的体验得到了表达。

因此，把属于策略性维度的自我确证和属于规范性维度的承认区分开来是有问题的。在他们和其他国家的交涉中，为了在随后给予或者撤回承认，政治行动者一开始并不会追求像维持权力和最大化福利这样纯粹目的理性的目标。相反，国家总是在一个规范性期望的视域中界定它们的利益，这些期望是他们推测本国的公民所具有的，而这些期望的形式是一种广泛散布的，对他们自己或者其他共同体集体认同之承认的渴望。因此，一开始就假定政治行动者在一个最初的、单独的层面上有纯粹策略性的意图和盘算，这是错误的。不考虑他们可以推定的，就本国全体民众作为一个脆弱的集合体而言对承认的需要，以及一群同样千疮百孔的外国民众所怀有的对道德补偿的需要，国家行动

者就不能明确地表达这些利益。因为政治代表必须作为他们各自国家全体公民的愿望和感受的解释者来行动,才能维持合法性,所以国家间所有的接触和关系都要忍受由于对承认的冲突而产生的道德压力。这类议题——需要在全世界心目中有一个恰当的自我形象,抵御集体性屈辱带来的羞耻感以及希望对不公正的行为作出赔偿,在一定程度上决定了外交政策的执行,但要分析性地鉴别出其影响的程度则是不可能的。

但是,所有这些都仅仅和描述层面的国际关系分析有关。当谈到解释国际关系时,先假定有一组排他性地涉及一个国家对自我确证之渴望的利益,只是为了随后增加一种广泛散布的对承认的"需要",这是不明智的。相反,国家行动者根据他们如何解释全体公民对承认的渴望,来界定他们所认为的对维护国家而言必要的东西。自然,统治者或者国家代表在这样或那样解释这些郁积的、各异的而且几乎没有被组织起来的情绪上有一定的余地,那就是要么强调公众情绪中和解性的成分,要么强调公众情绪中有敌意的成分。只有在民主国家,在这些国 144
家中宪法本身是基于原则的对民族国家认同的解释,统治者才不得不在履行对承认的共同斗争时服从特定的指导方针。但是没有哪个国家的政治行动者能够完全忽视全体民众对他们的集体认同的需要,因为这将意味着拿全体民众的忠诚来冒险。因此,当政治代理人解释和执行被赋予他们的职能时,必须总是考虑到他们的公民对其他国家的行为的期望。像黑格尔这样的作者,拒绝承认在文明国家的例子中,外交政策和对承认的共同斗争之间有这样一种联系。这些作者没有清楚地把握住保护合法性之需要的重要性。相反,他们相信在解释国际关系时可以忽略从集体认同中浮现出来的道德要求,因为他们拒绝承认即使是现代的、功能已经分化的国家也依赖于公民的同意。

如果我们寻找近年来的一些例证,我们会同时找到许多正面和负面的例子。在这一范围内负面的那一端,我们会发现,不涉及由于《凡尔赛条约》在德国民众当中产生的广泛散布的集体性的屈辱感，纳粹主义的领土扩张政策就无法得到解释。这些情感甚至渗入了对外部敌人的定义中。在这种情况下，把握全体民众当中那些广泛散布的情感，并把它们集中在后凡尔赛时代的国家屈辱感中，因此为那些出于补偿和复仇的侵略性政策创造辩护——不涉及这种成功的企图，就几乎不可能考察纳粹的外交政策。[13] 而在这个范围内正面的那一端，我们可以援引非常新近的例子：新任美国总统与世界其他国家和解的努力。不把它们视作克服美国民众当中一种广泛的孤立和羞耻感的尝试，我们就无法充分解释这些努力。当然，这些都是以政治为中介为承认而斗争的极端例子。在第一个例子中，政治统治者构建了一种辩护的叙事，这一叙事以公民当中一种广泛散布的情绪为基础，让统治者得以从事一种征服和复仇的运动。在第二个例子中，一个有着令人印象深刻的修辞技巧的民选总统，诠释了多数派那种令国家瘫痪的不满，让他得以正
145 当地对那些当前与之敌对的政府做出和解的姿态。这两个例子，不管有多独特，清楚地说明我们不能把一个国家的外交政策目标与国家的集体认同相应的需要分离开来。国家回应彼此的方式，和他们彼此之间维持的各种各样的关系，源于双方带来的利益和价值的融合。这种融合在于对外交政策目标的揭示，而这一揭示是从结合成一个全体民众的假想的共同体的角度做出的——这个共同体被解释为一个正在争取承认的集体。因此，心理学术语终究还是有了一席之地——不是作为我们理论语言中的一个组成部分，而是作为政治现实语言中的一个对象。而且在这种现实中，国家行动者必须使用那些既和争取承认相关，也和历史性的屈辱相关的概念来解释全体民众的情绪。

同时，这两个例子所阐明的道德光谱清楚地展现了对集体情绪的政治动员可以有多少不同的方向。渴望拥有被其他民族承认的、属于自己的集体认同，既可以用来合法化一种侵略性的征服政策，也可以用来合法化一种缓和局势的和解政策。这提出的不再仅仅是描述性的问

题，而是触及了一种国际关系理论的规范性维度。

二

在我看来，对于这种在国际关系的动力学中扮演了构成性角色的承认，我们无法再进一步区分其类型了。不像社会群体或者社会运动，利用他们自身的陈述，我们就可以得出他们渴望何种特定类型的承认的结论，国家性的集体其形态太不固定，以至于我们无法做出可比较的区分。相反，我们必须满足于这样一个相对模糊的假定，即民族国家的成员通常对其集体自尊得到其他国家的尊重，以及让他们共同的文化和历史得到承认，有一种广泛的兴趣。在各种不同的承认模式之间做出的区分，例如在主体间关系的领域做出的那些区分，[14] 对作为整体的民众来说似乎是不恰当的。我们几乎不可能说出这些民众是在争取对善意的表示，法律性的平等还是对方心目中的尊重，因为他们中的个体成员的动机太过分散，而且他们的目标没有被充分地整合在一起。无 146
论如何，当涉及解释国际关系时，这样的区分都只发挥着非常微弱的作用。真正决定性的并不是特定的民众"实际上"在争取的承认的类型，而是政治行动者如何解释本国民众各自的情绪。总是影响着外交政策目标的，在全体民众当中对一个集体性的"我们"的意识，不是一个经验的量而是一个假设的量。当这些杂乱的、推测性的期望与情绪形成了一种集体叙事，这种叙事使得一种特定的国际关系立场，由于过去的屈辱或者对承认的渴望而显得正当时，这种意识就出现了。[15]

这种辩护的叙事为我们提供了一把钥匙，让我们得以回答在塑造国际关系时产生的规范性问题。[16] 毕竟，国际关系的形态决定着改变这些关系的机会，而对这些关系的改变是为了减少军事冲突并改善和平合作的前景。一旦我们避开了一种国际关系理论中的描述性问题，并转向由这些关系引起的规范性问题，我们就必须采纳一种不同的视角来看待世界上那些现存的冲突。我们不再追问如何恰当地理解国家间的冲突，而是要问为了降低这种冲突的可能性，使更和平的国际关系变得更加可能，应该采取什么措施。但是这第二类问题不能完全和第一类分开，因为只有恰当地理解了国际冲突的原因，我们才能设想克服当前事态的解决方案。我们的规范性考虑和乌托邦的设想[17]中的“现实主义”会随着我们假设的正确性而增强，这些假设是关于国家行动者和政府如何规划和打算他们与其他国家的关系背后的那些考虑的。我在文章第一部分发展的那些理论假设，在经验的真实性和规范性的考虑交接处扮演了一个关键角色。如果国家确实只能借助于一种辩护的叙事，这种叙事可靠而令人信服地解释了全体民众在集体自尊方面的兴趣，才能界定他们的国际关系，那么一旦我们力图减少国家间的冲突，在国际关系层面关于承认的“政治”关系就间接地具有了决定性的重要性。

这个基本的规范性观念产生于这两者之间的紧密联系：一方面是
147 集体性的情感，另一方面是政治性的辩护叙事。国家行动者只能通过根据一些解释来考察全体公民对安全和繁荣的基本欲望，才能揭示和界定外交政策的目标，而这些解释构成了对全体民众那些分散的期望的叙事性整合。同时，这些解释只受到非常有限的限制，因为对集体性情感的一种概述性的建构，对于解释全体公民实际的、被假设为分散的那些期望而言，必然无法被证明是完全恰当和令人信服的。只要全体民众有理由感觉到他们的集体自尊被其他国家的行为侵犯或侮辱了，意在为一种敌对性的和侵略性的外交政策辩护的叙事就能保持完好。如果没有证据证明这样的不尊重确实存在，那么屈辱感和贬低感就无法在公民们于其中行动的、支离破碎的公共领域中传播，而且当下的那些叙事将很快失去可信度，因此无法再发挥这种合法化的作用。对于侵略性的外交政策而言是真实的东西，同样适用于自愿合作与和解的外交政策。只有当自己的集体自尊不受其他国家尊重的感觉没有占据上风的时候，一种支持这种合作与和解行为的叙事性解释才能得到维持。在这两种情况下，那些带着兴趣和怀疑留意着其他国家释放的信号的，一国民众的集体情感，对于外交政治辩护叙事的成功而言，将被证明是决定性的手段。全体公民中广泛散布的情绪和对政治行为的正式辩护之间的距离越遥远，政治行动者就越难维持他们的外交政策目标。因此，我们可能会说，国家以间接的方式共同决定了其他国家的外交政策，因为他们用以向其他国家传达尊重和承认的象征性手段，构成了一种影响其他国家公共舆论和公众情绪形成的工具。

这些考虑已经让我们在回答手边的这些规范性问题上走了很远。我们可以看到，一个国家的全部外交政策都来自对于利益和价值的具体解释。这种解释必须和对于国家功能的一些要求相协调，这些要求包括在考虑公众对于其他国家承认其集体认同的期望的情况下，最大限度地增加安全和繁荣。出于这个理由，国家行动者和政府必须根据那些历史事件和插曲，把他们的行为建立在意在辩护的叙事之上，并以合作性的或侵略性的方式追求国家利益。但是，同时我们看到，国家也对其他国家如何合法化它们的外交政策施加了间接的影响，因为它们 148
能够影响外国的公共舆论和公众情绪的形成。用来表示承认或不尊重的各种各样的手段，通过展示对其他国家的集体认同的不同观点，可以在这些国家引起对本国的辩护叙事的怀疑。这些手段破坏了国家行动者的自我辩护和全体民众政治意愿之形成的关系；通过可靠地表达尊重和承认，他们尝试说服另一个国家的全体公民怀疑政府的辩护叙事。虽然国际关系的历史中充满了这种行为的例子，它们在理论中却只发挥了非常微弱的作用。因为国际关系理论把国家的活动主要解释为目的理性的行为，它缺少能够恰当安置国家间的承认关系这一情感性维度的概念框架。在规范性的层面上，这种程序性的不足又返回来困扰着理论，这种不足在于缺少对于减少敌对性冲突和扩展和平合作关系的机会的设想。相反，这种理论把自己限制在国际法之下的妥协与协议中，即使国际关系的历史教育我们，其他国家所给予的集体性的承认感或屈辱感扮演着更重要的角色。

持续不断地努力传达对其他国家的集体认同的尊重与尊敬，是通往文明的国际关系的主要道路。甚至是在旨在促进和平的法律协议发挥作用之前，以及对外交关系的培养与经济协议能够减少国际紧张之前，我们都需要一些公开可见的信号，这些信号表明在世界不同民族的不和谐声音中，其他国家的历史和文化值得被倾听。只有通过这样的越过政府代表和政治代理人首脑的承认，我们才能确保其他国家的公民不再相信政治精英的妖魔化行为，并开始相信对方是尊重他们的。国际关系的历史中有足够多的例子可证明，对这一规范性原则的违反只是提高了国际冲突的危险，而对这一原则的显见的尊重则降低了这种冲突的潜在可能。维利·勃兰特著名的“华沙之跪”（*Warschauer Kniefall*），也就是他在华沙犹太区起义烈士纪念碑前下跪的行为，是一个全世界都看得见的姿态，这一姿态让波兰政府几乎不可能再复活那
149 一度盛行的、对德意志联邦共和国的偏见与怨恨。[18] 欧洲（尤其是德国）忽视塞尔维亚人与纳粹艰苦而坚决的斗争，这为一个致命性的政策扫清了道路，这一政策就是过于轻率地给予那些单独的前南斯拉夫国家（克罗地亚、科索沃）以国际承认，让塞尔维亚政府被迫陷入越来越严重的孤立之中，因此最终增强了塞尔维亚公众当中的极端民族主义叙事。[19] 对于巴勒斯坦民众的耻辱性处境，国际主导国家所表现出来的缺乏同情，甚至可能是完全没有支持，持续刺激着局势，使得当地统治精英向以色列复仇的幻想能够得到更低下和穷困的阶层的共同支持。[20]

我们很容易拓展这一系列的例子。我们可能会想起近些年来源源不断地加入伊斯兰恐怖组织的新成员，这有助于我们理解一种未能给予其他民族承认的政策会有什么影响，以及一种越过国家权力机构首脑的承认行为会有什么影响。迈向国家间的和解，发展和平与合作性关系的第一步，总是在于使用像尊重和尊敬这样的软实力，这向他国的

全体公民表明他们的文化成就绝不是劣等的，而且他们能够期待其他国家同情他们的苦难。我们越是明确地表示这样的承认，这种表现对其他民族来说就越是可见，而我们也就越能引起对那些被用来为敌对性反应辩护的妖魔化行为的质疑。为了抵消其他国家的妖魔化行为和怨恨，一个国家可以使用的最好的手段就是释放全世界可见的清晰信号，表明把其他国家的全体公民纳入国际道德共同体的意愿。

当然，对于为国际合作创造一个坚实的基础而言，这些政治性承认的象征符号仍是不够的。我们需要继续努力，克服那些产生于集体性屈辱体验的抵制派的（rejectionist）态度，通过采取契约性的协议去削弱那些根植在历史中的、长久以来被利用的妖魔化行为，这些协议保障了和平的关系和长期性的安排，而这些安排涉及如何协作努力去迎接共同的挑战。在这种协作的基础上会产生更稳定的跨国共同体网络，[21]就像我们可能在欧洲一体化进程中找到的那样。[22]但是在这种离心化的国家政治发生之前，不同国家的公民一定要有承认彼此文化成果和历史成就的经历，两者共同构成了他们集体自尊的条件。一种政治理 150
论如果不能从概念上理解这种跨国信心建构的情感根源，也就无法恰当地设想文明的世界政治的规范性条件。因此，我们是时候采用新的观点来看待国际关系了——这是一种和黑格尔以及追随他的政治现实主义者不同的观点。

注　释

1 我举的这些例子来自 Reinhard Wolf, ‘Respekt: Ein unterschätzter Faktor in den internationalen Beziehungen’, *Zeitschrift für Internationale Beziehungen*, vol. 15, no. 1 (2008), pp. 5 – 42。

2 Axel Honneth, *The Struggle for Recognition: The Moral Grammar of Social Conflicts*, trans. Joel Anderson (Cambridge: Polity, 1995), ch. 8.

3 G. W. F. Hegel, Elements of the Philosophy of Right, trans. H. B. Nisbet (Cambridge: Cambridge University Press, 1991), §§ 338 - 352.

4 这些术语来自 Joseph Nye, *Soft Power: The Means to Success in World Politics* (New York: Public Affairs, 2004)。

5 Charles Taylor, ed., *Multiculturalism* (Princeton: Princeton University Press, 1994); Jürgen Habermas, 'Struggles for Recognition in the Democratic Constitutional State', in ibid., pp. 107 - 148; Axel Honneth, 'Redistribution as Recognition: A Response to Nancy Fraser', in Nancy Fraser and Axel Honneth, *Redistribution of Recognition? A Political-Philosophical Exchange* (London and New York: Verso, 2003), pp. 110 - 197.

6 见 Hans Kelsen, 'Recognition in International Law: Theoretical Observations', *The American Journal of International Law*, vol. 35, no. 4 (October 1941), pp. 605 - 617。

7 同上书, p. 609。

8 同上书, p. 608。

9 关于国际关系理论中的这个观点, 见 Wolf, 'Respekt'; Jürgen Hacke, 'The Frankfurt School and International Relations: On the Centrality of Recognition', *Review of International Studies*, vol. 31 (2005), pp. 181 - 194。

10 John Rawls, *The Law of Peoples* (Cambridge, MA: Harvard University Press, 2001).

11 Jürgen Habermas, 'Historical Consciousness and Post-Tradition Identity: Remarks on the Federal Republic's Orientation to the West', *Acta Sociologica*,
151 vol. 31, no. 1 (1988), pp. 3 - 13.

12 Murray Edelman, *The Symbolic Uses of Politics* (Urbana: University of Illinois Press, 1964). 对于这本书的一篇评论, 见 Axel Honneth and Rainer Paris, 'Zur Interaktionsanalyse von Politik', *Leviathan*, vol. 7, no. 1 (1979), pp. 138 - 142。

13 Patrick Cohrs, *The Unfinished Peace after World War I: America, Britain and the Stabilization of Europe*, 1919 - 1932 (Cambridge: Cambridge University Press, 2006). (我转引自 Volker Heins。)

14 *Struggle for Recognition*, ch. 5.

15 对于这种建构的逻辑, 见 Benedict Anderson, Imagined Communities:

Reflections on the Origin and Spread of Nationalism (London: Verso, 1983)。

16 关于"辩护的叙事"的概念，见 Rainer Forst and Klaus Günther, 'Über die Dynamik normativer Konflikte: Jürgen Habermas' Philosophie im Lichte eines aktuellen Forschungsprogramms', *Forschung Frankfurt*, vol. 2 (2009), pp. 23–27。

17 Rawls, *The Law of Peoples*, § 1.

18 对于这个的分析，见 Christoph Schneider, *Der Warschauer Kniefall: Ritual, Ereignis und Erzählung* (Konstanz: UVK Verlagsgesellschatt, 2006); Michael Wolffsohn and Thomas Brechenmacher, *Denkmalsturz? Brandts Kniefall* (Munich: Olzog, 2005)。

19 尽管彼德·汉德克对前南斯拉夫的战争的论述有他的个人风格和夸大其词，他关于西欧国家缺少对塞尔维亚人的苦难的尊重的评论仍然是令人信服的。

20 'Suicide Bombers: Dignity, Despair and the Need for Hope. An Interview with Eyad El Sarraj', *Journal of Palestine Studies*, vol. 31, no. 4 (2002), pp. 71–76. (我转引自 José Brunner。)

21 见 Horst Brunkhorst, 'Demokratie in der globalen Rechtsgenossenschaft — Einige Überlegungen zur posstaatlichen Verfassung der Weltgesellschaft', *Zeitschrift für Soziologie*, *Sonderheft* '*Weltgesellschaft*' (2005), pp. 330–347。

22 Maurizio Bach, ed., *Die Europäisierung nationaler Gesellschaften* (Wiesbaden: Westdeutscher Verlag, 2000). 152

第九章

组织化的自我实现：个体化的悖论

自19世纪后期社会学发源以来，在其表现为一种社会理论形式的意义上，社会学总是将自身视为一种关于现代社会带有各种症状的转型过程的话语。在这个背景下，从经典社会哲学中继承而来的两个概念可供其使用：首先是“理性化”（rationalization），一个马克斯·韦伯用来指出目的理性准则的逐步扩张的术语，这一准则扩张到了仍然受传统的整合模式支配的社会领域，其中整合是通过共享的价值体系和情感作用实现的；其次是“个体化”（individualization），这个词被用来，例如像涂尔干那样，描述一个不断增强的、不可逆转的，把社会成员从传统的依恋和陈规的约束中解放出来的过程，这种解放因此能让社会成员获得更大的自主性和选择的自由。在这两个概念的基础上，现代社会的发展通常被理解为一个过程，在这个过程中，理性化与持续增强的个体化不断在更大程度上制度性地交织在一起。尽管这一对概念带来了重要的洞见，但这两个范畴从一开始就伴随着许多层面的问题。关于理性化，一个统一的、关于技术性规则之有效性的标准，是否真的能让我们在经济组织、政治机构和我们的个人与家庭生活这样不同的领域中都谈论制度性的理性化？这是不清楚的。无论怎么分析这些单个领域的制度性转型过程，至少可疑的是，它们是否都能根据逐渐增强的目的理性的单一标准得到合乎情理的理解。当然，涂尔干对社会诱导性个体化 153
这一范畴的使用也一样是有争议的。以一种与黑格尔有些类似的方式，他从社会的功能分化中推论出了个人选择（*Gestaltungsmöglichkeiten*）的增加。即使是韦伯也在某处提到过，"个人主义这个表述包含了所能想象的最为不同的事情"。[1] 从一开始，最核心问题就在于我们要确定，对于个体的角色、依恋和联系之多元化的描述，在何种程度上能和不断增强的个人自主性联系在一起。我们可能会在这第二个方面，也就是个体的行动能力和反思能力的增强这一方面，列举出许多标准以供特定类型的外部观察；但是无论我们可能怎么回答这些问题，似乎可以确定的是，我们的生活的个体化过程是一个很容易观察的，因此也是客观的过程，然而对于主体之自主化的断言，根本上却还要和互动中的同伴的视角联系在一起。因此，个体化的概念，作为对于现代性的社会学诊断的第二个元素，隐藏着一种危险的矛盾性，因为它既指不断增加的个人特质这一外部事实，也指主体不断增加的个人成就这一"内部"事实。这种结构上的特殊性，作为由这两端共同决定的当代个体化过程的标志，构成了本章的焦点。然而，在我们继续之前，我首先要进行一些初步的概念澄清，因为这是个比它初看起来更加多层次的主题。

一

社会学家格奥尔格·齐美尔在早期就意识到了，如果要消解个体化这个概念中的含糊性，那么他所从事的这一学科就要求做出一些概念性的区分。齐美尔超越于社会学创立者那一代中其他作者的地方在于，他意识到了仅仅作为事实的，个人特质的不断增加——现代货币经济使生活方式的多元化成为可能——和个人自主性的增强之间的根本区别。虽然城市地区社会关系的匿名化也导致了群体依附的解体，并
154 因此让选择变多了，但在他看来这完全不意味着个人自由的增加，因为个人自由的增加要求来自其他主体的“持续的支持”。[2] 但是齐美尔不仅给出了提前警告，指出为了对现代资本主义给出一个恰当的诊断，需要在社会性的个体化和个人自由的增加之间做出区分，他还通过揭示两种更深层的含义，让个体化这个社会学概念更加复杂化了。首先，正如在《货币哲学》的分析中澄清的那样，齐美尔声称，选择多元化的经验过程伴随着社会联系枯竭和主体间冷漠加剧的危险。因此，需要从个体化的概念中区分出第三个要素，这个要素指的是在一个不断增长的匿名社会联系网络中，把单个的主体孤立起来的倾向。这也是齐美尔声称只能从一个观察者的视角来描述的倾向。因此，他所指的就不仅是被感受到的或者令人痛苦的，孤独感或孤立感不断增强的过程，也指一个客观事实，即人们更加专注于那些与他人无关的、纯粹的个人利益了。

更重要的是，齐美尔在自由的增加这一观念中识别出了两个不同的方面，这使他进一步区分了个人主义的概念。[3] 他从做出一个区分开始，这一区分涉及的是个体化的第二端的目的，也就是自主化。一方面，根据他对拉丁语文化的理解，内在自由的形成，其目的（*telos*）涉及的是对于信念和意图的自主的表达，这一表达能在原则上为所有人类共享。这是一种平等的个人主义，因为它指的是让个体具有作为人类决定性特征的反思能力。另一方面，这一自主性的概念要面对第二种根植于德国浪漫主义中的个人主义，在其中增加个人自由的目的是发展那些独一无二的、明白无误的、能够让个体脱颖而出的特质。在这里我们必须在赫尔德、施莱尔马赫、尼采和克尔凯郭尔的传统中谈论一种质性的（qualitative）个人主义，这种个人主义完全专注于对真正个性的表达。因此，对齐美尔来说，个人自由是在两个方向上增加的：一个朝

向自主性的增强，一个朝向本真性（authenticity）的增长。在这两极之间，有着各种各样无法轻易被现代性矫正的张力。如果我们总结一下齐美尔的社会学研究，我们会看到他区分了四种个体化的概念可以指涉的现象：生活方式的个体化，这呈现为一种经验事实，伴随这一事实 155
的还有一种在行动主体之间不断增长的孤立性，以及反思能力的增强和个体本真性的增长。对于社会学诊断来说，困难在于要把这四种发展过程区分开，以至于在最开始探究的时候，这四种现象不会产生互相之间的联系。

这些意义，作为一笔巨大的财富，可能在过去的百年间导致了对现代社会中个体化过程的完全不同的解释。在马库斯·施罗尔的历史考察中，就对个性增强之过程的评估而言，他在三种不同的潮流之间提出了有益的区分。一方面是通过教育、行政管理和文化产业获得的不断增长的个性的归属，这被描述为一种规训的进步，从规训中浮现出了一种独特的因循守旧的（conformist）个人主义形式，削弱了个体用来抵抗的反思能力。在另一方面，追随涂尔干和帕森斯的传统，去传统化和功能的多元化被解释为一个提升个性的契机，这一契机能够解放我们的能力，从而去过自觉的、反思的和自我负责的生活。在这两个潮流之间，还有第三个理论学派，这一学派把个体化的过程视作模糊的，需要把个体从传统的依恋和一种暗中增强的顺从倾向当中解放出来的过程。[4] 如果我们转向当下，这已经令人困惑的局面甚至变得更加复杂了。除了施罗尔描述的三种解释视角以外，最近的解释把个体化的过程要么视作一种个体现象的加剧，要么视作一种彻底改变的结构模式。例如，在社群主义的传统中，我们发现了一种社会学关注，其关注的是个体化过程中那个齐美尔描述为冷漠加剧的方面：由于流动性的增加和更频繁的职业变动，主体要比以往更频繁地抛弃他们的关系，他们被认为只能在最低限度上形成依恋，取而代之的是发展出了一种在互动中更加以自我为中心的对待同伴的态度。[5] 虽然对虚拟化的社会交往的文化后果的研究指向了相同的方向，[6] 查尔斯·泰勒近来对于现代性的观察触及的却是齐美尔提出的另一个主题：根据泰勒，关于本真性的浪漫主义的理想已经变得如此琐碎，以至于它已经失去了其对话性的、社群性的那些方面，而且导向了一种仅仅以自我为中心的、自我探索的视
156 角。[7] 最后，我们还要提及一些经验研究，这些研究涉及的是一些制度性的期望模式，这些期望模式把有生命力的创造性的发展变成了一种对主体的要求：尤其是在涉及那些需要技能的劳动的时候，对于一个“本真的自我”的呈现越来越成为必不可少，而即使对那些参与其中的人来说，也很难把一个“真正的”自我发现的过程与仅仅是程式化的过程区分开来。[8]

我们当然可以给个体化这个影响深远的领域中一系列的新现象再添加一些观察。尤其是在社会心理学和媒介社会学领域，我们发现一些近来的分析能够拓展齐美尔所开辟的个体化和自主化过程的范围。但是即使是这样一个简短的概述，对于充分呈现讨论个体化过程时面临的困难来说也已经足够。有太多社会现象，太多涉及个体化某一方面的激进的转变，都能让我们指出一个轮廓清晰的发展模式。不过，当我谈及悖论概念中的这样一种图式时，我是带着方法论上的保留来说的，这种保留意味着我只是在许多其他同样合理的观点中呈现一种可能的解释。在这里我想要为之论证的是这样一种论点，这种论点认为对个人化的自我实现的主张，作为过去的三十或四十年间西方社会那些非常不同的个体化过程的一种独特的历史性结合的结果，得到了迅速的发展，而这些主张已经成了如此高度制度化的用于社会再生产的期望模式，以至于它们失去了其内在目的，反而成了为制度赋予合法性的基础。许多源于内在空虚、多余感和无意义感的症状，作为这样一种悖论性转型的结果浮现出来，而在这种转型当中，那些曾经预示着增加自由的过程，如今变成了去制度化的意识形态。为了证明这个主张是有道理的，我将分三步进行我的论证。首先我会尝试描述20世纪60年

代和 20 世纪 70 年代期间出现在西方发达国家的、完全独立的个体化过程之间的“选择性亲和”(elective affinity),以便我们能谈论一种新的个人主义形式(二)。其次,我将重构这些社会过程,经由这些过程,在接下来的数十年间,个体的主张通过制度化和组织化的顺从行为,被改造成了制度化的期望模式,这些模式作为外在的要求冲击着主体。同样地,在这里我会把自己限定在一些主要的趋势上(三)。最后,在第三步,我将列出社会心理学的和临床的指标,这些指标表明个体化过程的 157
悖论性转型带来的威胁会导致各种各样新的社会苦难的形式,其中既有物质的也有心理的。有了这个预期,接下来我们就能以一个对齐美尔的非常符合主题的引用来得出结论(四)。

二

如今,隔着大约四十年的距离,我们可以很容易地描述出西方战后的社会和文化剧变,这些剧变是各种不同的个体化趋势被缠绕在一起的过程。因此,像乌尔里希·贝克或者安东尼·吉登斯一样,谈论一种全新的、属于晚期现代的自觉的个人主义,没有什么太大的问题。[9] 当然,为了做出这样一个诊断,我们需要完全意识到如下事实,即个性的呈现形式并不是一个线性增长的结果,而是两种完全分离的发展动力互相强化的过程。在这个过程中所发生的可以通过马克斯·韦伯的话语得到最好的描述,那就是转型中物质、社会和知识过程的汇合,这些过程在一种“选择性亲和”中享有如此多共同的特点,以至于它们能够带来一种新形式的个人主义。[10] 这种个人主义推动力的实质基础来自一系列社会结构性的发展过程,这些过程共同运转,导致了可以通过纯粹描述性的方式来表述的个人生活方式的多元化。收入和闲暇时间不成比例的增长使得个人选择逐步扩大,相反却削弱了因阶级而异的社会环境的影响。西方资本主义国家服务业的扩张带来了一个广泛的社会向上流动的过程，通过这个过程，人们的生活不断变得更加多样化。随着二战结束后大约十五年来西方世界教育的拓展，职业选择也大大增加，进一步促进了人们人生计划之间的差别。在20世纪60年代末期学生暴动的时候，和十年前的情况相比，在个人经历的发展方面和生活形式方面，人口已经变得更加多元和多样化了。

除了选择范围扩大的客观趋势以外，还有一些指标至少给出了一
158 些模糊的迹象，表明个人自主的能力在同一个时期内提升了，而这种能力根本上只能在一个表述行为的意义上去把握。因此，如果教育机会的拓展没有增加个人的自我实现和反思的可能性，这反倒令人惊讶了。[11] 在教育制度改革的基础上出现的因阶级而异的社会环境的解体，在可设想的生活路径方面拓展了个人的视野，因此也增加了可供他们试验的选项。当涉及青春期危机不断加剧的那些趋势时，经验研究表明，在20世纪70年代早期，自主地形成个人同一性的普遍潜能在青少年当中大大增强了。[12] 但是无论有什么样个别的社会原因，看来比较清楚的是，在仅仅二十年间，生活形式就已经变得高度个体化了：西方社会的成员被迫使着、敦促着或者鼓励着，去为了他们未来的人生而把自己置于他们的人生计划和生活的中心。

但是所有这些社会结构性的转型过程，如果没有伴随其他更多的社会和文化转型以及态度的改变，就还不足以导向一种真正新形式的个人主义。虽然我们可能会说，没有客观的个人选择的拓展，新的文化理想就不会有机会确立自身，但这些理想的根源却存在于彼此完全分离的地域中。伴随着战后经济增长的收入的增加让适度奢侈的消费成为可能，但是个体不断赋予这个过程的特定的意义却源于完全不同的文化根源。根据科林·坎贝尔，想要通过消费对生存而言并非必要的文化产品来提升自己的生活乐趣（*joie de vivre*），这种需求源自宗教的，而且主要是新教的潜在倾向，作为对加尔文主义工作伦理的替代，这种非同寻常的情感激励状态被解释为上帝的善与恩惠的象征。一旦这种

对想象中的激励的渴望的宗教根源，由于情感主义和浪漫主义伦理而被消除，它就可能成为一个规范性的触发点，激发大规模的消费品投资，这种投资会增强人们的紧迫感，赋予战后年代世俗的消费主义其独有的特征，也就是将其作为个人同一性之支柱。[13] 对消费主义而言为真的东西，尤其也同样适用于许多不同的行为变迁。总的来说，废除了对于个人行为的严格要求，不仅导致一种新的关于个性之理想类型的形 159
成，还广泛地提升了习得那些先前只是为一些少数派所保有的文化传统的可能性，不过这只是在次要的层面上激发了转变了的同一性模式的发展。不断地把个人置于其人生计划之中心的社会结构性的转型过程，使人们广泛接受了主要起源于浪漫主义的解释模式，这种解释模式通过类似宗派的小团体流传下来，这些小团体将生活打造成一个通过试验来自我实现的过程。

对于这种“选择性亲和”以及社会变迁与文化转型之间的联系，一个很好的例子是“性革命”发生后所涉及的行为变迁过程。毕竟，在 20 世纪 60 年代生活方式多元化的过程中传统角色的解体，其自身并没有提出要重新评估“性”，将其视作一个试验某人个性的首选领域。相反，实际需要的只是对于一个已经存在的，虽然只属于少数的文化理想的广泛接受，凭借这种理想，人类被解释为主要是“欲望的主体”（福柯）；随后就会形成一种行为风格，其中不断滥交的尝试被体验为一种个人自我实现的表达。此外，对于这些传统的解释模式的传播来说，或许其最关键的媒介就是对例如赫尔曼·黑塞或亨利·米勒的小说的接受，以及摇滚乐的出现。由于这些新近发展的、社会结构允许的自由而产生的规范性鸿沟，几乎仅仅通过对于类似浪漫主义（quasi-Romantic）传统的接受，就被填平了，这种传统鼓励人们把自己的人生经历体验为一个尝试性地去实现自己独特个性的核心要素的过程。通过这种方式，社会结构性的个体化和浪漫主义关于本真性的理想的汇合，产生了可以被描述为一种新的个人主义的紧密结构。主体越来越不愿意把他们自己的人生理解为一个线性的同一性发展过程，这个过程的终点是他们的职业角色和家庭中的性别劳动分工。社会关系的倍增让这种趋势进一步加速了。新的选择的开辟——通过各种各样的社会环境中的成员身份，更密切地接触那些先前被认为是奇怪的和陌生的生活方式，以及接受浪漫主义的解释模式——取代了帕森斯的学说奠基于其上的相
160 对呆板的同一性图式，并导致了一种倾向，这种倾向认为，通过试验去自我实现，其实质就在于同一性的各种不同的可能性。用齐美尔的术语来说，一种"质性的"个人主义类型出现了：主体试验各种不同的存在形式，为的是根据经验去实现他们自我中的核心要素，这一核心要素把他们与其他人区分开来。这个进行中的转型过程的延续依赖于这样一个事实：一些关键的社会组织创造性地适应了这个新的行为模式的理想，目的是为了将其自身转变成一种能够提升社会效益的存在形态；这一理想因此构成了一种基础，在此基础上一些影响更加深远的再组织化过程得以被证明为合理的。

三

在 20 世纪 70 年代中叶，我刚才所描述的作为物质和知识发展之汇合的社会转型过程，让丹尼尔·贝尔得出了一些以偏概全的关于资本主义内部矛盾之增长的结论。[14] 贝尔主要把他的理论建立在学生运动余波中的文化剧变之上，声称一种新的、享乐主义的日常道德出现了，这种道德必然和资本主义的经济需要相冲突。他相信那些传播到了艺术先锋派的亚文化圈之外，并且渗透入一大部分人的行为取向之中的审美创造力和感官冲动的价值，越来越严重地阻碍着一种仍需维持经济效率的工作伦理的形成。即使从我们当前的观点来看，我们也可以肯定地说，这一社会学预见还没有被证实；从贝尔对享乐主义的性格类型的描述中，可以很容易地识别出来的这种新的个人主义，并没有对资

本主义经济企业的生产力产生负面的影响。对自我实现和通过试验寻求同一性的不断增长的需要，反映在了攀升的离婚率、下降的生育率和家庭结构中。[15] 正如安东尼·吉登斯所言，亲子关系已经变得越来越破碎和短暂，因为它们已经变得越来越像“纯粹的”、仅仅根据某人转瞬即逝的感觉和意向来建立相互依恋的关系。[16] 还有一种越来越流行的趋势，即把大量精力花费在所谓的“兴趣爱好”上，这些兴趣爱好不再被体验为工作时间后的休息与恢复，而是作为通过试验去定义某人之自我 161
的尝试。[17] 最后，在过去几十年间，随着众所周知的社会阶层差异，奢侈品的消费显著增长了，因为这种消费被视作一个至少是暂时的，把处于变化中的同一性在审美上表现出来的机会。[18] 虽然如此，所有这些毫无疑问地指向了一种“作为不可替代性的个人主义”（*Individualismus der Unverwechselbarkeit*）（齐美尔）的发展趋势，却完全没有和资本主义经济的功能性要求相冲突；相反，我们难免会留下这样一种印象，即它们已经变成了一种生产力，虽然是一种尤其被滥用于资本主义现代化的生产力。

即使是由此进入我们视野的转型过程，也不能仅仅理解为一个单一发展过程的产物，而把这些过程设想为一个被有意识地联系在一起的行动链条，也就是受到冲击之后有意识的反应，似乎也是不恰当的。相反，在“选择性亲和”中结合在一起的转型过程的概念，似乎能够更合理地用来解释为什么自从 20 世纪后三分之一以来，对自我实现的需要不断地被重构为一种制度性的需求。个体被期待着去把他们自己呈现为可以拥有灵活的人生经历的、愿意为了在他们的职业生涯或者社会上取得成功而不断改变的主体。[19] 这种期待在期初是徘徊不定的，随后却越来越加剧了。在这个重新定向的过程中，电子媒体无疑扮演了一个先驱者的角色；它们在日常生活中不断增长的重要性，如今对于维持一个原初的、有创造性的生活方式理想来说，发挥着更重要的作用。虽然，像阿多诺推测的那样，[20] 个体通常对于在媒体中呈现的生活方式保持怀疑，但自我实现的理想仍然可能被体验为一种更微妙的，对于我们主体性之形成的需要。[21] 在特定的个体那里，现实和虚构的边界可能是模糊的，从而引起了一种潜意识倾向，这种倾向让人去那些电视或电影假定他的偶像所在的地方去寻找他的自我。因此，我们或许可以说，为了让人们事实上能够通过试验去发现自己个性中的核心要素，存在着一种特定的倾向，这种倾向使人们遵循一些被标准化了的寻求同一性的模式。

在最近几十年间，为了促进销量，在消费产业中发展出来的市场策略可能也有类似的效果。在这里我们会看到一种倾向，即广告承诺买
162 了这个或那个东西，消费者便能以一种美学的手段展现和提升自己所选择的生活方式的独创性。[22] 以这种方式将对自我实现的需要工具化，导致了一种由风格上的创新与回应所形成的、不断加速的螺旋上升，因为每出现一种新的自我形象，它便很快被编进了下一种市场策略的内容之中。到目前为止，我们可能会有这样一种印象，既然时尚产业和消费产业似乎能够传播一种本真性的、值得模仿的生活的图景，这种图景在主体寻找同一性时引导着他们，那么依赖关系就被逆转了。在某人自己的生活过程中获得自我实现的尝试，被广告产业向个人施加的文化影响巧妙地组织起来了——这是通过对年龄、社会性别和社会等级的差异有意地保持敏感而实现的。

但是，毫无疑问的是，比起这些其社会范围同样显得可疑的影响，更重要的是对20世纪80年代出现的生产和服务业的重建。这个时代发生的事情，在经济上被描述为对福特主义生产方式的拆解，但是就我们的目的而言，关键性的是伴随着这个过程的、一种全新的对于工作主体的观念。工作主体不再被制度性地处理为单纯的雇员，而是有创造力的“创业者”，或自主劳动者。[23] 当理论家们如今谈及一种“对劳动力的规范性的主体化”[24] 以及个体劳动者尊严的提升时，[25] 这首先意味着劳动者的智力主动性在生产和服务组织中不断地被唤起。新的管理观

念，例如层级结构水平化，鼓励团队合作、团队自治和自我指导，将适应对自我实现的需求，而这些需求是由雇员们寻求自主地贡献和出售（*Entäußerung*）他们所习得的技能的机会而表现出来的。但是很快我们可以看清楚，这种新的、后泰勒主义的企业家策略有一种完全不同的影响，这种影响让劳动越来越可以被设想为一种“天职”（vocation），而反过来产生完全不同的对于劳动者的期待：他们的动机需要被内在地裁剪以适应要求他们的生产活动；他们必须把自己职业描述中的每一次变化都呈现为自己决定的结果，而且他们的积极参与必须导向整个公司的利益。这说明在仅仅三十年的跨度里，一种新的要求体系被确立起来了，使得就业取决于劳动者能否在工作场所令人信服地表达自我实现的渴望。这样一种颠倒反过来创造了空间，让一些放松管制的手段得以被证明为合理的，这是由于考虑到雇员不断增长的承担个人责 163
任的意愿，在工作场所，地位和资历的作用逐渐变得过时了。这给“白领”和“蓝领”劳动者施加的压力呈现为一种极端的悖论形式：雇员们为了他们未来的职业生涯，必须根据自我实现的模式来构建他们自己的职业史，虽然最有可能的是，他们想要的只是一定程度的社会和经济安全感而已。[26]

在这些过程中我们可以看出一种趋势，即把不断增长的自我实现的需求转变为资本主义经济的一种生产力——这有一定的道理。主体越来越倾向于把他们的人生视作通过试验去寻找自我同一性的过程，这不仅可以作为一系列旨在实现经济结构重建的手段的合法化基础，而经济结构重建的目的在于放松工业和服务业中的管制；[27] 此外，这种新的个人主义也被直接用作一种生产要素：在这些看似发生了改变的劳动者的需求基础上，劳动者将会比在一个受社会调控的资本主义类型中表现出更多的积极参与、灵活性和主动性。但是在我看来，把这种倾向解释为聪明的、有合作精神的管理者们故意采纳的一种策略，以回应 20 世纪 60 年代出现的对资本主义的“享乐主义”批评，这是有误导性的。相反，这种“新的资本主义精神”，像吕克·布尔当斯基和伊芙·夏佩罗在一项吸引人的同名研究中所考察的那样，[28] 似乎是许多不同的、互相联系的过程的非意图性后果，而这些过程中的每一个都有其自身的历史和发展动力。如果我们在电子媒体、广告业和生产领域的结构性转型中，把广泛的、日常的对于个体之自我实现的期望的增长也包括在内，那么我们就会得到和布尔当斯基以及夏佩罗一样的结论：工具化、标准化和虚构化，已经把过去半个世纪以来逐渐发展的自我实现的个人主义，变成了一种无情的要求体系，在这种体系当中，如今的个体似乎更可能遭受痛苦，而不是蓬勃发展。

四

随着西方资本主义过去三十年来所经历的这些制度性变迁，自我
164 实现，曾经是一个需要为之奋斗的重要理想，如今在一种管制宽松的经济制度中，发展成了一种意识形态和生产力。一旦主体开始把他们的人生解释为一个通过试验去寻求同一性的过程，他们因此而表达的对自我实现的需求，如今已经反过来作为一种外在的要求回到了他们身上，迫使他们——隐含地或明确地——对自己的人生目的和选项保持开放。这样一个把理想变成约束，把自我主张变成外在要求的转型过程，引起了一些形式的社会性不满与苦难，而这至少在作为大规模现象的意义上，是此前西方社会所没有经历过的。当然，这并不是布尔迪厄和他的同僚在《世界的重量》中力图把握的那种日常的不满：[29]当放松管制和失业导致了一个不断增长的、永远显得多余的阶级时；当跨境经营的跨国公司时刻留意，不断寻求新的劳动合同形式以逃避政府管制时；当从贫困国家移民来的劳动者开始占据西方的城市，寻求他们的工作机会时；与资本主义工业化诞生之时同样的，那些不受保护的劳动形式，临时工作、兼职工作和在家工作，又回归了。[30] 劳动力市场日益灵

活，整个社会逐渐商业化，这两种趋势都通过援引这种新的个人主义，以脆弱的方式得到了证明，使得“社会问题”再次成为一个挑战，而在20世纪后半叶，这个问题被认为已经在19世纪成功地处理了。

但是在这些可见问题的界限之下，其他形式的社会苦难也在过去的几十年间传播开来；在某种特定的意义上，它们在资本主义社会的历史上是前所未有的。它们更难通过经验观察被认识到，因为它们存在于心理疾患的领域，因此我们只有一些可以用来检测它们的临床指标。在一项题为《自我的疲惫》[31] 的令人印象深刻的研究中，法国社会学家阿兰·埃伦贝格在临床资料的基础上总结道，如今我们正在遭遇抑郁症的急剧增长。不断增加的治疗发现，连同前所未有的使用药物性抗抑郁剂的趋势，表明抑郁相关的疾病正在取代神经官能症的地位。根据阿兰·埃伦贝格，解释这种临床疾病的广泛传播之关键在于这样一种理念，这种理念认为个体已经在心理上被“他们必须做他们自己”这种广泛散布的要求击溃了。持续地驱使某人动用自己的内心生活，使其找到本真的自我实现所需要的质料，这要求主体有一种持续不断的 165
内省形式，而这种形式在某些情况下必然导致了空虚。心理体验即使尽最大努力也不再能指明前路的那一刻，也就是埃伦贝格所指出的抑郁症开始的时刻。很有可能的是，当自我实现的理想逾越了某一界限，变为了强迫，那一刻就标志着一个历史性的节点，在这个节点上，民众开始越来越普遍地体验到空虚。主体在各方面都被强迫着对于寻求本真的同一性之心理冲动保持开放，而他们所面临的其余选择只有虚构其本真性，或是逃入抑郁之中；他们被强迫在这两者之间进行选择：要么出于策略性的理由去展现自己的独创性，要么陷入病理性的停滞（*krankhafte Verstummung*）之中。考虑到齐美尔富有洞察力地观察到了他的时代的社会和文化转型，并不令人惊讶的是，他的《货币哲学》中已经包含了对这种情况的预见。在论及自我实现的理想时他写道：

农民[中世纪末的农民]确实得到了自由，但只是不做什么事的自由，而非做什么事的自由。表面上农民争取到了做任何事情的自由——因为自由在此处是单纯负面性的——但事实上他不知所措，没有任何确定无疑的内容。这种自由的状态是空虚、变化无常，使得人们毫无抵抗力地放纵在一时兴起的、诱人的冲动中。我们可以把这样的自由与无安全感的人的命运做一比较，他弃绝了上帝后重新获得的“自由”只为他提供了从一切短暂易逝价值中创造偶像崇拜物的机会。[32]

注 释

1 Max Weber, *The Protestant Ethic and the Spirit of Capitalism*, trans. Talcott Parsons (Mineola, NY: Dover Publications, 1958), p. 222, n. 22.

2 Georg Simmel, 'Individualisms', in *Schriften zur Soziologie: Eine Auswahl*, eds. Heinz-Jürgen Dahme and Otthein Rammstedt (Frankfurt/Main: Suhrkamp, 1983), pp. 267 – 274.

3 同上书。

4 Markus Schroer, *Das Individuum in der Gesellschaft* (Frankfurt/Main: Suhrkamp, 2001).

5 Robert D. Putnam, *Bowling Alone: The Collapse and Revival of American*
166 *Community* (New York: Simon & Schuster, 2000).

6 Andreas Wittel, 'Towards a Network Sociability', *Theory, Culture and Society*, vol. 18, no. 6 (2001), pp. 51 – 76; Hubert L. Dreyfus, *On the Internet* (London: Routledge, 2001).

7 Charles Taylor, *The Ethics of Authenticity* (Cambridge, MA: Harvard University Press, 1992).

8 Martin Baethge, 'Arbeit, Vergesellschaftung, Identität: Zur zunehmenden normativen Subjektivierung der Arbeit', *Soziale Welt*, vol. 42 (1991), pp. 6 – 19; Hermann Kocyba, 'Der Preis der Anerkennung: Von der tayloristischen

Missachtung zur strategischen Instrumentalisierung der Subjektivität der Arbeitenden', in Ursula Holtgrewe, Stephan Voswinkel and Gabriele Wagner, eds., *Anerkennung und Arbeit* (Konstanz: UVK, 2000), pp. 127 – 140.

9 Ulrich Beck, *Risk Society: Towards a New Modernity*, trans. Mark Ritter (London: Sage, 1992); Anthony Giddens, *Modernity and Self-Identity: Self and Society in the Late Modern Age* (Cambridge: Polity, 1991).

10 Weber, *The Protestant Ethic and the Spirit of Capitalism.*

11 Jürgen Habermas, *Theory of Communicative Action*, vol. 2: *Lifeworld and System: A Critique of Functionalist Reason*, trans. Thomas McCarthy (Cambridge: Polity, 1987).

12 Rainer Döbert and Gertrud Nunner-Winkler, *Adoleszenzkrise und Identitätsbildung* (Frankfurt/Main: Suhrkamp, 1975).

13 Colin Campbell, *The Romantic Ethic and the Spirit of Modern Consumerism* (Oxford: Blackwell, 1987).

14 Daniel Bell, *The Cultural Contradictions of Capitalism* (New York: Basic Books, 1976).

15 Kurt Lüscher, Franz Schultheis and Michael Wehrspaun, eds., *Die postmoderne Familie* (Konstanz: UNK, 1990); Hartmut Tyrell, 'Eheund Familie — Institutionalisierung und Deinstitutionalisierung', in ibid., pp. 145 – 156.

16 Giddens, *Modernity and Self-Identity*, ch. 3.

17 见 Dean MacCannell, 'Staged Authenticity: Arrangements of Social Space in Tourist Settings', *American Journal of Sociology*, vol. 79, no. 3 (1973), pp. 589 – 603。

18 Eva Illouz, *Consuming the Romantic Utopia: Love and the Cultural Contradictions of Capitalism* (Berkeley: University of California Press, 1997).

19 Richard Sennett, *The Corrosion of Character* (New York: W. & W. Norton, 1998); Sighard Neckel, 'Identität als Ware: Die Marktwirtschaft im Sozialen', in *Die Macht der Unterscheidung: Essays zur Kultursoziologie der modernen Gesellschaft* (Frankfurt/Main: Campus, 2000), pp. 37 – 47. 167

20 Theodor W. Adorno, 'Freizeit', in *Gesammelte Schriften*, vol. 10.2 (Frankfurt/Main: Suhrkamp, 1977), pp. 645 – 655.

21 John B. Thompson, *The Media and Modernity: A Social Theory of the Media* (Stanford: Stanford University Press, 1995), ch. 7.

22 Rob Shields, ed., *Lifestyle Shopping: The Subject of Consumption* (London: Routledge, 1992).

23 Günter Voss and Hans Pongratz, 'Der Arbeitskraftunternehmer: Eine neue Grundform der Ware Arbeitskraft?', *Kölner Zeitschrift für Soziologie und Sozialpsychologie*, vol. 50 (1998), pp. 131-158.

24 Baethge, 'Arbeit, Vergesellschaftung, Identität'.

25 Kocyba, 'Der Preis der Anerkennung'.

26 Johann Behrens, '"Selbstverwirklichung" oder: Vom Verblassen aller Alternativen zur Berufsarbeit: Umfragen und Fallstudien zur Krise der Arbeit in Familie und Erwerbsarbeit', in Hans-Joachim Hoffmann-Novotny and Friedhelm Gehrmann, eds., *Ansprüche an die Arbeit: Umfragedaten und Interpretationen* (Frankfurt/Main: Campus, 1984), pp. 117-135; Sennett, the Corrosion of Character.

27 Robert Castel, *From Manual Workers to Wage Laborers: Transformation of the Social Question*, trans. and ed. Richard Boyd (New Brunswick, NJ: Transaction Publishers, 2003).

28 Luc Boltanski and Éve Chiapello, *The New Spirit of Capitalism*, trans. Gregory Elliott (London: Verso, 2007).

29 Pierre Bourdieu et al., *The Weight of the World: Social Suffering in Contemporary Society* (Cambridge: Polity, 1999).

30 Castel, *From Manual Workers to Wage Labourers.*

31 Alain Ehrenberg, *The Weariness of the Self: Diagnosing the History of Depression in the Contemporary Age*, trans. Enrico Caouette et al. (Montreal: McGilll-Queens University Press, 2010).

32 Georg Simmel, *The Philosophy of Money*, trans. Tom Bottomore and David Frisby (London: Routledge, 1990), p. 402.（译文引自西美尔：《货币哲
168 学》,陈戎女等译,北京：华夏出版社,2002 年版,第 320 页。——译注）

第十章

资本主义现代化的悖论：一个研究纲领*

过去一百五十年以来，用一种特定的模式来分析资本主义社会的发展已经变得很自然了，在这个模式中，一个被明确诠释的理性化或解放的过程，一再地与延缓、阻塞和殖民性地侵入这个过程的经济结构关系陷入矛盾。这些理性化或解放的过程所意指的模糊的轮廓，随着时间的推移逐渐得到充实；但是，资本主义制度总是对这些过程保留着结构性的限制。即使有人寄希望于我们生活世界的交往理性化(communicative rationalization)的内在逻辑，这一主要的发展模式仍然在与经济运转规律的领域发生越来越激烈的对抗，这些规律有着它们自己的生命力。任何着手研究如今西方资本主义社会的新近转型的人，都会很快碰到这个长久存在的模式的缺陷。不但文化与经济、生活世界与制度之间的边界无法再清楚地划定，如今被视为进步的那些事

---

* 与马丁·哈特曼合作。

物也比以往更受争议。当代的这种情形令人困惑,甚至令人费解之处或许在于,虽然在表述行为时,过去几十年的规范性原则仍然是通用的,但在表面之下它们似乎已经失去了解放性的意义,或者已经被改造过了;在许多情况下,它们仅仅成了为一种新水平的资本主义扩张提供合法性的概念。在下文中我们力图通过以一种悖论性的发展模式取代
169 旧的矛盾模式,来探求这个转型之后的、难以轻易看透的资本主义“现代化”形式。在运用这种方式时,我们考虑到的是这样一个独特的事实,那就是过去几十年间,许多规范性层面的进步已经变成了与之相反的削弱团结和独立性的文化,而且在一种新自由主义“去归化”(de-domestification)的资本主义的压力之下,这些进步已经成为一种社会整合机制。

一　资本主义社会的规范性潜力

我们分析的起点是二战结束后二十年的历史阶段,在这个阶段出现在西方发达国家的一种国家调控的资本主义,由于其对抗经济周期(counter-cyclical)的社会和经济政策,得以创造出一种福利国家的制度安排。在这个被标记为社会民主主义政体的阶段——即使在社会民主党没有获得支配性多数的地方也是如此,[1] 不仅机会平等之有效形式的条件在教育、社会政策和劳工政策领域得到了显著的改善,资本主义社会之规范性整合的所有关键领域也都展现出了道德层面的进步,这些进步远远超出了从前认为能够和资本主义的基本要求相容的范围。为了对这些发展过程有一个概观,比较合理的是首先列举出那些从一开始就共同引起了资本主义的规范性整合的核心领域。在这里,我们将大致遵循帕森斯关于现代社会之演化的描述,但是为了恰当地处理这些规范性领域交互性的和辩护性的特征,[2] 我们将对他那令人印象深刻的概述给出一个承认理论的解释。依据帕森斯,我们可以说在现代社

会，资本主义经济制度的确立只是因为如下这些原则同时被加以制度化了才得以成功：（1）“个人主义”作为主要的个人理念；（2）作为政府之法律形式的一种平等主义的正义观念；（3）作为分配个人地位之基础的成就的理念。我们可以对这些假设加以补充，那就是进一步地假定（4）由于浪漫主义的爱情观念，一个遥远的乌托邦浮现出来，在这个乌托邦中，不断遭受越来越大的经济压力的社会成员也能保持一种憧憬，认为能够对日常的工具主义有一种情感性的超越。[3]

现在，所有这些领域——应该很自然地被设想为不是空间上划分的领域而是道德知识的社会形式[4]——具有一种规范性的潜力，因为构成它们基础的那些理念总是包含比在社会实际中实现的更多的、能够被证明为合理的要求和义务。诚然，帕森斯只是为现代法律和成就原则这两个维度找到了在现实和规范性理念之间，在事实和规范之间的这个张力，但这同样也可以唤起我们对个人主义及爱情的现代原则的注意。相应地，西方资本主义社会应该被理解为一种高度动态的社会秩序，这一秩序的自我改造能力不仅产生于不断实现资本价值的迫切要求，也产生于一些规范性资源的盈余，这些盈余起源于这一社会秩序中新的、逐渐形成的承认领域。通过唤起构成其基础的道德理想，社会成员总是在主张和贯彻那些超越了已建立的社会秩序的、能够被证明为合理的要求。这尤其意味着主体可以： 170

1　通过试探性地援引他们的自主性和本真性中一些尚未在社会文化中得到恰当承认的方面，来主张一种制度化的个人主义之规范性承诺；

2　为了被视作平等主体中的一员，通过指出他们的社会成员身份，或者他们生活环境中的结构性方面，来强调一种现代法律秩序下的平等理念；

3　通过谈及他们的劳动对于社会再生产的实际价值来主张现代

成就原则的规范性含义，从而试图获得更多与之有关的社会尊重和物质报酬；

4　通过唤起对某些需求和愿望的关注，来强调浪漫主义爱情的道德承诺，而这些需求和愿望是制度化的亲密关系实践迄今为止没能以恰当的敏感性和回应性去满足的。

帕森斯已经表明，在现代社会，来自这种制度化的正义规范的规范性资源之盈余，尤其有一种改造社会的潜力，因为它们把给定的现实变成了“歧视”这种无法将其合理化的道德情形。[5] 由此我们可以推定，至少有四种承认的领域，在其中主体能够把某些社会关系认识为道德上不正当的歧视或排斥。这些规范性资源的盈余能发挥出来的程度，取决于资本主义那些实现资本价值的迫切要求在政治上得到了多大程度
171 的缓和：一个国家越是通过调节性的社会和经济政策去抑制资本积累的倾向，社会成员就越有机会主张，甚至制度性地贯彻这四个领域中的道德潜力。因此，对我们来说，把社会民主主义时代理解为一个以非凡的规范性层面的进步为特点的资本主义社会发展阶段，似乎是合理的。在所有这四个领域中，指向各自领域之承认规范的拓展的道德发展浮现了出来。

二　社会民主主义时代的道德进步

举出一些证据证明这四个领域在此期间的道德进步并不是难事。自从20世纪60年代晚期以来，几乎在所有资本主义国家都确立起来的社会民主主义的制度安排，让那些在资本主义的文化中，由于相应的规范性资源的盈余而被加以制度化的规范，要么得到了增强，要么被普遍化了。

1　在社会经济和文化转型的共同影响下，在社会民主主义的时代，制度化的个人主义成长为了通过试验去自我实现的理念，在这个理念的核心是一种观念，这一观念要求我们终其一生都要去试验本真性存在（authentic existence）的各种新形式。一方面是收入和闲暇不成比例的增长，另一方面是浪漫主义的生活理想的迅速传播，这两者让民众当中越来越多的人不再把他们的生活解释为固定的、线性的、按顺序承担职业和家庭角色的过程，而是将其视作通过试验去实现他们自己个性的机会。[6] 如果"个人主义"以前是一个主要留给上流社会的、关于如何过一种自主的生活的理想，如今在这个新的、扩展了的本真性的理想中，它把握住了民众当中的大多数人。

2　在社会民主主义时代的二十年中，没有什么领域的道德进步比现代法律秩序领域内的进步更加清楚了。不仅对于文化或性取向的少数派而言，禁止、惩罚或者使其成为禁忌这些法律性歧视形式在那些受其影响者的压力之下被废止，而且在许多领域，一些新的自由和社会权利（劳动法、刑法和家庭法）被创造出来，以增进个人自主性发展所需的经济和社会条件。与这些主体性权利的拓展并行的是法律性平等的普 172
遍化；在有的地方，那些从前被排斥在外的群体（外国人）第一次开始享有公民权利，在有的地方，那些文化上的少数群体第一次获得了新的特殊权利（文化权利）。总而言之，我们或许可以说，在这个阶段，所有社会成员在法律之下的自主性和之前的资本主义时期相比得到了更好的保护。

3　这个阶段所产生的道德进步也与现代的成就原则有关，这是由于妇女运动成功地唤起了对于这个由男性和工业主导的时代之建构的广泛质疑。即使这些抗议和要求没有直接导致制度上的成就，它们也还是导致了一些倾向，这些倾向要求把养儿育女和家务劳动也视作对于社会再生产来说有价值的贡献，这些贡献，作为"成就"（*Leistungen*）应该被视为有价值的，并且应该得到相应的实质性的承认。在同一个时代还进行了许多不同的教育改革，这些教育改革旨在改善平等的社会机会所需要的条件。通过努力提升教育机构的渗透性和废除那些基于出身的障碍，更多的个人得以成功地参与到为获得成就的竞争中来（*Leistungswettbewerb*）。

4　最后，在这个阶段，亲密关系得以从外在的社会或经济操纵残留的影响中解放出来。尤其是随着普遍的收入增长，主体能够完全根据自己的感受来寻找伴侣。随着这种"纯粹的关系"[7]的确立，不仅婚姻中的社会流动性上升了，核心家庭也越来越从制度化的约束中解放出来。人们进入亲密关系是为了其情感价值，而不再是为了子孙后代或是人生的保障。

三　新自由主义革命

描绘了社会民主主义时代的规范性成就后，我们现在必须来处理经济层面的发展，尤其是自20世纪80年代以来，使国家调控的资本主义及其不同的整合性功能显得不再合理的那些发展。我们把这些发展归在"新自由主义革命"名下。这个术语首先指一种经济过程自身的转
173 型，这一转型通常为工业社会学所确证，但也指一些和"新的"经济组织结构联系在一起的评价标准的扩张，这种扩张进入了行动的领域，而这一领域，在原先的社会民主主义的时代，仍能根据上述讨论的规范性原则去限制，或者至少去疏通那些直接的经济层面的压力。

从这样一个双重视角来看，资本主义一方面可以被描述为一种遵循其自身运行规律的经济制度，以及像帕森斯总是强调的那样，[8]以它自己的方式被规范性地整合在一起；另一方面也可以被描述为一种不断推动社会政治制度去适应转型后的经济结构的社会系统。在这里我们使用新自由主义革命的概念来描述所有这些过程，其中包括：(1) 相当程度地削弱（福利）国家那些引导社会经济的活动，以至于战后的社

会保障水平不再能够得到保证。那些尤其是全球化研究所揭示出来的因素，如今被分析认为是导致民族国家所保证的福利体制衰弱的原因（虽然“全球化”的概念不是毫无争议的[9]）。从术语上来说，在这个背景下有人可能会偶尔谈及一种“无组织的资本主义”（disorganized capitalism），这通常表示一种谴责，尤其是谴责全球公司不断增长的影响力，资金流动的全球化和衰落的阶级文化纽带，它们共同削弱了社会民主主义模式下的政治组织。[10] 从一个公司内部的视角来看，新自由主义革命可以被描述为（2）随着股东导向的管理方式的传播，股东对于公司的影响，恰恰增长到了使其他与公司利益相关群体衰退的程度：“股份的价格反映了股东眼里公司的价值，却不能反映其他相关群体，包括员工、银行、地方、国家、供应商、采购方和消费者，眼里公司的价值。”[11] 这被称为“股东资本主义”。就我们的目的而言，至关重要的是当代资本主义的转型（3）所涉及的布尔当斯基和夏佩罗依据马克斯·韦伯称之为资本主义“精神”的东西。这些思考的起点在于假定资本主义的实践要求一种辩护，而它们自身则不能够调动起足够的动机资源。跟随布尔当斯基和夏佩罗的分析，虽然在1930年到1960年间，大公司为他们的雇员们提供了长期的职业发展机会，而且在某些情形下甚至通过职工公寓、度假中心和培训结构为雇员提供了一种有保障的社会环境，但相比之下，当代的资本主义只能被描述为“项目导向”的。在一个项目导向的“得到辩护的秩序”或者“体制”的框架中，更有价值的人是那些凭着极强的个人适用性和灵活性而能参与新项目的人，他们具 174
有很好的建立社交网络的技能，并且能够自主地、忠诚地行动。[12] 在这种情况下，某人可以在术语上称其为“新的”或“灵活的”资本主义。对于描述这种新的资本主义而言，最重要的标准不再是在一个大企业中高效地完成被层层制定的指标的能力；而是一种表现出主动性，并让自己的能力和情感资源服务于各具特色的项目的意愿。通过这种方式，员工们变成了“企业家式雇员”，又或是自己成为了企业家；他在某种意义上是“自我激励的”，[13] 不再需要外在的强迫或激励诱导他们参与资本主义实践。这种“网络资本主义”及其内在的原则是我们将要在第五部分中讨论的那些名为“破坏团结”（desolidarization）的趋势的首要原因。

我们的论点是，这种“新的”、“无组织的”、股东价值导向的资本主义以某种方式影响了上述被区分出来的具有规范性结构的行动领域，从而引起了一些进展，导致这些制度化的规范性成就被逆转了。就当代资本主义对这些领域的影响而言，至关重要的是这个事实：不能将这种影响理解为资本主义实现资本价值的迫切要求殖民性地侵入了我们生活世界的行动模式。众所周知，把经济行为描述为仅仅是工具性导向的活动，这种做法已经一再地遭到批评，因为它忽略了经济行为内在规范性的方面。但是除了惯常的这一点之外，我们对于当代资本主义的概述表明，“资本主义社会总是依赖于文化性的边界条件，以至于资本主义社会无法再生产自身”，[14] 这个表述在不断地得到证实。在 20 世纪 70 年代初期，当尤尔根·哈贝马斯在他关于“晚期资本主义的合法化问题”的研究中表达出这句话时，它是和一个诊断性的论点联系在一起的，那就是资本主义社会中行动的传统动机资源［“公民”以及“家庭与职业的独善其身主义”（familial-professional privatism）］会被福利国家的成就侵蚀；继续弥漫于晚期资本主义社会之中的资本与劳动的冲突，将会由于一种批判性地指向越来越普世的标准的道德，而被夺去它的合法化外衣。根据这种解释，晚期资本主义社会是自相矛盾的，这是由它的“潜在的”阶级对立[15] 和一种发展逻辑导致的，这种发展逻辑把福利国家资本主义去传统化（detraditionalizing）的倾向导向
175 了这个阶段的资本主义的典型现象，即自毁式地暴露于不平等和不公正之中。

很容易看到的是，当代资本主义成功地调动了新的动机资源——这既是基于福利国家中行动者自身的批判，也与对泰勒主义或福特主

义工作结构的批判性的反对有关。换句话说，这种"新的"资本主义能够如此成功，并且能够抵消政治权力对这种资本主义实现资本价值之迫切要求的缓和措施，只是因为，从有影响力的利益集团的视角来看，它至少就其本身而言是一种整合模式，有助于在变化的社会经济条件下维持社会民主主义时代的一些制度化的成就，并把它们重构为一种现代的形式。正是这种对社会环境进行规范性的经济化的趋势，引起了一些在本章第五部分要处理的悖论性的效果，因为这种趋势，在"对西方世界之自我理解而言具有根本性的规范性原则"的名义之下，似乎是被鼓励的，或是被正当化了。在这些思考背后是这样一种假设：这种"新的"资本主义的矛盾和不牢靠映射到了那些从资本主义实现资本价值的迫切要求中移除出来的，或是被社会团结组织起来的行动领域之中。因此，它们以一种通常是复杂和悖论性的方式，助长了对在这些领域中表达和制度化的、具有解放性的规范和价值的侵蚀。因为主体已经"习得了"能为他们自己的命运承担责任的"企业家式雇员"的角色，所以这些矛盾——而且可能已经是当前阶段的主要悖论——理所当然地，甚至已经不再被认为是资本主义自身的矛盾。

四　论悖论的概念[16]

在这里，更精确地界定悖论的概念会是有所助益的。就我们到目前为止的讨论而言，已经清楚的是，我们引入悖论的概念不是为了反对矛盾的概念，而是作为对矛盾的某种特定结构的解释。许多当前被描述为矛盾的经验情形，起始于对规范性意图的实践转化。当实现一个意图的可能性，恰恰由于去实现这个意图的尝试而被降低了，一个矛盾就是悖论性的。[17] 在那些格外明显的情形中，尝试去实现一个意图，反而造成了违背这个意图的状况。关于这一点，为了能够证实这种悖论性的效果，我们必须利用一套规范性的词汇，通过这些词汇，这些悖论 176

性的效果可被称为特定的“原初”意图。在我们的思考中，这种作用是通过上述四个规范性领域实现的，这些领域当然应该被解释为社会斗争的尚未终结的结果，而在这些社会斗争的框架中，主体寻求对他们的个人特征、权利、成就或是情感需要的承认或赞赏。但是这种为承认和赞赏的斗争本身或并不必然产生悖论性的效果。相反，是所有这些被归在“新自由主义革命”这一术语下的转型过程充当了这些斗争的结构性条件，因而改变了这些斗争的形式及其结果。在资本主义不断增长的实现资本价值的迫切要求的压力之下，根据这种假设，制度化的对于个人主义、法律、成就和爱情的解释模式，以某种方式被改变了，而这种方式只能被称为是悖论性的。

有三点与这种从“经典的”矛盾的概念到“悖论性的”矛盾概念的转换有关。

（一）首先，谈论悖论性的矛盾时一定不要明确地把社会发展的进步的要素和退步的要素并列起来。悖论性的效果是通过这一事实才被准确地区分出来的：在其中积极的时刻和消极的时刻，是以一种情况的改善和情况的恶化共同发生的复杂方式被混合在一起的。作为我们讨论主题的某些矛盾恰好具有这种结构：在资本主义扩张的影响之下，一套解放性的词汇中的要素，或者一种带有解放性意图的社会制度转型，丢失了它们最初的内涵，而许多复杂的方式恰恰促进了它们打算囊括其中的、以功利为基础的行动逻辑。这里不是在否认那些病理性的或者消极的社会状况的可诊断性，而是对这些情况的描述或解读不能不参考那些最初具有解放性内涵的概念。

（二）除此之外，谈论“悖论性的”矛盾时，一定不要使用作为对“晚期资本主义”社会形态之描述的典型特征的，自毁式的经济过程模式。一种普世性的道德，以及由福利国家导致的，传统的对不平等之辩护的削弱，在这两者的影响之下，与资本主义模式联系在一起的不平等会失去其合法性——这一假设暗示了,资本主义将无法为不平等寻找新的合法性。相反,谈论资本主义的“悖论性的”矛盾时则暗示了对一种“伦 177
理化的”资本主义的描绘,这种资本主义,根据一套可供使用的规范性的自我描述的词汇,则表达了对社会不平等、不公正或是歧视的新的辩护。

（三）最后,这种“悖论性的”矛盾的模型不必对社会冲突进行阶级理论的重构。这绝不是在否认,我们可以识别出这种“新的”资本主义的某些属于特定阶级或者特定社会环境的负面后果。但是,一方面,由于许多参与这种资本主义——通常被描述为悖论性资本主义——的模式也会影响到地位较高的雇员,因此要做出这种识别变得越来越困难了;而另一方面,我们已经表明如下趋势已经达到了何种严重的程度:尽管社会的相互依赖性不断增长,但主体准备或是被要求去把他们的行为视作个人化的,而这本身就是悖论性的。作为这两种因素的后果,把集体性的主体并置在一起的那些矛盾理论,失去了它们经验性的参照点,因此要识别出进步的和“反动的”主体变得越来越困难了。

这种对于资本主义的悖论性矛盾的泛泛而谈,在许多地方必须被填充和拓展,以便使其显得更加合理。我们所描述的资本主义的“压力”,在不同的行动领域有着不同的效果。但是在这里,可能最重要的是这种“新的”资本主义结构就其自身而言已是矛盾性的了,而且这些矛盾被带入了非经济的行动领域。那么,恰恰是当这些领域中的主体根据这些领域特有的规范来看待他们自己时(而且这可以说是他们同意了一种同样在规范性层面具有灵活性的资本主义),悖论性的效果产生了。但是我们不必认为所有相关的悖论性矛盾都以这种结构为特征。无论一个悖论性的矛盾可以被如何精确地重构,它必须以一种特定的方式根据具体情况来研究。这里提出的论点只是,当代资本主义的结构显著地引起了悖论性的矛盾,所以这个概念对于提供一般性的解释来说是一个合适的工具。

五　资本主义现代化的悖论

如前所述，我们的一般性论点是，新自由主义对资本主义经济制度的重构施加了一种需要适应的压力，这种压力并没有取消此前列举的
178 那些进步性的过程，但永久地改变了它们的功能或意义。在这个新的组织性的资本主义形式的框架中，一种过去可能会被分析为个人自主性的明确增长的东西，呈现出一种轮廓，在其中，不合情理的要求、规训或不安全感，共同产生了破坏社会团结的效果。其中的明确含义，会通过被区分出来的不同行动领域而在结论中得到阐明。

1　在社会民主主义的时代，充满浪漫主义特征的个人主义在社会层面普及开来，其所代表的规范性的进步导致了人生自由的增进，而这种规范性的进步，在新自由主义对资本主义之重构的压力之下，以一种独特的方式走向了它的反面。这不是说这种新的解释模式完全失去了它在生活世界中的影响力，更不是说由于要求更多的灵活性，这种解释模式被消解了；相反，它仍然有一种塑造着许多社会成员的自我理解的未被削弱的重要性。但是，在过去的二十年中它的意义以一种难以察觉的方式被改变了；它作为一种职业和行为上的要求，悄悄进入了经济过程之中。如今，主体不再把他们的职业理解为履行社会职责，而是理解为在他们通过试验去自我实现的过程中可修正的步骤——诉诸这一理念，取消公司中的身份特权、解除对法定地位的担保，以及期待更高的社会灵活性，便得以被证明为合理的。此外，制造业和服务业中高收入职业所要求的资格，越来越多地吸收了一些额外的职能性要求，即创造力和人生经历层面的非决定性。这种对浪漫主义个人主义的规范性解释的转变，开始成为新的资本主义中的一种意识形态和生产要素，而这种转变伴随着破坏团结的趋势，这种趋势体现为雇员们越来越难以

与公司和同事发展长期的关系。而且，要一个人在选择地域、如何使用时间和从事什么活动类型上保持开放，这种要求如此之高，以至于友谊、爱情关系甚至家庭都承受着巨大的压力。无论如何，网络资本主义有一种特征，那就是有对主体的行动能力提出无限制的要求的倾向，以至于模糊了私人和职业及公共领域的边界。“企业家式雇员”被期待着不仅能够忠实地完成外在设定的生产指标，还要让沟通和情感技能及资源发挥作用，以便达成多少是他们自己设定的项目目标。这种工作 179
上的努力，要消除其边界（*Entgrenzung*），则需要缓和私人的行动领域和职业的行动领域的分离，[18] 而且与此相关地，为了职业性的目标，要调动非正式的、“生活世界”的技能（可以说经济理性如今正在被生活世界“殖民”）。[19] 除此之外，网络资本主义正在殖民过去那些远离经济效益的行动领域，从而把成就和交换原则引入了由社会团结组织起来的非对等互惠的领域。这种对经济的非正式化和对非正式领域的经济化有着各种各样的后果，在这里我们无法详细讨论。但是，可以简要地列举出三种现象。

首先，当非正式的、情感性的技能被纳入基于经济效益的工作过程，而经济要求侵入了非正式关系时，对主体来说，要清晰地区分主体间关系的工具性和非工具性方面，变得越来越困难了。换句话说，在网络资本主义中，类似友谊的关系也是考虑到工具性的利益而被建立起来的，而工具性的关系则一再被转变为类似友谊的关系。就这一点而言，友谊关系和工具性的关系之间通常没有明确的中间形式。因为别人与我们相遇时所怀有的“真实的”意图几乎无从识别，所以主体自己也会对此感到模糊不清。

其次，网络资本主义中的主体在职业情境中，会以某种特定的方式更多地被号召去追求他们“真正的”利益。然而与此同时，在以项目为基础的工作场合，那些能够灵活地回应新挑战的、“平滑的”（flat）个人品性会得到奖赏。因此，在这里，我们也发现了一个这样的领域，其中本真性理想最初的解放性意义，被转变成了为资本主义的制度安排辩护的手段。在公司中，要识别出雇员们特定的贡献是困难的，一个例子是，在以项目为基础的工作情境中，我们几乎很难回想起个人的工作成就（只有当人们认识到经济体系要求他们的本真性时，这些要求才会被揭示为经济体系中的一种规则，我们在这里不作进一步讨论）。因此，雇员们也越来越少因为他们的个人贡献而受到赏识了：

> 在灵活的组织中，对以往的贡献的记忆是非常短暂的，这导致层级制度有一种完全可预见的不稳定性：个人不再就其本身而得
> 180 到赏识，而是要着眼于他此时此地所具有的技能。相应地，在这些组织中，不再有任何负责特定职责的职位是由于对（一个雇员的）以往成就的赏识而设置的，而只是通过年龄和服务年限而迂回地设置的。[20]

最后，把私人与公共、非正式与正式、技能与资源混合在一起，削弱了那些主体可以用来衡量其资格和贡献之价值的、或多或少是客观的标准的价值。像建立人际关系和稳固人际关系这样的能力，只能十分艰难地被转变为一种参照，或是变得只能按照程度来评估。而且，人际网络倾向于为人们创造出一些局部性的名声，而这些名声的价值很难在人际网络之外来评估。[21] 也许正是这种关于某些资格和能力的社会价值的不确定性，导致主体在真正的职业领域之外为寻求关注而斗争时（例如在无数鼓励出风头的电视脱口秀中）[22]，越来越多地寻求对于他们那些表面上看起来与众不同的成就和特质的承认。我们在下文还会主要讨论这种不确定性。

2　上文提到的社会民主主义时代的成就，存在于公民自由和政治参与权利不断的确立和拓展之中。通过这些举措，一方面，个人自主性的领域得到了拓展（例如超越了单纯的契约自由），而在另一方面，对歧

视的禁止设法避免了不平等对待——这种不平等对待的情形在资产阶级公民权利的基础上仍然是完全可能的。政治参与的权利最终有助于防止产生不正当的支配，以及在 T. H. 马歇尔看来，有助于在一开始就为真正实现资产阶级的公民权利提供前提条件。社会地位性权利（social status rights）这一范畴对我们当前的思考来说尤其重要，在马歇尔著名的论文《公民身份与社会阶级》中，这一范畴和资产阶级公民权利以及政治参与权利一起构成了公民的地位。福利国家对于社会地位性权利的制度化，同时也表达了一种承认，即政治权利以及其他社会参与权利，只有在有最低限度的物质保障的条件下，才能真正得到实现。在马歇尔的论文中，恰恰是这种社会地位性权利创造了“一种获得实际收入的普遍权利，而这种实际收入不需要由提要求者的市场价值来决定”。[23] 只有当主体有一定程度的可供他们使用的物质供应品，而这些
供应品的提供不取决于他们的成就时，他们才被置于一个能够以或多 181
或少平等的方式参与基本社会制度和实践的地位上。在这种情况下，有两方面应当强调。首先是对权利之受制约性的洞见，这种受制约性和公民的地位联系在一起。[24] 这里的假设是，对公民生活和政治的参与权利，只有当主体在一定的生计水准之上有所支配时，才能被实现，而这种生计水准并不总能凭他们自己达到。其次，与此相关地，一定程度的社会地位能够让主体不必再为他们的生活境况承担全部责任。对福利国家援助的制度化伴随着这样一种承认，那就是在复杂的社会中，社会不平等和不同的起始条件有关，其确切的特征几乎不受主体的控制。在这个意义上，社会权利有着赋权和解除生活负担的作用。

着眼于当代社会，在这两方面我们都能看到一些腐蚀性的倾向。在福利国家机构的转型过程中，在某种程度上，社会权利被大规模地削减了，而在某种程度上它们也变成了经济型的社会服务，对这些服务提出的要求再次依赖于服务对象拥有多少物质资源。同样地，在这种转变中，我们可以识别出一种对法定权益的再道德化（remoralization）以

及对福利国家供应品的家长主义化(paternalization)。那些想要享受福利国家好处的人必须做出一些回报——例如,在失业的情况下,准备接受任何提供给他们的工作——只有这样,他们才有资格成为正当的诉求者。为获得社会服务原则上所需要的资格,以及因此而要求申领福利的能力,被一种责任话语系统性地动摇了——只要出现了这种情况,就会有家长主义的威胁。福利国家提供的利益越是不可能被视作权利主张,这些利益就越会危险地被交给一个无负担的官僚机构专断地处置,又或者要取决于公民社会组织能否唤起公众对他们的困境的充分关注和慷慨,而其结果又是不可预测的。[25] 但是最根本之处在于,自我责任的话语倾向于从福利国家的机构中完全移除所有的关注。像克劳斯·京特所表明的那样,这种话语忽略了个人责任的归属在某种程度上取决于内在和外在的先决条件,主体能否被合理地视作要为他们的行为或者不作为负责,必须考虑到这些先决条件。[26] 如果责任是在不考虑这些先决条件的情况下被指派的,那么当在一个越来越复杂的社会中,主体几乎无法再在充分意义上为他们生存的许多方面承担责任时,责任就会变成一种呈现出悖论性特征的“命令”。[27] 个体必须为他们实
182 际上对其没有责任的事态承担责任,他们被指派的责任的专横的特征因而被加强了。责任的观念最初的特征却完全是解放性的,这使悖论变得更加突出了。正是对于没有人情味的福利机构的批评,导致了人们要求提供更加贴近服务对象的社会福利,由此才产生了一个领域,在其中主体不再仅仅被视作社会转移的消极接受者。在人们可以为之负责的行为的前提条件和有意义的主动行为的范围之间,如何取得恰当的平衡——在关于这个问题的严肃讨论开始之前,一种激烈的责任话语就已经闯入了公共辩论之中,这种话语暗示,个人对自己行为的社会环境,要比从前假定的负有更大的责任。

这里呈现的是一种分裂,这种分裂伴随着网络资本主义结构的扩张,传播了一种极其有效的图景——其描绘的是一个主要由民族国家

构成的责任共同体，这一共同体通过诉诸一个政治或文化共同体中的成员身份，使得要求一个人在再分配层面做出更大的牺牲，大体上显得合乎情理。由于一个被人际网络渗透的社会把这幅图景用作一种根本性的社会自我描绘的手段，其他对社会整体的描绘就失去了影响力。然而，像所有的社会团结模式一样，我们需要一个框架，“在那些受苦者的不幸和成功者的幸运之间建立起一种关系”。[28] 关于这一点，在网络资本主义中，公民们倾向于把他们的努力、成功和失败视为个人化的，以至于用一个更大的整体来作为参照几乎不再可能。一方面，通过“强迫承担责任”这一悖论性的概念，这些后果可以被指定给主体来承担；另一方面，它们可以通过心理学术语来把握：主体必须为他们的生活境况承担的责任越大，这些要求也就越有变得过度的危险。阿兰·埃伦贝格相应地提出了一种论点，那就是被要求承担更多责任所导致的不满，使得抑郁性疾病的病例增加了。“抑郁者，”埃伦贝格写道，“处于一种崩溃的状态中”——但抑郁者是那些相信自己已经失败了的人，而不是那些违反了规则或是被骗取了已有的合法利益的人。[29]

3　在封建社会或前现代社会中，地位首先是根据归属性的特征（出生、血统）来分配的，现代工业社会的特征是消解了基于归属性特征 183
的地位分配，而支持一种普遍化的标准。帕森斯尤其表明，随着社会地位政治越来越专业化，成就原则的重要性也增加了，既然不能仅仅基于出身或血统就排除任何人与成就原则相关的努力，这种重要性体现在原则上就是普遍化的。[30] 要认识到成就原则有一种解放性的内涵并不难：主体仅仅凭借努力就能在其中获得成功的领域越大，在社会地位处境中平等参与的机会就能越大程度地得到保障。着眼于经济领域时，像“家庭组织和雇佣劳动组织的分化”这样典型地属于现代工业社会的过程，以及对一个不断增长的受薪雇员阶层有利的“逐步削弱所有者对于经济组织的控制”的过程，可以认为是以成就为基础的活动领域系统性地实现其扩张的诸阶段。[31] 家族管理形式的退潮，使得小型企业得以通过现代的管理方法（以及相应的受过良好教育的管理阶层）脱颖而出，而这也有助于用更加非个人化，因而更少有专断和家长主义作风的关系来取代家族企业中主导的个人依附模式。[32] 现在，毫无疑问的是，我们粗略概述的成就原则已经成了严肃的社会科学批评的对象。帕森斯自己也指出，早期资本主义中最重要的假设，即个人仅仅凭借他内在的能力就能平等地进入市场竞争体系之中，很快被证明只是错觉。随着二战后教育机构的扩张出现了这样的洞见：与参与市场竞争有关的能力，只有“通过社会化过程中一系列复杂的阶段才能得到传递”。[33] 当然，这种解释只是指出了在社会民主主义时代被认识到的、为平等地参与以成就为导向的市场竞争所需的前提条件。更重要的是这样一些批评形式，这些批评怀疑，成就原则作为一个普遍的社会安排原则，只不过是一种意识形态，因为成就原则倾向于有组织地根据规范性争论的“武器库”中的内容来为不平等辩护，因而否认存在“社会生产和分配的其他可替代的模式”，例如那些避免参照成就原则的模式。[34] 除此之外，
184 时至今日，有很好的经验证据表明，尤其是在高级管理层，出身或是特定阶级的习惯的作用，胜过了那些取决于成就的特征发挥的作用，以至于我们绝不能说已经完全克服了依据归属性特征来进行地位分配的方式。[35] 然而，这些批评模式没有动摇成就原则的合法化力量。相反，最近的研究表明，这一原则继续作为一种规范性的期望，施加着能够塑造人们意识的影响，并因此充当着一种判断社会分配和奖赏结构的评价性标准。[36] 当然，一部分对成就原则的批评也可以解释为一种证据，证明与成就原则联系在一起的普遍性标准，被以一种令人不满的或是过度局限的方式解读了。换句话说，恰恰是当成就原则遭到批评时，人们才是在坚持其中解放性的内涵。

由于成就原则一贯的积极作用，它继续充当着社会安排中的一种普遍的理念，伴随着这一点的还有另一种政治和经济话语，在这套话语框架中，关于成就的语义学获得了越来越大的重要性（“成就应重新得

到回报”)。总之,关于这一点,如果能够表明成就原则恰恰是在作为一
个整体的经济领域中失去了其最后残余的真实性,那么这两种事态就
会呈现出悖论性的特点。在这种情况下,有许多不同的情形都包含了
应当被描述为“关于成就的不安全感”的现象。首先,我们已经能够识
别出一些趋势,那就是在经验层面上已经出现了作为一种现象的、以成
就为标准的正义原则,而这种现象以在市场中获得成功作为奖励成就
的唯一标准。换句话说,只有那些把他们的劳动能力用于生产能在市
场上出售的产品或服务的人,才是完完全全自力更生的。从这个角度
来看,市场呈现为一种“不可避免的评估成就的权威”。[37] 所有无法以我
们所描述的方式被转化为利润的成就,必然是不可靠的。成就原则以
这种方式将其自身市场化了(*vermarktlichen*)——这一论点已经成了社
会理论不依赖于特定经验判断而对当前局面进行诊断的基础。例如,
西格哈特·内克尔和凯·德罗格就假定市场自身只对经济结果感兴
趣,而对于这些结果是如何产生的,市场对其“同时保持‘忽视’和‘中
立’”。[38] 就社会被“市场化”而言,像意外、继承或是运气这样的因素,能
否作为分配物质或是符号性的益品的正当标准,引发了争论。在特定
领域中能被察觉到的对于评价标准的“市场化”,能否作为期望的一种 185
规范性框架而更广泛地保持稳定,而这种框架可能还要求意外、运气或
继承这样的因素并非有意地被包含在一个能被广泛接受的辩护社会不
平等的结构之内,现在要下一个结论性的判断还为时过早。但毫无疑
问的是,人们对于自己成就的价值和地位似乎有一种普遍的不安全感,
这种不安全感被我们已经指出的项目导向的资本主义的特征加强了。
因此,在这里要再次提及重要的一点,那就是我们常常不清楚一段工作
关系是在客观标准还是个人倾向的基础上确立起来的;与此相关的是
一种普遍性的困境,即如何将那些对网络资本主义而言是决定性的技
能(例如建立关系的能力、产生信任的能力、灵活性,等等)加以客观化。
最后,某人通过从事某一项目而获得的名声上的增长,几乎无法与一纸

文凭或是作为“国家同等标准”的参照相提并论，因此在特定意义上这种收益只能保留在项目内部。[39] 把所有这些因素一起考虑，很快我们就弄清楚了为什么当代的主体很难确定他们的贡献和成就的“真实”价值。但是如果成就原则的实践内涵以这种方式发生了改变，那么当代盛行的关于成就的政治和经济探讨，就从一种潜在的解放手段变成了一种工具，这种工具像责任话语一样，会被用来动摇那些不取决于成就的社会福利的分配，并暗示了某种实际不存在的可能性，即主体能够参与到某种社会地位中去。

4　产生于19世纪之初的，以浪漫主义的爱情来对抗交换关系的工具性领域的理念，可能一直只是一种典型的资产阶级幻觉的产物。[40] 确实，在世俗化的过程似乎要开始蓬勃发展的历史时刻，我们能够在情感上感受到夫妻关系开始具有了某些体验性的特质，而所有这些特质，是过去夫妻关系中的“圣徒”只有在行为失范的经历中才能感受到的。然而在早期，一种对于社会优势地位的清醒意识，偷偷闯入了与交换性关系相反的男性和妻子共生一体的领域，从而确保长期的关系或婚姻通常只发生在同一社会阶层的成员之间。但是，随着浪漫主义爱情理想在社会中的传播，从中产生的社会实践却使得夫妻关系的确立和维持越来越依赖于消费了，这时，在这一领域和“冷冰冰的”经济关系领域
186 之间的划界最终还是瓦解了。从20世纪初以来，正如伊娃·伊露兹令人信服地表明的那样，当主体使用消费品和奢侈品来象征性地表达他们的情感关系，以及通过仪式把他们自己从社会环境中区分出来时，爱情变得越来越“具体化”和商业化了。[41] 虽然如此，在这些商业化趋势不断增强的过程中，正如伊露兹也观察到的那样，尽管在经济领域的实践中落入了那些陷阱，主体仍然有让他们的感情免受策略性的效用考虑影响的能力。凭借着可以说是非常精湛的技巧，他们似乎反而能够使用商品消费来保护那些仍然建立在情感倾向之上的“纯粹的关系”，使其不会迅速变质，而且至少能在一定时间内得以维持。在这个程度上，

这些临时性的义务作为亲密关系中伴随着浪漫主义爱情理想而出现的一种承认规范，随着爱情中的实践被经济化，仍能特别地保持其有效性。事实上，我们可以确信的是，社会民主主义时代的妇女运动确保了夫妻关系更加呈现出一种伙伴关系的特征，而且家务劳动和照顾孩子的任务的不平等分配，也越来越被视为对男性那一方的道德挑战。

然而，在 20 世纪 80 年代和 20 世纪 90 年代，由于爱情中产生了一种新形式的消费者理性，一些具有威胁性的倾向浮现了出来，这些倾向可能会破坏这种消费和情感之间的不稳定的整合。首先，由于这种新的资本主义的网络结构有一种典型特征，即无限制的工作要求，所以长期的爱情和亲密关系遭受着越来越大的压力；如今，不断增长的对时间资源的需求，对更高的流动性的要求，以及对人们在工作中承担更多责任、投入更多情感的一贯期待，使得将有创造性的精湛技巧带入私人领域变得越来越困难了，而这种技巧对于维持那些仅仅建立在情感倾向之上的“纯粹的”关系而言是必要的。但是，这种充满了消费的浪漫主义爱情实践遭到有倾向性的腐蚀的原因不仅是由于这些结构性的压力。更确切地说，这种把企业家式的、对行动精打细算的理念转移到主体与自我的关系之中的新的资本主义“精神”，渗透入了亲密关系的毛细血管之中，以至于以效用为导向的算计模式开始占据主导地位。这并不意味着如今人们越来越多地在冷静地计算了亲密关系在快乐和享受方面的效用之后才进入亲密关系；相反，作为一种新的行为模式出现的似乎是这样一种倾向，即根据爱情关系与某一职业路径未来的流动性要求在多大程度上相容，来计算这种关系的长期可能性，而对这种职 187 业路径人们却只能进行短期的规划。如果是这样，这将意味着在爱情最深处的核心中占据支配地位的，其实是长久以来在消费实践中占据一席之地，而从来没有被情感的力量压倒的东西：经济理性。迄今为止，要让伴侣们那些不稳定的关系得以维持，这还是他们会同时纳入考虑的因素，但是如今，经济理性正在变成一种人们用来评估彼此之间能否成为伴侣的工具。

注　释

这些思考进一步详细说明了一个研究纲领，这一纲领的作用是充当法兰克福社会研究所那些经验研究项目的一个理论框架。这一研究项目最早的纲要可以在 Axel Honneth, ed., *Befreiung aus der Mündigkeit: Paradoxien des gegenwärtigen Kapitalismus*（Frankfurt/Main: Campus, 2002）中找到。这一章最早是作为"Paradoxien des Kapitalismus"，在 *Berliner Debatte Initial*, vol. 15, no. 1（2004）, pp. 4 – 17. 发表的。发表者对在 *Constellations*, Volume 13, Issue 1, 2006, 41 – 58. © Blackwell Publishing Ltd., 2006. 转载"Paradoxes of Capitalism"表示许可。这份材料是在 John Wiley & Sons, Inc. 的许可下转载的。

1 Ralf Dahrendorf, 'Das 20. Jahrhundert — Bilanz und Hoffnung', in Dieter Wild, ed., *Spiegel des 20, Jahrhunderts*（Hamburg: Hoffman & Campe, 1999）, p. 18.

2 Talcott Parsons, *The System of Modern Societies*（Englewood Cliffs, NJ: Prentice Hall, 1971）, chs. 5 and 6.

3 Eva Illouz, *Consuming the Romantic Utopia: Love and the Contradictions of Modern Capitalism*（Berkeley: University of California Press, 1997）.

4 Axel Honneth, 'Redistribution as Recognition: A Response to Nancy Fraser', in Nancy Fraser and Axel Honneth, *Redistribution or Recognition? A Political-Philosophical Exchange*（London and New York: Verso, 2003）, pp. 110 – 197.

5 Parsons, *The System of Modern Societies*, p. 80.

6 见本书第九章。

7 Anthony Giddens, *The Transformation of Intimacy: Sexuality, Love and Eroticism in Modern Societies*（Cambridge: Polity, 1993）, ch. 4.

8 Talcott Parsons, 'The Motivation of Economic Activities', in *Essays in*

Sociological Theory (New York: Free Press, 1954), pp. 50 - 68. 188

9 Michael Zürn, *Regieren jenseits des Nationalstaates* (Frankfurt /Main: Suhrkamp, 2003), pp. 64ff.

10 Scott Lash and John Urry, *The End of Organized Capitalism* (Madison: University of Wisconsin Press, 1987), ch. 7.

11 Martin Höpner, *Wer beherrscht die Unternehmen? Shareholder Value, Managerherrschaft und Mitbestimmung in Deutschland* (Frankfurt/Main: Campus, 2003), p. 15.

12 Luc Boltanski and Ève Chiapello, *The New Spirit of Capitalism*, trans, Gregory Elliott (London: Verso, 2007).

13 Hans J. Pongratz and Günter Voss, *Argeitskraftunternehmer: Erwerbsorientierung in entgrenzten Arbeitsformen* (Berlin: edition sigma, 2003).

14 Jürgen Habermas, *Legitimation Crisis*, trans. Thomas McCarthy (Boston: Beacon, 1975), pp. 175ff.

15 同上书,pp. 93 - 94。

16 另见 Martin Hartmann, 'Widersprüche, Ambivalenzen, Paradoxien: Begriffliche Wandlungen in der neueren Gesellschaftstheorie', in Honneth, ed., *Befreiung aus der Mündigkeit*, pp. 221 - 251。

17 Anthony Giddens, *The Constitution of Society: Outline of the Theory of Structuration* (Cambridge: Polity, 1984), p. 313.

18 Arlie Russel Hochschild, *The Time Bind: When Work Becomes Home and Home Becomes Work* (New York: Henry Holt, 1997).

19 见 Nick Kratzer, *Arbeitskraft in Entgrenzung: Grenzenlose Anforderungen, erweiterte Spielräume, begrenzte Ressourcen* (Berlin: edition sigma, 2003), pp. 236 - 239。Kratzer 是在谈论后泰勒主义理性化之"弱点"的语境中这样说的(p. 236)。

20 Nicolas Dodier, *Les Hommes et les machines: La conscience collective dans les sociétés techicisées* (Paris: Métailié, 1995), pp. 341 - 342. 另见 Kai Dröge and Irene Somm, 'Spurlose Leistung, Zeit, Status und Reziprozität im flexiblem Kapitalismus', *bios*, vol. 18(2005), pp. 368 - 374。

21 Boltanski and Chiapello, *The New Spirit of Capitalism*, p. 430.

22 Alain Ehrenberg, *L'individu incertain* (Paris: Calmann-Levy, 1995),

pp. 175ff.

23 T. H. Marshall, 'Citizenship and Social Class', in T. H. Marshall and Tom Bottomore, *Citizenship and Social Class* (London: Pluto, 1992), p. 28.

24 见 Georg Vobruba, 'Freiheit: Autonomiegewinne der Leute im Wohlfahrtsstaat', in Stephan Lessenich, ed., *Wohlfahrtsstaatliche Grundbegriffe:*
189 *Historische und aktuelle Diskurse* (Frankfurt/Main Campus, 2003), p. 141。

25 尼古拉斯·罗斯着眼于超越国家和市场运作的公民社团所提供的福利,首先使用了"再道德化"的概念,因为这些福利只帮助具有特定人格类型的人。见 *Powers of Freedom: Reframing Political Thought* (Cambridge University Press, 1999), p. 265。

26 Klaus Günther, 'Zwischen Ermächtigung und Disziplinierung: Verantwortung im gegenwärtigen Kapitalismus', in Honneth, ed., *Befreiung aus der Mündigkeit*, pp. 117－139.

27 同上书,p. 128。

28 Boltanski and Chiapello, *The New Spirit of Capitalism*, p. 379.

29 Alain Ehrenberg, *The Weariness of the Self: Diagnosing the History of Depression in the Contemporary Age*, trans. Enrico Caouette et al. (Montreal: McGill-Queens University Press, 2010), p. xvi.

30 Parsons, *System of Modern Societies*, p. 110.

31 同上书,pp. 108, 106。

32 Boltanski and Chiapello, *The New Spirit of Capitalism*, p. 17.

33 Parsons, *System of Modern Societies*, p. 110.

34 Claus Offe, *Leistungsprinzip und industrielle Arbeit: Mechanismen der Statusverteilung in Arbeitsorganisationen der industriellen Leistungsgesellschaft* (Frankfurt/Main and Cologne: Europäische Verlagsanstalt, 1970), p. 9.

35 Michael Hartmann, *Der Mythos von den Leistungseliten: Spitzenkarrieren und soziale Herkunft in Wirtschaft, Politik, Justiz und Wissenschaft* (Frankfurt/Main: Campus, 2002).

36 Sighard Neckel, Kai Dröge and Irene Somm, 'Welche Leistung, welche Leistungsgerechtigkeit? Soziologische Konzepte, normative Fragen und einige empirische Befunde', in Peter A. Berger and Volker H. Schmidt, eds., *Welche Gleichheit, welche Ungleichheit? Grundlagen der Ungleichheitsforschung*

(Wiesbaden：VS, 2004), pp. 137 - 164.

37 同上书。

38 Sighard Neckel and Kai Dröge, 'Die Verdienste und ihr Preis：Leistung in der Marktgesellschaft', in Honneth, ed., *Befreiung aus der Mündigkeit*, p. 105.

39 Boltanski and Chiapello, *The New Spirit of Capitalism*, p. 430.

40 Niklas Luhmann, *Love as Passion: The Codification of Intimacy* (Cambridge：Polity, 1986).

41 Illouz, *Consuming the Romantic Utopia.* 190

第四部分

精神分析学的衍生

第十一章

否定性的作用：对精神分析学的一个承认理论的修正

在精神分析学中，对于像“否定性”的作用这样复杂的主题，最好是提出一些能够尽可能简洁地表达自己信念的论点。我将以三步来进行我的论证：我首先会概述一些理由，说明为什么批判理论要依赖于精神分析学（一）；接下来，和此前法兰克福学派的代表人物对修正主义提出的指控相反，我将探讨让批判理论接纳客体关系理论的必要性（二）；最后我将考虑这种范式转换的代价是否过高，因为它把“否定性”，弗洛伊德的作品真正的“刺激因素”，从精神分析方法中移除了。在这最后一步中，我也会探讨在这篇简短的论文标题之下作为其基础的问题。但是在这样做之前，为了说明研究“否定性”的力量的重要性，我们需要先通过前两步来迂回地论及这个问题。[1]

一

至少有两个理由说明了为什么在法兰克福学派的传统中，一种社会批判理论仍然和精神分析理论有密切的联系。但是仅仅通过指出阿多诺和马尔库塞的作品在两者间的传递，我们还不能合理地证明这种联系。从我们当前的观点来看，由霍克海默所设想的和弗洛姆所带来的，在批判理论和精神分析学之间的合作，有着某种偶然因素。在当时，有一种广泛的潮流，尝试把马克思主义和精神分析学整合在一起，
193 其主要目的是用能够解释为什么革命性的起义没有发生的一种精神分析理论，也就是社会整合程度，来补充历史唯物主义的社会理论核心。精神分析学是一个合乎逻辑的候选者，因为它似乎能够阐明那些精神性的、无意识的依恋，而这些依恋妨碍了受压迫的主体认识到他们的理性利益。在法西斯主义终结之后，当然也是在社会研究所的成员部分回到了新成立的联邦德国后，社会文化情形已经发生了剧变；需要被解释的已经不再是无产阶级的心理整合，而是全体民众表现出来的不同寻常的冷漠，以及他们没能起来抵抗的原因。在这里，精神分析学似乎同样是一个合适的补充性的理论策略，因为它提供了一种可能性，能够和与资本主义市场经济的衰落有关的那些假设联系在一起，把主体的“失去同一性”(*Ich-Verlust*)，个体的“危机”，解释为失去了家长式权威的心理结果。从那以后，由于当代人的经历中发生了剧烈的转变，把精神分析学和一种社会批判理论整合起来的必要性，也就失去了它的主要依据。当生活世界正在被迅速地“去传统化”，而且主体似乎正在自愿地经历一个个体化和自主化的过程时，我们似乎就不太清楚一种带有精神分析概念的批判理论实际上要去追求什么目标了。渴望把这两种理论融合在一起，通常只是表达了正统理论对于某种试验的敌意，也就是对于概念创新的一种草率的拒绝。一种社会批判理论应该采纳的

具有跨学科特征的形态，不再是一种固定的事态，而要根据所采用的基本概念和有待解释的议题相应地改变。因此，对哈贝马斯来说，当他发展他的交往行为理论时，唯一合乎逻辑的就是抛弃精神分析学，并用一种受皮亚杰和科尔伯格启发的发展心理学的形式取代它；用与他自己的主要概念一致的概念来说，这将决定建立一种后传统的（post-conventional）道德意识的可能性。

正是批判理论这种内在的历史性，不断要求我们探究精神分析学在批判理论中的特殊地位。除了在时间（20 世纪 20 年代和 30 年代）和地域（法兰克福）上有着大量偶然性的历史传统以外，似乎没有什么会必然要求整合这两种理论方法。然而，和哈贝马斯不同，我相信有许多充分的理由让一种社会批判理论以精神分析学为依据（在这个术语最广泛的意义上）。我将要提出的两个理由都和精神分析理论提出的关于主体的观念有关。 194

（一）一种社会批判理论需要在规范性的层面上有一种关于人类的概念，这种概念要尽可能地切合实际和贴近现实现象；这一理论应该能够为个体无意识的、非理性的依恋赋予一个恰当的位置。不考虑那些无意识的动机和情感，这种理论就有冒着屈从于道德理想主义，向个体要求过高的理性的危险。即使是今天，精神分析学在它所有的变化形式中，都代表着最关注人类理性之构成性边界的理论。被压抑的本能性的幻想，大体上无意识的依恋，又或是无法被控制的情感丛——无论以哪种形式，精神分析理论总是会把人类那些无意识的、对理性慎思施加了几乎必然的限制的驱力纳入考虑。为了抵御伴随着理性道德（*Vernunftmoral*）之观念的那些幻觉，批判理论必须补充一种由精神分析学的洞见所指导的道德心理学。根据这一观点，人类被认为是这样一种存在：他们会被要求他们做到不偏不倚的严格的义务压垮，因为这将忽视某人生命之存在性的基础。因此，在规范性的层面上，对批判理论来说，精神分析学扮演了与霍克海默赋予“唯物主义”的角色同样的角色：它认识到了人类通过无意识的驱力或依恋与他们自己独特的生命联系在一起，而这是所有原则化的理性的道德都必须考虑的。

（二）但是一种社会批判理论不仅是在规范性的层面上需要由精神分析学加以补充；在解释性的层面上也是如此，因为精神分析学能最好地解释人类行动无意识的（*reflexionsentzogen*）动机。这种论证，与根据一种理性的道德之理想主义倾向提出的论证是并行的。通过把握这些论证，社会发生（social occurrence）作为无意识的驱力或是对依恋的需要在其中留下了印迹的行为之结果，能够超越主体对它们的表达而得到恰当的解释。在一个非常基本的层面上，我们应当预期在社会世
195 界中存在着意识不可及的情感和动机。为了能够把那些在焦虑、对依恋的热望、对归属感的渴望以及对服从的幻想中表达出来的，难以理解的无意识的动机考虑在内，我们需要一种关于主体的心理学理论，一种能够充分解释我们个人经历中无意识的情感之起源的社会化理论。我还没有看到有什么理论能比某种版本的精神分析学更好地适合这一要求。

但是，我们在这里遇到的问题是，在精神分析学的许多变种当中，哪一种能最好地完成这一任务。在我看来，答案取决于精神分析学的哪一变种能够最好地作为一个整体来考虑社会中的社会化环境。这一标准也可以这样来定义：对批判理论的心理学补充，其最佳候选者是这样一种精神分析流派，它的基本概念能够无缝地转译为社会理论中的范畴。在下一步中，我将列举出一些理由来说明，为什么我们应该把客体关系理论视作对当前的任务来说最合适的精神分析学变种。

二

在概述理由来说明客体关系理论为什么尤其适合与一种社会批判

理论建立跨学科的联系之前，我首先会简要地呈现客体关系理论的主要论点。当然，我也会证明，30 年前阿尔弗雷德·洛伦泽和尤尔根·哈贝马斯做出的修正批判理论的努力走得还不够远，因为他们把主体间主义(intersubjectivism)仅仅置于精神分析方法的方法论层面上，而不是把它归类在当时在场的社会化理论的基本概念之中。客体关系理论在对关系障碍的治疗性分析的基础上，推论出了能够成功地与其他人形成情感纽带所需的条件。但是在精神分析学能够聚焦于人类行为的人际方面之前，我们要能动摇正统的儿童驱力发展观念的一系列理论推动力。对弗洛伊德和他直接的后继者来说，儿童在互动中的同伴，首先只有在他们作为性欲投射对象出现时，才是有意义的，而这种投射产生于无意识的冲动与一个逐渐发展出来的自我在心灵中的冲突。在这 196
个派生性的、次要的角色之外，母亲就其自身而言还可以被视作扮演了一个照料者的角色，因为儿童在心理无助的阶段对失去母亲的恐惧，就是在儿童成熟之后所有不同形态的这种感觉最初的来源。在如此固定下来了一幅儿童心理发展的图景之后——根据这幅图景，他们与其他人的关系仅仅是性冲动发展过程中的一个函数——勒内·施皮茨所从事的一些经验研究对此提出了一些初步的质疑。他的观察表明，即使儿童所有其他身体性的需要都被满足了，拒绝给予儿童母爱还是可能导致严重的行为障碍。早期儿童发展中的情感纽带具有独立的重要性，在相关研究初步指明了这一事实之后，像莫里斯·伊格尔在他的题为《精神分析学近期的发展》[2] 的综述中表明的那样，一系列进一步研究的结果很快就巩固了这一结论：一些行为学的实验设法表明，在猩猩幼儿和它们所谓的代理母亲(surrogate mothers)之间的纽带无法从生理冲动得到满足的体验中派生出来，而必须来源于“接触性愉悦”(*Kontaktbehagen*)的体验。约翰·鲍比开创性的研究发现，已处于他们生命最初几个月的人类婴儿，发展出了一种积极的对于人际亲密接触的意愿，由此为所有后来的情感纽带形式奠定了基础。丹尼尔·斯特恩受到施皮茨和鲍比的启发，设法提出了令人信服的证据，表明母亲和儿童之间的互动是一个高度复杂的过程，在其中双方培养了彼此间共享感受和情绪的能力。

在精神分析学仍处于研究中的战后英国和美国，这一定显得非常令人困惑。毕竟，和弗洛伊德的本我—自我模型不同，这一研究似乎指向了早期的、前语言阶段的互动体验的持久的意义：如果社会化的过程主要依赖于儿童在和他们最初的照料者的情感性交往中的体验，那么正统的观念，也就是心理发展存在于一个序列之中——这一序列是性欲和自我的能力之间“独白的”关系的组织化形式，就是站不住脚的。精神分析的概念框架需要得到根本性的拓展，增加一个独立的社会互动维度，在其中儿童通过与其他人的情感关系学会把他们自己视作独
197 立的主体。这一理论结论和精神治疗的发现是相符的，这种发现表明越来越多的患者患有的精神疾病并不是源于本我和自我的内在冲突，而是仅仅源于由于断奶导致的人际障碍。这些以边缘人格障碍和自恋症状为表现的病理状态，迫使治疗师们越来越多地诉诸无法与正统观念相协调的解释路径，力图为儿童和他们的照料者之间的互相依恋赋予一种独立的意义。

客体关系的精神分析理论代表了用一个概念性的答案来回答由这几种迹象勾勒出来的许多不同挑战的首次尝试。我们可以稍微有些概括性地说，儿童社会化的心灵过程，和弗洛伊德以及他的学生看待它的方式是非常不同的。心灵中的机制（*Instanzen*）其结构——我们在哲学上把它叫作主体与自我的关系（relation-to-self）——代表了一个过程，在其中，儿童把他们在依次遇到他们的母亲、父亲、兄弟姐妹以及最后遇到同龄人的过程中学到的互动模式逐渐内在化。心灵的组织化因此以一种互动过程的形式出现，在其中不断成熟的主体只能通过在心灵中进行反映，来学会认出已经存在的客观的互动关系的独立性，以便引起各种不同的内心机制。

这表明了为什么客体关系理论是一种适合与社会批判理论合作的学说。通过把心灵的结构——埃里克·弗洛姆把这叫作性格形成——理解为是对典型互动模式的表达，我们可以很容易地与一种社会理论建立联系，这种社会理论本身关注互动关系的社会形成。对弗洛姆来说，能够被包括在精神分析理论中的社会现实的范围最初看起来似乎非常单薄；它们只局限于父亲的行为，因为这被认为是精神性欲的发展被固定在某个特定阶段的原因。[3] 但是在客体关系理论中，社会在所有的互动模式中都呈现为儿童在他们的发展过程中不断被整合进其中，并逐渐学会去处理的对象。儿童的每一个客体关系，他或她与每一个具体的或广义的他者稳定化的互动，都有一种社会性的典型形式；这一形式即使是在儿童已经内在化的机制之中，也反映了社会性的互动关系。在第三步中，我将讨论在何种程度上这种与客体关系理论的联系可能代表了一种对批判理论的威胁，使其失去了“否定性”这一精神分析学的推动力。 198
至少这是阿多诺对这个问题的看法。

三

目前为止，在讨论了这些内容之后，看起来似乎是通过内在化互动模式进行的儿童的社会化，相对而言是摆脱了冲突的，没有给个体的心灵结构留下创伤或伤害。即使这一社会化模式为一种相应地加以再阐述的驱力理论所补充，而后者被理解为形成心灵机制的推动力，[4] 似乎对这种和谐也没有任何显著的影响。因此，我们可以反对说，这一概念低估了长久以来处于正统精神分析学核心的否定性的力量——这种力量以死亡驱力或一种内生的攻击倾向为形式。通过与客体关系理论联系在一起，批判理论就会失去对于人类本质的不一致性的认识，而这种不一致性是阿多诺一直以来认为的精神分析学最重要的贡献。如果我是对的，那么问题就可以归结如下：我们一定要认为这种否定性的力量——又或者我们应该说：心灵越轨的倾向，人类心灵的碎片化——是我们驱力中的一个要素吗？或者我们能把它看作是我们的社会化的不可避免的结果吗，一个内在化的过程？这个问题是如此关键，因为它决定了客体关系理论的批判性潜力。毕竟，温尼科特的过渡性客体的概念，就承认了存在诸如儿童因为被强迫去认识一个独立的互动的领域而受到难以弥补的伤害这样的情形；而一种想要恢复原先共生的统一性的倾向，则持续影响着我们的一生。像这样的一种冲动，甚至像科内利乌斯·卡斯托里亚迪斯所说的那样，被理解为一种心灵内在的力量源泉，不断地要求主体一再地逾越自我的边界，去寻找新的、拓展了的互动形式。[5] 把这个观点和正统的观念区分开的，本质上是这种动态的否定性，它不是被理解为我们的驱力本质中的一部分，而是我们的社会化过程的一个不可避免的结果。既依据精神分析在批判理论中的规范性的作用，也依据其解释性的作用，而在两种观念之间作出的这个区分，是相当无关紧要的；在这两种情况下，主体都只能有一种碎片化的
199 主体间性，因为他们被一个他们无法控制的互动领域具有独立性这一事实击溃了。这两种精神分析学的版本都处理了在无意识中起作用的对依恋的渴望，对服从的热望或是对征服的幻想，而这些是我们不得不在规范性和解释性的层面上加以解释的。因此，尽管对于我们有内在的攻击性倾向这一假设的经验准确性存在质疑，[6] 放弃一个过强的驱力理论，似乎仍是明智的。放弃“人类本质上有死亡的驱力或攻击的驱力”这一假设，一种社会理论的批判性意图也几乎不会受到损害。

注 释

1 Joel Whitebook, ‘Mutual Recognition and the Work of the Negative’, in William Relg and James Bohman, eds., *Pluralism and the Pragmatic Turn: The*

Transformation of Critical Theory. Essays in Honor of Thomas McCarthy (Cambridge, MA and London: MIT Press, 2001), pp. 257 - 291；另见我在本书第十三章对 Joel Whitebook 的详细讨论；Reimut Reiche, 'Subjekt, Patient, Aussenwelt', *Psyche*, vol. 53(1999), pp. 572 - 596。

2 Morris Eagle, *Recent Developments in Psychoanalysis: A Critical Evaluation* (Cambridge, MA: Harvard University Press, 1989).

3 Gunzelin Schmid Noerr, 'Zwischen Sozialpsychologie und Ethik: Erich Fromm und die "Frankfurter Schule"', in Institut für Sozialforschung, ed., *Mitteilungen*, vol. 11 (Frankfurt/Main: Institut für Sozialforschung, 2000), pp. 7 - 40.

4 例如，可见于 Hans W. Loewald, 'Triebtheorie, Objektbildung und psychische Strukturbildung', in *Psychoanalyse: Aufsätze aus den Jahren 1951 - 1979* (Stuttgart: Klett-Cotta, 1986), pp. 193 - 205。

5 Cornelius Castoriadis, *The Imaginary Institution of Society* (Cambridge, MA: MIT Press, 1987).

6 Martin Dornes, *Die frühe Kindheit: Entwicklungspsychologie der ersten Lebensjahre* (Frankfurt/Main: Fischer, 1997), ch. 9. 200

第十二章
“我们”中的我：作为一种群体形成之驱动力的承认

虽然“群体”这个概念是高度可塑的，而且适用于许多不同的社会现象，但是每一个历史时期的人们，都会从群体多种多样的表象中挑出个别尤其显著的特征，从而建构这一历史时期的人们对于群体之构成的描绘。这些建构反映的就是这一时代的人们的那些恐惧、希望、关切与期待，而正是这些情绪，激励着个体和身边的人们联合在了一起，从而使一些相对稳定持续的团体（associations）得以形成。即使只是粗略地瞥一眼动荡的20世纪历史，我们也会看出，随着社会群体的出现和传播，人们的某些经验很快便会在群体中共享，从而出现越来越多样的团体。起初，整个社会关注的都只是在那种失去了个性特征的、驯服的大规模群体中的经验，以至于从弗洛伊德到卡内蒂和阿多诺，群体的概念在他们那里几乎是完全以对退化性的大众（masses）的描绘来定义的。[1] 随后，在二战之后，这种负面的群体观念通常被转变为“团伙”这个范畴，也就是使用暴力的青年人的小群体。对这一术语的普遍使用，说明发展中的富裕社会十分恐惧它制造出来的那些失败者。[2] 然而在20世纪，对于群体的这种社会性描绘的历史也部分包括了和这些负面的类型化的群体观念并行的、正面的群体观念的出现，这些观念反映的是人们对于社会群体的积极影响的期待。美国的社会心理学研究发现了运动队和邻里社团的教化功能，[3] 而皮亚杰开创性地研究了儿童的道德发展，证明了同辈群体在社会化过程中的作用，[4] 在这之后，很快就有越来越多的人开始过度地期待初级社会群体的功能；人们认为初级社会 201
群体能显而易见地保证和谐的社会关系。如今，由于社群主义的普及化，文化共同体的观念取代了关于群体的理想。在这个以共同价值为特征的文化共同体的环境中，个体将能发展和巩固自己的个性，而这是他们在纯粹法律性的关系中无法做到的。[5]

无论这些群体形成的历史类型可能有多不同，在形式上它们都倾向于只挑选出社会团体的一种可能特征，并将其类型化为决定性的特征，就这一点而言，它们是大体上相似的。在负面的群体形成观念中，那些被用来对群体加以概括的特征是退化性的，并威胁到其成员的个体性；因此，在群体多种多样的社会表象之中，最终只有单调的大众保留了下来。相反，在正面的群体观念中出现的是那些更加具有教化作用，并巩固了个体性的要素，这些要素是如此理想化，以至于在群体中失去自主性的危险不知不觉地从人们的视野中消失了。带着这样片面的视角，这些理论促进了那些能在文学作品和媒体上找到的社会神话的形成，从而常常影响着我们的日常意识。对于社会团体之影响的描绘，占据主导地位的图景是从对学术理论的选择性的掠夺中得到的，而这些理论在经过一个方法论上的抽象过程之后，变得只专注于社会群体的某些特定特征。虽然如此，这个过程还是有导致一个封闭循环的危险；这些日常的神话，对于它们从中得到材料，用来对群体的特征进行大众化的概括的学术研究，有一种反作用的效果。研究者悖论性地成了社会神话的受害者，而这些神话，是他们通过有意地采纳一种片面的方法去接近一种社会现象的某个单独方面时制造出来的，但这并非他们所愿。在关于群体形成的研究中，我们在20世纪见证了许多对社会的大众化的描绘对于理论工作的这种不可控制的反作用效果。即使是今天，仍然有一种倾向，那就是要么强调群体退化性的特征，要么强调其促进自主性的那些特征，而不考虑这样一个事实，即两者都源于同一种机制。不幸的是，精神分析学因此为一种对于群体的负面描绘所主导，弗洛伊德的传统将其解释为想要补偿一个虚弱的自我的驱力之结果。精神分析学因此聚焦于这样一个退化的过程，在其中个体心灵中那些原始性的层面在群体生活中被再次激活了。相反，社会学和政
202 治科学却保留了一种对于群体的非常正面的描绘，这种描述以文化共同体的表象为特征：语言、传统和或大或小的、整合性的群体共享的价值。这种潮流相应地对这样一些过程更感兴趣，在其中为个体提供了心灵的安全感和完整性的集体认同，是通过从主导性的价值体系中脱离而形成的。

这些"相互的盲点"（reciprocal blind spots）导致两种研究潮流都无法识别出各自目标领域在多大程度上有另一种研究倾向留下的印迹。就像精神分析学拒绝承认参与社会群体强化了自我一样，社会学的群体研究大体上也没有意识到个体在集体性经验中面临的危险，这种危险源于早期的客体关系被无意识地重新激活了。但是，一个更加严重的缺陷在于这些片面的类型化的观念似乎妨碍了两种学说之间形成一种基本的概念性联系。各方所认为的，对于群体形成来说具有决定性的动机之间的差别如此之大，以至于它们似乎在处理两种完全不同的社会现象。如今，应对这种缺陷的唯一方法就是把解释社会群体的范畴性的起点置于一套术语之中，而这套术语在最开始的阶段，对这两种负面的和正面的理论选择保持中立。为了做到这一点，群体，无论其规模多大或属于什么类型，都应该被理解为一种通过帮助个体获得个人稳定性和发展（*Erweiterung*）而服务于个体利益或需要的社会机制。但

是，依据社会纽带和随后的社会经验类型，这种在群体中谋求支持的行为能够呈现出各种不同的形式，这些形式共同决定了群体中无意识的“主题”（*Thematik*）的范围。在这篇论文中，为了发展这样一种统一的范畴结构，我将诉诸“承认”的概念。我将在第一步中简略地提出这样一个前提，那就是个体对于得到社会承认这种体验的依赖，解释了为什么他们要在各种不同的社会团体形式中寻求成员身份。每一种个体在他们的发展过程中所依赖的承认形式都与另一种广受欢迎的群体成员身份形式分析性地一致（一）。但是，这个初步的前提已经是经过了抽象的，因为它没有考虑个体对于“融合”的需要，而这种需要通常对群体生活有一种影响。因此，利用温尼科特的观点，我的第二步将通过讨论那些通常共同决定着群体生活体验的、退化性的倾向，来尝试纠正这种对于群体的理想化描绘（二）。但是这还不足以让“群体”的概念完全 203
符合社会现实。群体的行为能够很明显地被无意识的投射和幻想影响，这导致了沟通过程的病态化，并在其后带来破坏性的后果（三）。因此，我们的理念是一步步撤回在最初的前提之下的理想化的描绘，这一前提是指一个和谐的把“我”吸收进（*Aufgehen*）群体性的“我们”之中的过程。

一

我将呈现出来的关于群体形成的各种不同形式的思考，建立在一种关于人类社会性和个性发展的承认理论概念的基础之上。通过综合客体关系理论和米德传统中的美国社会心理学的成果，我假定主体的“我”的形成发生在把以主体间承认为特征的社会回应加以内在化的阶段。通过逐渐把他们的互动伙伴的认可、鼓励和肯定与他们自己尚未被组织起来的经验联系在一起，儿童学会了培养存在于一种积极的与自我的关系层次之中的内在个性核心（*Persönlichkeitskern*）。[6] 我们可以通过分析性地区分这样一种与自我的关系的许多不同阶段——主体自主性的能力在每一阶段都有所增强——来进一步区分这个社会化过程。当互动伙伴的数量增加时，承认性的行为变得更加复杂，要求也变得更高了，而正是这些行为使得成熟中的儿童能够开始意识到他们自己的各项能力和权利。考虑到这个前提，我们似乎可以假定存在一个儿童的与自我的关系的最初阶段，在其中他们学会把他们的需要和欲望理解为他们的自我中一个可明确表达的部分。爱利克·H. 埃里克森在不经意间发现了“自信”这一术语，他运用这一术语对精神分析学做出了丰富的贡献，通过利用这一术语，我们就能描述这种对于某人自己的需要之价值的最初的安全感。[7]

如果这种自信的形成，是通过成功地把由某人最初的照料者——通常是母亲或父亲——所提供的稳定的照料加以内在化而发生的，那么要达到第二阶段就需要拓展这些重要的互动伙伴的网络。儿童必须超越这种自信，并且获得这种积极的与自我的关系的一种额外的形式，而这种关系存在于最初的意识之中，即他们意识到了自己被其他人视
204 作能够负责任的（*zurechnungsfähig*）个体。通过诉诸乔治·赫伯特·米德和让·皮亚杰的观察结果，我们可以假定，这个阶段存在于将与其他儿童游戏的体验内在化的过程之中。在游戏中，儿童的身份是互动伙伴，他们的判断被视为有价值或可靠的，通过这种体验，他们发展出了最初的、萌芽性的自尊形式。[8] 当然，在这个过程中他们越来越受到其他家庭成员的尊重，这种尊重体现在儿童作为一个主体，他的信念对于家庭共同决策来说不再完全无关，对这种尊重的体验在这个过程中也发挥了作用。最后，自主性发展的第三阶段并不是在第二阶段的结论之后出现的，而是与其并行的。毕竟，儿童为了最终能够意识到他们身体和精神能力的价值，所必须要具有的主体间的经验，通常在这样一个阶段中就已经发生了，在这个阶段，他们通过与在一个弱的意义上被一般化的他者的互动获得了最初的自尊形式。[9] 基本上，在这种积极的与自

我的关系之三个阶段，即自信、自重(self-respect)和自尊(self-esteem)之间的区别不应该在一个很强的意义上被理解成一个个体发育的序列；相反，我们可以放心地假定，所有这三种与自我的关系的形式，可以通过对父母的照料的内在化而协调一致地得到发展，而且只有通过此后逐渐地在互动中区分出各种不同的伙伴，这三种形式才能被体验为某人生活中三个不同的方面。

从这些考虑中浮现出来的人类社会化模式意味着个性化与社会化的交织，而这已经能使我们推论出在个体成熟过程中社会群体的作用。像我在上文声称的那样，对被逐渐区分的承认行为的内在化导致了一个复杂的与自我的关系的发展，通过这种发展，儿童逐渐学会把自己视为他们社会环境中具备正常能力的成员。这种自主化的过程和社会化的过程联系在一起，因为只有那些将社会期望的规范转变为他们的自我理解(understanding-of-self)实践的核心的人，才是能够履行这些规范的主体。但是，为了维持甚至是拓展这些积极的与自我的关系的形式，主体需要社会群体中的成员身份，这种身份是对最初的承认行为的反映。某人自己的需要、判断，以及最重要的，技能，被视为有价值的，主体必须不断地再生这种体验，使其不断地被重新充实起来(re-concretize)，为的是他们不会作为被一般化了的、没有了个性特征的他
者，而失去自己的力量和活力。群体使成年人能够重新体验直接的承 205
认行为，这种仍然是通过姿态和话语来传达的行为，是他们曾经在童年期间从他们具体的照料者的肯定性反应中体验到的，至少在比较幸运的情形中是这样。[10] 因此，我相信我们可以正当地假定，主体有一种非常正常的，甚至是自然的需求，想要被承认为社会群体的成员，而在那些群体中他们能够在与他人直接的互动中不断获得对于他们的需求、判断和许多不同技能的肯定。

当然，我们可以根据我们在哪种形式的积极的与自我的关系中体验到了这样一种具有重新充实的作用的承认，来区分出这些群体。为

了维持甚至是加强他们的自信，主体需要得到持续的、可靠的情感，而这种情感大多是他们在友谊和爱情关系中获得的。在这里我们不是在严格的意义上谈论群体这个术语，因为我们所寻求的主体间性反而采取的是一种一对一的（dyadic）形式，而这种形式，在一种建立联系与脱离联系的平衡之中，似乎模仿的是那种早期的共生关系的结构。在任何情况下，我们都可以大胆地假定成年人有一种冲动，想要在对统一性的亲密的体验，通常是两性之间的体验中，变得能够意识到他们自己的需要的价值。而且，由于仅仅对于爱情的体验并不足以在一生中都维持这种自信，主体通常要依赖于对于承认这种类似共生关系的反复体验。[11] 当谈到我称之为“自重”（self-respect）的那种积极的与自我的关系时，情况就有所不同了。通常，主体会在青春期快结束时学会把他们对于自己的判断之价值的自信和他们从前从同辈群体那里得到的具体的认可分离开来。有可能仅仅是让主体逐渐接纳一个公民的角色，就足以让他永久地在心理上建立一种自重感，从此不再依赖于直接的认可和肯定就能行动。但是这样一种幸运的结果是极为罕见的；一般来说，对于公民义务以及最重要的公民权利的体验，依然太过抽象，而无法给予主体必要程度的自重。因此，正是当主体被拒绝给予作为有法定权利和义务的个人的地位时，他们才尤其要依赖于社会群体来给予一种补偿性的尊重。这样一些群体，用理查德·桑内特创造的一个术语来说，构成了“尊重的反主流文化”（countercultures of respect），在其中属于特定群体的关于责任和尊重的准则得以通行。[12] 这些团伙只在很少的情况下才会超过那种使直接的互动成为可能的规模，因为毕竟他们必须通过表达鼓励的姿态和言辞，去帮助个体意识到他们自己的判断的
206 价值。一旦一个群体发展到了一定程度，以至于当面的互动不再可能，它就会变成一种社会运动，在其中那些作为替代选择的表达尊重的规范，则变成了群体中用于沟通的一种通用媒介。在这种缺乏个性特征的大规模的群体中，集体共享的符号和仪式取代了具体的表达承认的

姿态，但是它们必须保留有足够的共生性的力量，即使是隔着一段距离，也要能给予它们的成员以补偿性的尊重。

但是毫无疑问，对于群体形成来说，最丰饶的基础就是上述所描述的个性发展中作为“自尊”(self-esteem)的层次。毕竟，某人自己的技能对于他人来说是有价值的——这种感觉，如果要避免变得微弱无力，就需要持续终身的肯定。成功的社会化提前为这种积极的与自我的关系奠定了心理基础，因为父母、兄弟姐妹或同辈人通常会给予明确的信号，表明这个成长中的主体拥有某些有价值的才干或技能；某人自己的自尊要依赖于他人给予的尊重，但是在主体进入学校，以及最重要的，步入职业生涯之后，他们所要依赖的人数大大增加了。为了应对这种增长的脆弱性，人们变得更加渴望具体的认可与肯定了。在如今的群体形成过程背后，有一种——如果不算是最重要的——动机，这种动机产生于想要从同辈人那里直接体验到尊重的需求。随着价值的多元化和最具多样性的亚社会环境的出现，这种倾向很可能比任何时候都要强烈，因为如今几乎不再有统一的，可以不通过具体的个人就让个体知道他们自己的成就之价值的社会标准。某些群体的存在专注于价值的某些特定方面的实践，以及致力于让群体成员能够得到对于他们自己的技能和才干的互相认可，然而如今对于这些组织化的或非正式的群体，我们却几乎没法把握它们的数量。而且，那些通常发生在这些群体之中，甚至是群体之间的竞争，只不过表达了这样一个事实，那就是这种尊重的前提是在一个等级结构中占有一个位置。

对于在对承认的需要和群体形成之间的关系，这样一个简短的概述可能会给读者留下这样一种印象，那就是所有这些群体都摆脱了无意识的驱动力。群体生活的目的似乎对所有的成员都是如此透明，以及这种目的是如此地致力于精神层面的健康，以至于无意识的力量和冲动根本没有发挥影响。但是，这种最初的观念只是一种方法论上的虚构的结果，而这种虚构的目的在于先给出一个独立的观点，这种观点涉及的是在群体形成背后的完全单纯的以及实质上是自然的动机。一旦我们转向存在于主体控制范围之外的更深层次的对于承认的渴望，这幅图景就截然不同了。根据温尼科特，儿童会因为和他们童年早期
207 共生关系的分离而在一定程度上受到打击，而这种分离是承认他者之独立性的第一步。因此，主体在成年期晚期后，仍然保留着偶尔倒退回一种紧密联系和融合（*Verschmelzung*）状态中去的冲动，在那种状态中他们能把自己体验为和其他主体在一起的一员。这种倾向，像我将在论证的第二步中声称的那样，是所有形式的群体生活的典型特征。但是这些冲动是无意识的，这也并不意味着我们在处理一种病理性意义上的退化。

二

温尼科特为他理论的主要前提所提供的理由并不难理解，尽管近来有许多对他的前提的反对意见。在他的论证中，这位客体关系理论家仅仅是从他的论点，也就是我们在生命的最初体验到一种共生的统一性，得出了推论。如果儿童只能通过由他们的母亲（或者其他最初的照料者）所提供的稳定的照料而把一种早期互动模式加以内在化，才能学会去组织他们的心智能力，那么在这一阶段之前的一定是一种对于统一性的，在主体和现实之间缺少分离的体验。在这个阶段我们无法再谈论一个被体验为独立于某人自己的他者。在这个最早的阶段——精神分析学为其提供了从“原初的自恋”（primary narcissism）到“共生”等一系列或多或少是充分的概念，婴儿认为他们自己的冲动和驱力是如此完全地与由他们的照料者表现出来的满足他们需要的回应融合在一起，以至于在他们的自我和现实之间的情感体验中没有任何断裂之处。[13] 因此，新生儿由于他们的无助（*Mängellage*），要完全依赖于他们最初的照料者的照料，这并不只是为了维持生存的缘故。在一个更深刻

的、经验性的意义上，他们完全不能与他人满足他们需要的回应分离开来。温尼科特十分确信，这种最初的共生的体验，不仅对于儿童，原则上对成年人来说，也具有关键的、内在于心理的重要性，从而在本质上他的精神分析作品就致力于解释那些让我们在童年早期逐渐认识到一种独立现实的机制。但是我们必须强调，温尼科特感兴趣的不是认知性地创造一个关于客观的、独立的现实之图式，而是对这样一些机制感 208
兴趣，这些机制让儿童设法在情感上认识到一个独立于他们自己欲望的照料者之实在性。温尼科特用一个绝妙的概念来解释儿童的学习过程中这一关键性步骤的假设——“过渡性客体”（transitional objects），对于这个概念我只能给出一个简短的概述。[14] 在他们和他们直接接触的环境中的客体之间高度情感性的关系之中——这些客体中的部分可能是一个玩具、毯子的一角或是他们自己的拇指，婴儿，通常是在他们的照料者的默许之下，建构起一个独立的现实领域，这一领域既不仅仅属于他们的内在体验，也不仅仅属于客观环境的领域。相反，这样一种“中介的”经验空间是独特性的，因为它被所有卷入其中的人理解为一个本体论领域，而在这个领域中没有对于其实在性的质疑。

如果我们也把儿童在其中发现了这种中介的关系客体的发展阶段纳入考虑，那么我们似乎就可以假定，这些客体是在外在现实中已经无法找到的母亲的代替者。因为这些客体有一种混合的性质，儿童可以在父母眼前用这些客体来超越对于分离的体验，并继续体验他们最初的对于共生的幻想，而同时有创造性地在现实中探索这些体验。但是，对于这些客体的游戏性的和试验性的使用，从中体现出来的是，过渡性客体的功能不能仅仅被还原为共生性地扮演在最初的融合阶段中体验到的母亲的角色。儿童毕竟不仅仅是在充满柔情的共生中和这些客体发生关联，他们也会把这些客体暴露于反复的攻击和破坏的尝试之中。温尼科特因此总结道，这些过渡性客体是原初的融合性体验和分离体验之间的本体论的联系。在游戏性地使用这些情感性客体时，儿童反复地尝试在内在和外在现实之间令人痛苦的鸿沟上象征性地建立起桥梁。这一过程也和一种在主体间被接受的幻觉之开端有关，这一事实促使温尼科特更进一步提出一个随之而来的主张：因为这个本体论的过渡性领域的形成，源自一些尝试，这些尝试要解决一个人类一生都要面临的问题，所以这个领域就是成年人此后在文化性客体化(*Objektivationen*)过程中发展出来的所有兴趣的起源。带着某种意义上的大胆推测，温尼科特写道：

> 我这里假设的是，接受现实(reality-acceptance)这一任务永远
> 209 没有完成的那天，没有人可以摆脱把内在和外在现实联系在一起的张力，对这种张力的缓解，只有一个未受挑战的作为中介的经验领域(艺术、宗教等等)才能提供。这样一个中介领域和在游戏中"沉迷"的儿童的游戏领域有着直接的连续性。[15]

因此，"过渡性客体"的概念导致了这样一种理念，那就是人类为了应对他们和最初的共生状态之间越来越远的距离，而有一种伴随一生的倾向，那就是想要偶尔退回到从前建立起来的自我同一性的边界(*Ich-Grenzen*)之后去。奇怪的是，在这个让主体所面临的张力能够通过这种退化得到缓解的经验领域，温尼科特却并没有把群体性的主体间生活考虑在内。但是我们还是可以根据他在艺术和宗教的文化领域中发现的同一种模式来解释群体生活过程中的特定阶段。当他们共同活动时，群体成员之间心理上的距离会开始消失，而一种情感性的和谐一致感会生长出来，此时对于涉及的每一个人来说，要把外在现实接受为一个独立的实体所遭受的压力似乎突然减轻了。每个人都很熟悉，在紧密地相处了几小时或者几天之后，要把自己从一个群体中分离出来有多困难。应对这种分离体验之所以困难，并不是由于群体中的个别成员，也不是由于这种共同活动富有生产性的成果，而仅仅是由于这

样一种独特的不确定状态，在其中此前已经存在的把我们和其他人分离开来的那些限制被临时性地削弱了。因此，可以将温尼科特观察到的吸引人的现象加以拓展，把与宗教和艺术并存的，作为一个消解内在和外在现实之边界的经验领域的群体中的主体间性也包括在内。而且如果我们接受温尼科特提及的这些中介性的儿童游戏空间的起源，我们甚至可以说，在一个群体中对于融合的体验，对成人来说，是对他们童年早期体验的最直接反映。

以这种方式拓展温尼科特的诊断之后，群体中的这种主体间生活，其特征通常就是那种会导致群体成员之间或多或少的紧密融合的、定期出现的偶然状态。虽然这种共同体验的范围可能是非常广泛的，但它们都呈现为同一种形式：群体统一性的逐渐增强，突然的高潮，以及随后的落幕。无论是在全神贯注并陶醉其中的、得到了升华的合作之中，在加入一个庆祝人群后更加令人振奋的感觉之中，在足球场，在摇 210
滚演唱会，还是在一个与周围隔绝的、失去了时间感，像在游戏中一样“沉迷”的工作小组之中——群体生活中所有这些瞬间的特征都在于有一种几乎是狂欢性的融合的倾向，涂尔干把这种倾向叫作“集体欢腾”。[16] 但是，这并不是群体中的一种无意识的主题，它可能导致群体中产生与那些原始的驱力有关的冲突；相反，这种不定期重现的融合，培育了一种群体成员之间共同的感受，那就是他们共享着表达尊重的规范或价值，而主体根据这些规范和价值给予彼此承认。

既然我们已经声称，成年的主体通常会感到一种想要加入群体的冲动，而在那些群体中他们自己的个性能够通过一种经验性的方式被反映出来，那我们就可以再推进一步：因为这些要依赖于他们的自我价值在群体中得到确认的主体，也被这样一种需要所驱动——想要通过倒退回此前建构起来的个人同一性边界之后而得到慰藉，那么群体中的主体间生活就会一直以这种融合的倾向为特征。但是，通常伴随这种融合性体验的退化的浪潮，并不是在揭示一种病理性的再原始化

(re-primitivization),而是表现出人们重新获得了精神上的活力;每一个社会群体,如果实现了其重新充实主体间承认的功能,那么就一定会在一种不受约束的统一性状态中,去认肯那些主体为了得到对于他们的自我价值的肯定所需要的价值和规范。因此,传统的精神分析学的错误在于把这些"健康的"退化症状,与那些原始能量在群体中被再激活时会威胁到个体同一性的退化症状,完全等同起来。[17] 当然,群体生活的这些病理性状态确实存在,但它们不能被等同于这种周期性的融合,通过这种融合,一个群体能够更新它自身的承认文化。

于是我来到了我论证中的第三步,也是最简短的一步。在某种意义上,即使是这些最后的考虑也是方法论上的抽象的产物。毕竟,我认为群体是可以摆脱那些有着明显的,甚至是病理性特征的主题和冲突的,即使是在考虑了那些退化性的倾向之后也是如此。在群体中产生的那些典型的冲突中,大多数都更加接近于意识层面,而且能够很容易地被理性地重构。总的来说,它们来自这样一种需要——我们需要去解释个体的成就,并把个体的成就组织成一个等级结构,而这些成就是主体为了成为群体中被承认的成员,必须有能力去证明的。在群体中浮现的激烈斗争的不同等级,可能会导致一些对抗,它们反过来会培养出一些局部的联盟和派系,这一事实意味着群体的这些分裂最终会产
211 生一种心理上的动力,它们将远远超出控制,以至于达到一种不只会给个体带来痛苦,甚至还会威胁到他们的同一性的规模。但是,这并不是当我们谈论一个群体的病理状态时所意指的那种冲突;这些冲突有一种理性的内核,因为它产生于这样一个事实,那就是个体的成就可以被组织成一个等级结构,而这反过来会导致一种带有策略性考量的态度、怨恨和嫉妒的群体生活的泛滥。当然,对群体中的个体成员来说,强迫他们与群体中的融合状态分离,总是会导致防御性的反应和否认的倾向,因为要接受某人自己相对于他人而言的独立性,并不总是那么容易。不过,即使是这些在调整自己时所遇到的个人性的困难,如果没有

足够多的群体成员去提供那种不知不觉的，实质上带有使其回归正常的作用的类似治疗的援助，也会导致整个群体的病态化。

三

在弗洛伊德关于群体心理学的作品中，他经常暗示，群体生活就其本身而言，正是那些退化状态的原因，这些退化状态激发群体的成员去服从于一个被他们想象成无所不能的领袖人物。导致了个体的失控，把童年早期的投射变成了社会性活动的驱动力的，不是个体的心理缺陷，而是没有个性特征的大规模群体中那种令人陶醉的氛围。[18] 同样地，阿多诺长久以来都坚持这种观念，这显然是和他在纳粹主义的群体中的经历有关。在他关于社会心理学的论文中，主体在群体中几乎无法控制他们的心理能量这一观点起着决定性的作用。[19] 直到他从流亡中回国几年之后，才突然改变了自己的想法。在他和霍克海默合著的《社会学的诸方面》(*Soziologische Exkurse*)中，在“群体”的标题下，我们发现了一个很大程度上符合这里所表达的观点的句子：“一切人性都有一个显而易见的前提条件，那就是和他人的亲密接近，以及使他们能够直接与人接触的群体中的成员身份。”[20] 根据这个界定，群体中的心理环境其自身并没有导致一种表现出服从意愿的病理性症状；相反，个体在群体中的人格障碍是以这种不幸的方式出现的，在其中群体作为一个整体中的互动承受着一种冲突，而这种冲突是群体中所有的个体都以退化的方式参与其中的。与弗洛伊德以及他的某些追随者相反，群 212
体过程并没有“普遍地”表现出，像克恩贝格声称的那样，一种对于个人同一性的威胁。[21] 这样一些具有威胁性的发展过程，只有当群体中的个体成员表现出的被再次激发的原始能量聚集在一起，形成了一种夺去个体的控制能力的倾向时，才会发生。在个体的那些因此发挥了一种动力性的作用的倾向之中，我想要挑出两种在我看来尤其有影响力的倾向。

对群体的病理性状态来说，其首要原因是群体中的一种人格类型变得越来越多，这种人格类型，由于不完全的分离过程，停留在了那种原始性的理想化阶段。具有这种人格类型的个体，或许伴有一种“倾向于畏缩”（ochophile）的反应，像巴林特对他们的描述一样，[22] 倾向于胆怯地紧紧抓住一个他们深爱的，并且相信其无所不能的客体。如果带有这种心理特征的群体成员超过了特定的数量，以至于来自他人的具有教化作用的影响被削弱，或是变得不显著了，群体作为一个整体就会像接触传染病一样，发展出一种病态的行为模式：群体成员把一个被理想化的领袖体验为全能全知的，而把他们自己视作不够好的、不成熟的和无能的。如果这个领袖没有持续地与这种理想相符，他们就会对其做出否定或贬低，然后迅速寻找另一个作为替代者的领袖。在威尔弗雷德·比昂具有启发性的分类中，他把这种类型的群体称作“依赖性群体”（*Abhängigkeitsgruppen*）。[23] 当然，这些群体完全无法给成员提供一种深厚的、经验性的承认文化。

群体的病理性状态的第二种形式可以从另一种人格类型的积累之中产生，这种人格类型，由于在早年有不受尊重或被忽视的体验，有了一种几乎无法控制的攻击性的能力。[24] 他们会倾向于把他们关于破坏的幻想投射到他们的环境之中，认为自己不断地受到外在敌人的包围和威胁。如果这种幻想通过一个沟通性的放大和刺激过程抓住了群体中的其他人，而没有更加成熟的群体成员能够帮助群体进行一种基于现实的重新调整，群体就会迅速发展出一种集体性的病态风格。因为群体成员无法容忍任何对于他们发展出来的、用以支持他们妄想狂式幻想的意识形态的挑战，他们将倾向于分裂成子群体（subgroups）；那么同一性和亲密性就只能通过共同否认内部敌人的存在而得到重建，这反过来增强了指向外在敌人的攻击性。据比昂所说，不信任、斗争，以
213 及对于被消灭的恐惧，是这种病态的团体至关重要的基本特征，而他试

图把这种团体刻画为“战斗—逃跑型”(fight-flight)群体。[25] 同样，他们也远远不是那种可以从个体对于个人形式的承认之需要中派生出来的群体。

群体病理状态的这两种模式当然没有穷尽所有可能的群体性混乱。比昂援引了至少另外一种他认为是临床性混乱的基本形式。[26] 然而我这里的目的并不是给出一个详尽的概述，而是相反，通过展示一些负面的越轨现象，再一次证明我论证中的核心主张：“我”在共享的群体性体验中寻求“我们”，因为即使是在成熟之后，我们也依赖于充满直接的鼓励与肯定的社会承认形式。没有在群体中实践共享的价值的支持性体验，自重或自尊都无法得到维持。因此，群体远远不是构成了对于个人同一性的一种威胁，而是，采用阿多诺的一个说法，一种最初的“人性的源泉”。我们反复在群体生活中观察到的病态化，相反，是由个体的人格障碍对群体的渗透导致的。因此，群体的好坏和当前盛行的社会化环境的好坏总是一致的。

注 释

1 Sigmund Freud, ‘Group Psychology and the Analysis of the Ego’, in *The Standard Edition of the Complete Psychological Works of Sigmund Freud*, vol. XVIII, ed. James Strachey (London: Hogarth Press, 1981), pp. 67 – 143; Elias Canetti, *Crowds and Power*, trans. Carol Stewart (New York: Farrar, Straus and Giroux, 1962); Theodor W. Adorno, ‘Freudian Theory and the Pattern of Fascist Propaganda’, in *The Culture Industry: Selected Essays on Mass Culture*, ed. J. M. Bernstein (London: Routledge, 1991), pp. 132 – 157. 关于“大众”的概念在德国社会学中的重要性，见 Helmuth Berking, *Masse und Geist: Studien zur Soziologie in der Weimarer Republik* (Berlin: Wissenschasftlicher Autoren-Verlag, 1984)。

2 “团伙”这个主题，要追溯到 Frederic M. Thrasher 的经典研究 *The Gang:*

A Study of 1313 Gangs in Chicago (Chicago: New Chicago School Press, 2000),
214 这一主题在 20 世纪 50 年代的德国被重新拾起，而且在 Halbstarken 这个术语之下被加以讨论。见 Hein Kluth, 'Die "Halbstarken" — Legende oder Wirklichkeit?', *Deutsche Jugend* (November 1956), pp. 495 - 502。

3 Charles Cooley, *Social Organization* (New York: Charles Scribner's Sons, 1963).

4 Jean Piaget, *The Moral Judgment of the Child*, trans. Marjorie Gabain (New York: Free Press, 1997).

5 见 Michael Sandel, *Liberalism and the Limits of Justice* (Cambridge: Cambridge University Press, 1982)。一种受到精神分析学启发的，对于社群主义之理想化描绘的批评，见 Hinrich Fink-Eitel, 'Gemeinschaft als Macht: Zur Kritik des Kommunitarismus', in Micha Brunmlik and Hauke Brunkhorst, eds, *Gemeinschaft und Gerechtigkeit* (Frankfurt /Main: Fischer, 1993), pp. 306 - 322。

6 Axel Honneth, 'Objektbeziehungstheorie und postmoderne Identität: Über das vermeintliche Veralten der Psychoanalyse', in *Unsichtbarkeit: Stationen einer Theorie der Intersubjektivität* (Frankfurt /Main: Suhrkamp, 2003), pp. 138 - 161.

7 Erik H. Erikson, *Identity and the Life Cycle* (London and New York: W. W. Norton & Company, 1980), pp. 51ff.

8 George H. Mead, *Mind, Self, and Society* (Chicago: University of Chicago Press, 1967).

9 John E. Mack and Steven L. Ablon, eds., *The Development and Sustenance of Self-Esteem in Childhood* (New York: International Universities Press, 1983).

10 Owen Flanagan, *Varieties of Moral Personality: Ethics and Psychological Realism* (Cambridge, MA: Harvard University Press, 1991), part II.

11 Axel Honneth, *The Struggle for Recognition: The Moral Grammar of Social Conflicts*, trans. Joel Anderson (Cambridge: Polity, 1995), ch. 5.

12 Richard Sennett and Jonathan Cobb, *The Hidden Injuries of Class* (Cambridge, MA: Harvard University Press, 1972), pp. 79 - 89; Phillippe Bourgois 所提供的例子，见 *In Search of Respect: Selling Crack in El Barrio*

(Cambridge: Cambridge University Press, 1995)。

13 Donald W. Winnicott, *Maturational Processes and the Facilitating Environment* (London and New York: Karnac, 1984).

14 Donald W. Winnicott, *Playing and Reality* (New York: Tavistock Publications, 1971), ch. 1.

15 同上书,p. 18。

16 Émile Durkheim, *The Elementary Forms of Religious Life*, trans. Carol
Cosman (Oxford: Oxford University Press, 2001); Hans Joas, *The Genesis of* 215
Values, trans. Gregory Moore (Cambridge: Polity, 2000), ch. 4.

17 Axel Honneth, 'Anxiety and Politics: The Strengths and Weaknesses of Franz Neumann's Diagnosis of a Social Pathology', in *Pathologies of Reason*, trans. James Ingram (New York: Columbia University Press, 2009), ch. 8.

18 Freud, 'Group Psychology and the Analysis of the Ego'.

19 Adrono, 'Freudian Theory and the Pattern of Fascist Propaganda'.

20 Institut für Sozialforschung, *Soziologische Exkurse: Nach Vorträgen und Diskussionen* (Frankfurt /Main: Institut für Sozialforschung, 1956), ch. IV, p. 64.

21 Otto F. Kernberg, *Ideology, Conflict and Leadership in Groups and Organizations* (New Haven: Yale University Press, 1998), part I, ch. 1.

22 Michael Balint, *Angstlust und Regression* (Stuttgart: Klett-Cotta, 1994), ch. 2.

23 Wilfred Bion, *Experiences in Groups* (London: Tavistock, 1961), ch. 2.

24 Ferdinand Sutterlütty, Gewaltkarrieren: *Jugendliche im Kreislauf von Gewalt und Missachtung* (Frankfurt/Main: Campus, 2002).

25 Bion, *Experiences in Groups*, ch. 2. 216

26 同上书,ch. 6。

第十三章

前社会自我的诸面向：对乔尔·怀特布克的反驳

在乔尔·怀特布克的论文《相互承认及否定的作用》中，他用了许多经典理论方法来概述他的论点，而他的论点表达了对于所谓"哈贝马斯主义者"的一种强有力的反对意见。他声称批判理论的主体间的，以及社会化理论的转向，抛弃了这样一种理念，即个人主体相对于现实而言的"不因循守旧"(non-conformism)，因此，这种转向背叛了从霍布斯到弗洛伊德的作品一直以来的主题——"否定性"。[1] 虽然怀特布克自己没有进行这个比较，他的论证意图和论证过程，都与马尔库塞和阿多诺在五十年前提出的对精神分析学中"修正"的批判极其相似。在当时，正是对于弗洛伊德的驱力理论的放弃，证明了批判理论向因循守旧(conformism)的转向，[2] 而如今，抛弃"主体具有一种非社会性的倾向"这样一种理念，被视作是揭示了批判理论向因循守旧转向的倾向。当然，这一评估建立在一种特定理念的基础之上，这一理念涉及的是一种社会批判理论的任务，而这一任务绝不是自明的，因此需要独立的辩护。为什么只有当一种社会批判理论的社会化理论前提假定了在个体和社会秩序之间有一种结构性的冲突，而这种冲突在主体的“否定性”中被表达出来时，它才被认为是“批判的”？但是在这篇反驳当中，我不想考虑这样一个元理论的（metatheoretical）问题，而是相反，聚焦于对怀特布克来说最重要的一点。关键的问题是，我们是否应该假定人类有一种前社会的（presocial）、可被视为根深蒂固的“否定性”之源泉的本性，以及我们如何可以做出这样的假定。当然，我只能代表我自己，而
不能概述所有那些被怀特布克有些含糊地标记为“哈贝马斯主义者”的 217
立场。我的目的是和这位我一直以来的朋友进行一次讨论，我们共享着一种批判理论传统的导向，但关于用来对批判理论进行革新的理论方法，我和他显然不再有共识。

一

在初步阅读了怀特布克的论文之后，他在论证的各种非常不同的层次上寻求的最重要的目的似乎就清楚了。一旦人类的主体性，在批判理论的主体间转向的过程中，被视作完全来自承认的社会过程，那么关于主体的前社会构成的那些假设就没有其理论空间了。这也消除了一种可能性，那就是在人类个体中发现一种准自然（quasi-natural）的否定性的力量，而在没有任何社会性影响的情况下，这种力量是主体的不因循守旧、抵抗和反叛的原因。这一论点乍看之下可能显得很有吸引力，但经过更仔细的审视之后，我们会发现它其实是由许多不同的部分组成的，而每部分都需要单独的处理。在我看来，在怀特布克的论证过程中，关于什么在天生的层面上先于承认的过程，他提出了三种非常不[illegible]观点，因此表现出了否定性有一种前社会存在的潜在可能性。为了[illegible]问题，[illegible]作他的论证之理论参考的经典作品的名称，来标记这三种观点。为了让人们注意到个体的一个“前社会

的”面向，他的文本依次呈现了霍布斯、康德和弗洛伊德的主题，而批判理论的主体间转向有忽略这些主题的危险。

（一）像霍布斯一样，怀特布克假定人类天生就具有攻击性，而且彼此之间有一种根本性的敌对态度，而这是无法通过任何形式的社会化去控制或克服的。他声称，由于资本主义市场经济的制度化，现代社会已经设法制定出了一种社会制度，在其中人类的攻击能力能够以一种相对而言能被社会容忍的方式表达出来，但没有完全失去其破坏性的力量。我严肃地怀疑霍布斯的政治人类学是否可以理解为这样一种主张，那就是人类有一种先天的攻击能力；在我看来，他只是声称，个人
218 主体有一种自然的自我保存的冲动，这种冲动能够被表达为非常不同的需要，而攻击性可能是所有人对所有人的斗争的一个心理副产品，这种斗争是由其他人动机的普遍的不透明性造成的。[3] 但是对我们的目的而言，假定霍布斯传统中的社会理论怀有这样一个前提，即人类由于有一种自然的攻击性，彼此之间互相敌对，这或许也是可以接受的。因此，承认理论所忽略的就是人类的攻击能力，而这种能力作为一种前社会的遗留，无法被任何形式的社会化除去，无论社会化有多么成功。

（二）追随康德，怀特布克又出人意料地假定人类有另一种前社会的潜能，这种潜能被他描述为一种由个体表现出来的原初的反身性（reflexivity）。在这里我们会看到近来关于主体性的争论中两种潮流的汇合，而我不清楚它们如何能被系统性地联系在一起。一方面，怀特布克谈及了尤尔根·哈贝马斯和迪特·亨里希之间极其复杂的争论，他支持亨里希的立场，并且声称主体间主义如果要对自我意识的可能性给出一个令人信服的解释，必须假定主体有一种“最初的自我直观”（initial intuition of the self）。毕竟，如果我们不假定个体有一种先在的和基本的自我直观，我们还有什么其他方法能证明这样一个事实，即人们必然已经把他们自己理解为他们的互动伙伴之承认的对象，是合理

证的一致性。对于这种考察，从这样一个问题出发比较好：这三种理论主题，当它们通过基本的精神分析话语中的当代术语而得到重新阐述时，彼此是如何关联在一起的（二）。

二

怀特布克在他对于主体间主义的批判中采用的这三种综合性的理论，对于其中的每一种，我们都能在当下关于精神分析学和童年早期发展研究之间的关系的争论中发现其等价物。通过把这些旧的理念转译为这种更加接近当下研究的词汇，我们可以更容易地识别出在怀特布克和我之间的争论。而且，通过让这些观念变得更加现代化，这一事实就变得更明显了：怀特布克有可能会陷入这样一种危险，即同时主张两种彼此不可调和的前提。

怀特布克的第一个反对意见在于这样一个主张，即人类有一种先天的攻击能力，这是主体间主义所忽略的，而这种忽略是由于它没有为相互承认过程中破坏性的倾向留下空间。这种霍布斯式的关于主体间敌对状态的理念，在精神分析学中有着长久的历史。[6] 弗洛伊德修正了
220 他最初版本的驱力理论，很显然，在第一次世界大战的影响之下，他主张存在一种生命驱力和死亡驱力。在此之后，在性驱力之外，还有第二种身体性的驱力是主体的攻击性和破坏性倾向的原因——这一理念很快在精神分析的领域传播开来。而今天，我们可以继续讨论，根据实验儿童心理学中的经验观察，我们是否必须假定人类有一种攻击能力。这个领域中的大多数发现都表明，小孩子表现出来的攻击行为，即一种原始的对于愤怒和敌意的表达，不应理解为内生的驱力，它们是对于不愉快的体验的反应。儿童的年龄越大，他们的攻击性倾向就越容易被解释成为了应对社会关系中的失败和伤害而做出的反应。其中主要包括创伤性的体验，例如躯体虐待或性虐待，但也包括由于被忽略而产生

的挫折感。无论我们可能如何解释这些发现，无论我们把这些发现视作是指出了一种天生的攻击能力，还是仅仅是一种二阶的、反应性的应对方式，我们几乎都没有理由假定存在一种天生的、攻击性的驱力。即使是在某种意义上作为“克莱恩主义者”的温尼科特，也只是把儿童的破坏性倾向理解为表达了一种本体论的试验，这一试验只是意在考察外在世界的独立性而已。[7]

最后这一点给了我们一个契机，可以在考察怀特布克复杂的第二个论证之前，先跳到他的第三个反对意见。通过主张在每个人个体发展过程的最初，有一个想象自己是全能的阶段，怀特布克触及了一个在精神分析学与婴儿发育研究的代表人物之间备受争议的主题。精神分析学运动在弗洛伊德的理论性推测，即“原初的自恋”之上发展出了一种倾向，这一倾向简单地假定存在一个最初的阶段，在其中儿童心存一种对于全能性的幻想。婴儿，在认识层面上无法在他们自己和周围的环境之间做出区分，因此把他们可感知到的环境中的所有要素都体验为与他们自己的活动融合在一起，认为这些要素并不对他们的活动施加阻力，而且处于他们的支配之下。即使与弗洛伊德式的正统观念相反，强调与最初的照料者之互动至关重要的客体关系理论，也在很大程度上保留了对于最初的童年阶段的这种描述。虽然它主要谈论的是最初的“共生”而不是“原初的自恋”，这一理论还是认为儿童把这种与母亲的融合状态体验为对于他们自己能力的一种拓展，而这种拓展是“夸大的”。[8]

丹尼尔·斯特恩的综合性的实验研究表明，即使是在出生后的最初几个月，儿童也发展出了一种初步的自我感知，这一发现决定性地打击了这种关于最初的全能性阶段的观念。[9] 儿童在最初的时候无法把他们自己从周围的环境中区分出来这一精神分析学的假设已经很难再站得住脚了；而这在经验上动摇了这一整个观念，即存在一个最初的、想象自己是全能的阶段。从那时起，相关的讨论就基本上聚焦于这个问题：为了使原初的共生的假设能够与儿童具有一种初步的自我感知这一经验发现保持一致，我们需要对其做出什么样的纠正。“共生”这一术语如今用来指涉的不是一个认知性的状态，而是一个情感性的状态；与被设想为一个完整的阶段相反，“共生”如今仅仅被视作是在临时的一段时间内拥有一种共生性的体验。[10] 但是无论这些理论性的调整会导向何处，已经很清楚的是：婴儿有一种最初的、幻想自己的全能性的阶段，这一经典观念与被实验所证明的、关于一种早期的自我感知的发现是矛盾的。

所以，更加令人惊讶的是，怀特布克仅仅是把两种论点放在一起，而没有注意它们彼此之间能否调和。他对于主体间主义的第三个反对意见在于这样一个主张，即像斯特恩在他关于婴儿早期自我感知的概念中提出的那样，存在一种最初的、前社会的对于自我的直观。虽然斯特恩的论点指的是一个经验性的主张，而亨里希的思考意在提供一个概念性的，或是先验性的确认，对于这一哲学性的主张，即人类在“创造出一个人际间领域”之前，必然有一种天生的对于一个“核心自我”以及一个“核心他者”的直观，经验性的发现也可以以某种方式证明其合理性。[11] 但是斯特恩的论证主要目的并不是反对主体间主义——他事实上力图让主体间主义变得更清晰，而是相反，反对精神分析学坚持一种最初的“融合”状态之理念的传统：假设在自我与世界之间有一种原初的统一性状态这一论点，与如下发现，即婴儿在已经出生几周之后，便有了一种初步的把他们自己和他人区分开来的能力，以及一种感知他人意向的能力，是矛盾的。因此，斯特恩在他的实验性探究的基础上得出的结论如下：“（这一证据）表明，精神分析学中所描述的那种能力，即拥有一种类似合并或融合的体验的能力，是二阶的，要依赖于一个已经存在的对于自我和他者的感知。”[12] 但是，怀特布克恰恰是对此感到迟
222 疑不决。一方面，他通过指出一种最初的自我直观来反对主体间主义；另一方面，他保留了这样一个假设，即有一个在自我和世界之间的前社

会的认知性统一状态。婴儿要么由于对于融合的体验，而倾向于一种想象自己全能的状态，要么已经有了一种初步的自我感知，而这种自我感知几乎没有给全能性的幻想留下心理的空间。

这一问题甚至还有更复杂的一面，因为怀特布克采纳了亨里希的关于一种最初的自我直观的论点，而且把这样一种主张，即主体一定能够进行一种先于任何社会互动的有意识的反思，投射在这一论点之上。亨里希通过谈论一种自我"直观"而不是自我"意识"，也就是通过主张一个类似情感的意识状态而不是一种知识之间的关系，从而力图在概念上避免这样一个关于有意识的反思的主张——且不论这个事实，怀特布克又赋予了前社会的主体第四种性质，而这种性质似乎可以一劳永逸地把他们界定出来。天生地先于任何社会互动和承认而存在的主体，不仅仅是通过具有一种自然的对于攻击的需求，具有一种全能性的错觉，具有一种把自己和世界区分开来的能力，而被界定出来的，它同时也是通过具有一种进行有意识的反思（*Reflexivität*）的能力来界定的，这种能力我们通常用"自我意识"（*Selbstbewusstsein*）这一术语来描述。最后这个主张毫无疑问源于对某个论点的发展心理学的再阐释，而这一论点起初只是意在提出一个"先验的"主张：马克·萨克斯所想的这个论点是，为了能够把个人主体视作理性的和能够负责的（*begründungsfähig*），在概念上我们不得不把他们设想为不依赖于所有社会习俗和对承认的渴望的。如果主体仅仅是通过接纳了社会对于他行为的预期才产生的，那么他就无法去反思那些必要的信念，这些信念让他得以个人性地考察已经给定的规范和主张。存在这样一种主体间主义，因为它所确信的运作机制是我们完全采纳相应的实质性信念，从而接受他人的视角（米德）或是获得一种生活的语言形式（维特根斯坦），所以它才无法把个体的反思能力考虑在内。和萨克斯所设想的不同，上述那个主张不应该被类化为对于这种主体间主义的一般性反对意见。对米德和哈贝马斯来说，主体只有通过正式地获得一种社会性视角或是一种主体间共享的语言，才能获得把他们自己的信念和互动伙伴的信念区分开来，以及坚定地表达他们个性中个人性的核心要素
223 的能力。[13] 但是，我们首先不应该把萨克斯的反对意见和主体有他们自己的一套先于所有社会互动的信念这一不合理的主张联系起来。这会给我们留下一个古怪的印象，那就是我们不仅在年龄很小的时候就对我们自己的意向状态有一种直观的熟悉，而且我们在通过主体间互动学会一种语言之前，就能明确地表达这些状态。因此，声称主体有一种先于社会互动的反身性，这只能恰当地表明一种结构性的事实，而不能以此为基础重构一种发展心理学。从杜威、米德、维特根斯坦和哈贝马斯的作品以来，已经毫无疑问的是，我们只能通过以符号为中介的互动才能获得对于我们的信念和判断进行理性辩护的能力。但是这一定不能被等同于这个假定，即个人主体只是由他们通过采纳他们互动伙伴的视角所习得的信念、欲望和意向所构成的。个体通过将一种主体间共享的、普遍的词汇作为媒介而能够明确地表达他们自己的冲动和观点，在这个程度上，个体才获得了作为成熟的个人所具备的个体性(individuality)。

但是，这当然不是怀特布克最终想要在他的论文中提出的反对意见。他自己也承认，个体化有一个在一种主体间框架中发育的过程，这一理念是没有问题的。但是如果我们不是从怀特布克相对而言不太连贯的论点的内容当中，而是从他的文本整体性的影响当中提取出他的反对意见的合理性本质，那么我们就陷入了一个对主体间主义提出了重要挑战的问题。初看之下，如果个人主体把他们的同一性和个性结构完全归因于一个社会承认的过程，那么我们难以设想他们如何可能提出异议和抵制。像怀特布克在他的许多不可调和的论点中始终追问的那样，如果我们要设想一种不可控制的理性的越轨永远是可能的，那么我们一定要假定个体身上有某些反社会冲动的不可磨灭的印迹吗？

三

无论是一种先天的攻击能力，还是一个最初的自我感知，都不能给这个问题提供一个恰当的表达：我们要如何在一个主体间主义的框架之内设想“否定的作用”？第一种观念在经验上过于有争议，而无法给 224
一个对主体间主义的严肃反对意见提供基础。除此之外，假定有一种攻击性的驱力并不必然迫使我们抛弃承认的概念，而只是意味着我们在此之外不得不认识到社会性敌意有一种内生性的源泉。相比之下，当谈及第二种观念，也就是假定有一种先在的对于自我的体验时，亨里希和斯特恩的论证处于不同层面上，但都没有声称人类之间的敌意在心灵中有一种结构性的机制(*Instanz*)。相反，他们仅仅是力图证明，为了解释主体能够把他们自己理解为情感或承认的对象这一事实，在主体间的相遇之前一定有一种要么是概念性的，要么是天生的初步的自我感知。因此，最终，在怀特布克提出的诸多原理当中，只有精神分析学关于童年早期对于全能性的错觉之观念，能够作为对他的核心假设的一种可能的辩护而保留下来。然而，像我们在上文中看到的那样，在这个经典理论和那个可辩护的假定，也就是婴儿有一种直观性的自我感知之间，有显著的张力。因为，我们不能一方面谈论一种最初的在自我和世界之间的统一状态，而另一方面主张在这同一个阶段发展出了一个“核心的自我”。不过，一种对于全能性的幻想，在童年早期被固定下来，而且在一生中都继续影响着我们，这似乎是怀特布克的论证的基础性主张。这阐明了他对于《精神现象学》之偏离的意义，[14] 解释了被视作与承认过程相矛盾的那种敌意的起源，而且揭示了人类有一种构成性的非理性这一理念应具有的含义。

为了详述这个论点，我们应该使用一个概念性的区别，这个区别潜在地构成了怀特布克的论文之基础，但从未得到明确辩护。虽然我们能够理解这样一个主张，那就是有一种先在的、初步的自我直观之形式，它指出了在所有的主体性中都有一个构成性的“非社会的”（*Asozialität*）维度，因为这一主张试图保留一个不可还原的视角，这一视角的内容是与主体间性相反的、完全主观的体验，但是我们不断地谋求一种全能性——这一主张则必须被解释为揭示了在每个主体身上都有一个反社会的（antisocial）维度，因为这一主张指的是不断否定社会主体间性的倾向。在“非社会的”和“反社会的”维度之间的这个区别标志着怀特布克必须迈出的一步，这一步要超越乔治·赫伯特·米德
225 的论点——他的论点认为主体的个体化过程通常表现为一个充满冲突的过程，在其中被内化的主体间性（作为宾语的“我”）和主观的感觉（作为主语的“我”）之间的张力得到了解决。每一个主体当中不仅或多或少有一个可明确表达出来的，表现为与主体间视角相反的主体性的视角，也有一个想要不断否认或抵抗主体间性的冲动，因为主体间性表明了独立的他者的存在。这种构成性的“反社会的”维度，似乎就是怀特布克在谈及主体间主义理论上迫切需要的“否定的作用”时所考虑的内容。

现在，当谈到这个问题，即主体间主义是否能够整合这种关于反社会之斗争的假设，以及如何能够整合这一假设时，其中的每一步都要依赖于对于作为基础的全能性之概念的更加精确的说明。在这里我们有一个开放的舞台，能够把理论性的推测和临床性的观察结合在一起，而这是儿童发展研究才刚刚开始探索的。根据现有的研究，我们不能如此轻易地预设在自我和世界之间有一个完全融合的最初阶段，这一点似乎是很清楚的。对我们而言这否认了这样一种可能性，即主体有一个几乎是自然的特征，因为意识到了现实的独立性之后想要得到安抚，所以会无意识地谋求一种全能性。相比之下，无论是临床观察还是群众心理学和存在主义现象学的观察都指出，在每个个体当中都有一种对于与其他人融合的体验的深层的接受能力。想要退回到一个已经获

得的自我同一性边界（*I-Grenzen*）之后，以及进入一种与他人融合的状态——这种意愿是如此普遍，以至于需要一种人类学的解释。[15] 在我看来，这个两难困境如今代表了精神分析学科中的一种反常现象，[16] 而一种能够摆脱它的方法在于，假定婴儿期的早期阶段并不代表一个永久的融合状态，而是婴儿与他们所面对的最初的客体之间重要的融合片段。虽然儿童通常能够意识到一个与外部世界分离的核心的自我，但他们偶尔会进入一种体验状态，在其中他们最初的照料者的行为显得是他们自己的需求的延伸，因为他们把自己体验为是与他们最初的照料者融为一体的。[17] 如果我们假定，这些片段中充满了由婴儿所表现出来的，在那种愉快的拓展/融合状态中的欣喜，那么我们就一定可以合理地把这种对他人的独立性的意识的逐渐发展的过程，描述为一个否定性的分离/非融合阶段。这种意识不是突然出现的；相反，儿童的这 226
样一种情感性的确信，即那些他们所钟爱的最初的客体有一种无法改变的，而且必须被忍受的现实性，是逐渐地发展出来的。

当然，这种再阐释要求我们抛弃许多至关重要的精神分析学前提。对于融合的体验如今只占据了婴儿的整个体验领域的一小部分；这些体验通过一种不断增强的对于独立的现实的意识而被消解，而这个过程不再是突然的和冲击性的；总的来说，这个过程不再具有这样一种特征，即不再是在已经感知到了自我和世界之间的分离之后的一种适应。虽然这个片段化的分离过程可能导致不愉快、悲伤和痛苦，但是对于最初的照料者的独立性的体验不再被视作是对于儿童的体验领域的一种外在的攻击，因此也很难被视作是创伤性的。对于这种仅仅是局部融合状态的性质，我们的观念还涉及一个变化：因为这种融合状态不再涵盖婴儿与外部世界接触的全部，而只是与他们最初的照料者进行密切互动的暂时片段，那么用“全能性”的概念来描述这些体验就是错误的。根据这种新的观念，儿童并不是把世界视作仅仅是受他们支配的材料，而是只是想象他们自己在特定的情形中与他们最初的照料者融合在一起。因此对这种状态的恰当表达应该是一种“融合的状态”(state of fusion)。“对于全能性的幻想”(a fantasy of omnipotence)这一观念是误导性的,因为在婴儿意识到了他们最初的照料者的独立性之后,他们抛弃的不是一种想象出来的全能的状态,而是偶尔被体验为与他们自己的体验融合在一起的、他们所爱的客体。[18]

但是在这里怀特布克可以合理地提出一个问题,他批评说我偶尔使用术语“主体间性”来描述这样一种早期的融合阶段是一种概念性的混淆。只有从观察者的视角,而不是从婴儿(或者最初的照料者)的视角,我们才能把这些与他所爱的客体相融合的片段描述为一个互动的过程。如果相反,我们采取那些介入其中的人的视角,这些融合的状态就不能被设想为一种主体间性的形式,因为一个单独的主体缺乏这种在两个自我意识之间的相遇所需要的先决条件。但是,即使是做出这样一个修正,基本上也无法改变这样一个一般性的论点,那就是关于一种最初的自恋,一种最初体验到的全能性的状态,我们应该仅仅保留这
227 种经典假设中的一小部分:偶然发生的对融合的体验。个体成熟过程的开端因此不是由一个无处不在的幻想全能性的阶段所决定的,而是由这样一个阶段所决定的:在其中那些对于融合的体验伴随着个体逐渐意识到自我和世界之间的区别(*Selbstabgrenzung*)。

但是真正的困难在于,我们如何才能在这个改变了的视角,与构成了怀特布克的思考其最深处核心的推测性假设即否定性的概念之间,建立起桥梁?在这些变化了的前提之中,是否有一些被证明为合理的假定,表明我们应该赋予主体一种反社会的倾向,或是一种起源于童年早期的需求,这种需求在于抵抗独立的社会现实?在这样一个改变了的框架之中,分离的概念也呈现为一种新的、更弱的解释,这种解释使得分离的概念不再关键性地决定了那些倾向或需求的相应原因。如果分离的体验仅仅存在于一个渐进的过程之中,通过这个过程,婴儿在越来越强地感知到现实的压力的情况下,被迫去抛弃一种与他们所钟爱

的客体的融合状态，那么这种体验就失去了其冲击性的、创伤性的特征，而这一特征对于精神分析学理论来说似乎是那种持续一生存在的、对于全能性之幻想的原因。不过，如果人类对于融合的体验有一种构成性的接受能力，而这种融合状态只是偶然的片段的话，那么这些体验最初一定来源于抛弃他们所钟爱的客体带来的压倒性的体验。他们最初的照料者是独立于他们的，而且是无法被控制的——如果不假定婴儿被这种越来越强的意识所压垮了，我们还能怎么解释婴儿在断奶、尝试入睡或感到孤独时对于分离的明显恐惧呢？在婴儿被抱住而特别强烈地体验到这种融合时，这种体验一定唤醒了对于身体和心理安全感的心理上的期待，而这种期待，随后由于他们越来越强地意识到了现实的存在而越来越多地落空了；因此我们可以预期，他们对此的反应是恐惧和痛苦、愤怒和悲伤这些感受的一种紧密的统一。如果我们要解释这样一个值得注意的事实，那就是即使是成熟的成年人，对于分离的反应也是恐慌，也会表现出想要退回到一种融合状态的倾向，那么我们就需要额外地做出一个假定，即这些对于安全感的期待，超越了童年阶段而植根于主体之中。即使是成年人，要认识到他们所爱的和欲求的主体之独立性，因此要接受主体间性断裂的本质，也面临着情感上的困难，就好像他们还是小孩子一样。只有以这种方式我们才能理解为什么"过渡性客体"（温尼科特）超越了童年阶段，甚至直到进入晚年，都保有非常重要的功能，这一功能在于在纯粹的幻想和客观的现实之间 228
打开一个潜在的自由空间，让我们能够应对分离的痛苦。[19]

早年对于安全感的期待，其持续一生的影响应该被描述为"否定的作用"，还是应该仅仅被描述为一种基本上是无意识的需要，对于具有科学精神气质的人来说可能是一个问题。但是无论如何，在我看来，我们大体上可以把这种影响视作是反社会性的一个无穷的源泉，因为人们总是不断地抗拒他人的独立性和不可控制性，而这正是他们的社会性的表现。但是对我而言不清楚的是，为什么这种动机应该相对地反对主体间主义？为什么这一理念，即一种持续一生的追求融合的意愿，与承认的概念相矛盾？过渡性客体有助于我们在情感上应对与最初的客体的分离，而这些客体如今被我们视作是独立的——这一事实不是清楚地表明了主体间性的极度重要性吗？婴儿早期对于融合的体验确实没有一种主体间的结构，这是由于他们缺少一个已经被充分区分出来的、需要与之建立关系的互动伙伴；但是，悖论性的是，我们只能通过运用最初的主体间性（primary intersubjecticity）的概念，来理解这种早期的状态。只有在被抱住、被搂住以及被照顾时，婴儿才能体验到这种融合。因此，我们可以把婴儿偶尔的对于融合的体验理解为是所有对承认的体验的"零点"（zero-point）。当我们永远地失去了深层次的安全感时，它们迫使我们去争取那些断裂的主体间性形式，而这种主体间性呈现为成熟主体之间的相互承认。

注　释

感谢马丁·多尔讷对这篇论文提出的多方面的建议。我也得益于法兰克福社会研究所"精神分析学"工作小组中的讨论，我希望能够感谢所有参与者在我们两周的会议中提出的许多不同的建议。

1 见 Joel Whitebook, 'Mutual Recognition and the Work of the Negative', in William Regh and James Bohman, eds., *Pluralism and the Pragmatic Turn: The Transformation of Critical Theory. Essays in Honor of Thomas McCarthy*
229 (Cambridge, MA and London: MIT Press, 2001), pp. 257－291。

2 Theodor W. Adorno, 'Sociology and Psychology', New Left Review, nos. 46 and 47 (November/December 1967 and January/February 1968), pp. 67－80, 79－97; Herbert Marcuse, 'Obsolescence of Psychoanalysis', in Douglas Kellner and Clayton Pierce, eds., *The Collected Papers of Herbert Marcuse: Philosophy, Psychoanalysis and Emancipation*, vol. 5 (London and

New York：Routledge，2011），pp. 109 - 121.

3 近来关于霍布斯的研究，见 Christine Chwaszcza，'Anthropologie und Moralphilosophie im "Leviathan"'，in Wolfgang Kersting，ed.，*Thomas Hobbes，Leviathan*（*Reihe Klassiker Auslegen*）（Berlin：Akademie Verlag，1996），pp. 83 - 108。

4 Dieter Henrich，'Self-Consciousness and Speculative Thinking'，in David Klemm and Günter Zöller，eds.，*Figuring the Self：Subject，Absolute and Others in Classical German Philosophy*（Albany：SUNY Press，1997），pp. 99 - 133；Dieter Henrich，*Bewusstes Leben：Untersuchungen zum Verhältnis von Subjektivität und Metaphysik*（Stuttgart：Reklam，1999）.

5 Mark Sacks，*Objectivity and Insight*（Oxford University Press，2000），ch. 4.

6 Martin Dornes，*Die Frühe Kindheit：Entwicklungspsychologie der ersten Lebensjahre*（Frankfurt/Main：Fischer，1997），ch. 9.

7 Donald W. Winnicott，'The Use of an Object and Relating through Identifications'，in *Playing and Reality*（New York：Tavistock Publications，1971），pp. 115 - 127.

8 对此的一个概述，见 Martin Dornes，*Der kompetente Säugling：Die präverbale Entwicklung des Menschen*（Frankfurt/Main：Fischer，1993），ch. 3。

9 Daniel N. Stern，*The Interpersonal World of the Infant*（New York：Basic Books，1985）.

10 对此的一个概述，见 Dornes，Die Frühe Kindheit，ch. 5。

11 Stern，*The Interpersonal World of the Infant*，p. 70.

12 同上书。

13 Lutz Wingert，'Der Grund der Differenz：Subjektivität als ein Moment von Intersubjektivität'，in Micha Brumlik and Hauke Brunkhorst，eds.，*Gemeinschaft und Gerechtigkeit*（Frankfurt/Main：Fischer，1993），pp. 290 - 305.

14 我并不探究怀特布克和我自己在评估《精神现象学》在承认理论中的作用时的区别。我仍旧相信《精神现象学》中对于承认概念的使用并不十分清晰，而且几乎没有帮助。但是我现在对作为黑格尔《法哲学原理》之基础的承认的观念有一个更加积极的看法。见本书第二章，也见 Axel Honneth，*Suffering* 230
from Indeterminacy：An Attempt at a Reactualization of Hegel's Philosophy of

Right, trans. Jack Ben-Levi（Amsterdam：Van Gorcum Ltd, 2000）。

15 这是 Matthias Baumgart 在 ‘Psychoanalyse und Säuglingsuntersuchung：Versuch einer Integration unter Berücksichtigung methodischer Unterschiede’, *Psyche*, vol. 45（1991）, pp. 780 - 809 中所采取的一种方向。我们也可以在 Hans Joas, *The Genesis of Values*, trans. Gregory Moore（Cambridge：Polity, 2000）中发现对于自我超越（self-transcendence）现象的丰富的描述。

16 Thomas S. Kuhn, *The Structure of Scientific Revolutions*（Chicago：University of Chicago Press, 1996）, ch. VI.

17 Fred Pine, ‘Infant Research, the Symbiotic Phase, and Clinical Work：A Case Study of a Concept’, in Drive, Ego, *Object and Self: A Synthesis for Clinical Work*（New York：Basic Books, 1990）, pp. 232 - 246. 在 Dornes, *Die Frühe Kindheit*, ch. 5 中对此有一个精彩的概述。

18 Joachim Küchenhoff, ‘Verlorenes Objekt, Trennung und Anerkennung’, *Forum der Psychoanalyse*, vol. 15（1999）, pp. 189 - 203.

19 Tilmann Habermas, *Geliebte Objekte: Symbole und Instrumente der*
231 *Identitätsbildung*（Frankfurt/Main：Suhrkamp, 1999）, ch. 5.

第十四章

削弱现实的力量：安慰的世俗形式

作为西方文化的成员，当谈到如何应对命运给予的那些最沉重的打击时，我们都变成了自然主义者。即使是最忠诚的基督徒也很难把死亡视作一次赎罪的机会，而是相反，仅仅将其视作一个有机物腐败之自然过程的明确的终点。当处于重病中时，我们中没有哪个人会看到正在用疾病来惩罚我们在世上所做不端行为的精神实体的任何一点迹象。当谈到造成了无数生命逝去的自然灾害时，甚至只是在几个小时之后我们就都有了关于灾害原因的必要信息。无论我们是否喜欢这一点，无论我们有宗教信仰还是坚定的无神论者，对于我们在地球上所遭受的苦难之原因，似乎都不再有自然主义的解释之外的其他选项。我们承受着和所有其他自然生物一样的命运；在生下来时我们被暴露在一个充满危险的生命旅程之中；我们不断地受到器官疾病的威胁；在生命的尽头，死亡等待着我们。我们所有的技术和医学进步都没有办法改变这种暴露于自然之中的感觉。随着每一次疾病治疗的胜利，我们也就认识到了存在着更多更深层次的生理威胁；每一次通过技术与自然灾害斗争所获得的成功，都紧跟着一个甚至更加危险的威胁。科学启蒙夺走了宗教信仰给予我们的补偿，而且迫使我们“屈服于不可避免之事”——弗洛伊德的这个预见是毋庸置疑的。[1] 我们暴露于自然的因果力量之下，却没有任何在来生得到补偿或赎罪的期望。

由于如今我们几乎把这种自然主义当成是理所当然的，这一事实就显得更加令人惊讶了：我们似乎容忍了，甚至是欣然接受了许多与这
232 种世界观不一致的实践和态度。当一个人开始在墓碑前和一个逝去不久的他所爱的人交谈时，我们没有谁会对此感到困惑。一对友善的夫妇为了保护好一个已经逝去的孩子的家，而努力把他或她的卧室维持原样——我们都会为此而感动，并赞许这样的行为。意识到自己在葬礼上哽咽，而葬礼上那些仪式性的程序或多或少隐含了对于一个不朽的灵魂之存在的假定——我们并不会对此感到震惊。我们作为自然主义者，却参与各种精神性的实践，而且采取了一些根本不是自然主义的态度。无论我保有基督教信仰，还是一个坚定的无神论者，在我们生命中的某些时刻，为了与那些已经死去的人保持联系，甚至是为了让我们自己感受到他们的存在，我们似乎都会把我们那些自然主义的确信搁置在一边。对于我们世俗的日常生活中这些精神性的痕迹，最奇怪的事情在于，不仅那些参与其中的人，而且那些在其之外的旁观者也都把这些现象视作是完全自然的。没有人会指出努力与死者沟通是自相矛盾的，我们当中也没有人会指出这种行为与我们其他日常信念中的矛盾之处；相反，所有人似乎都愿意假定这种信念与其他信念是可以彼此调和的。这有点像这样一种情形：作为照料者的父母有时会支持他们的孩子把某个物体当作是一个有生命的实体，虽然他们知道这个物体纯粹是物质性的。

尽管已经有科学的祛魅，死者在生者当中保持着一种独特的存在形式——这一事实长久以来仍然是文学作品的主题之一。例如，詹姆

斯・乔伊斯在他精彩的短篇小说《死者》(*The Dead*)中就描述了一个女人死去的爱人如何继续在她的日常生活中作为一个与她对话的伙伴存在,甚至让她的丈夫也确信了这个男人“反复无常而忽隐忽现的存在”。[2] 这种事件进展得越深入,在死者和生者的王国之间原本清晰的界限就会越模糊。最动人的是这样一个例子：琼・迪戴恩最近在讲述自己的经历时说道,在她的丈夫突然过世之后,为了让他能够一直留在自己的生活中,她在自己都没有意识到的情况下开始参与几乎可以说是“巫术”的活动。在这里,这种叙事的吸引力同样来自这一点：作者让我们得以观察到我们是如何产生越来越强烈的共鸣,从而去认同那一系列与我们正常的态度完全不可调和的古怪的态度和举措的。[3] 我们在面对死亡时愿意偶尔把我们的科学世界观搁置在一旁,并且让我们的世界被“消除边界”(*Entgrenzung*)——这个问题亟需解释。然而,我们在这种情形中所体验到的,并不是那种对基本的宗教信仰的突然的回归。几乎没有人会在突然间就把自己视作是被上帝庇佑的,而且一般 233
而言,我们并不相信存在死后的人生,相反,我们所体验到的是一个突如其来的与某些实体沟通的机会,而那些实体,根据我们自然主义的预设,却被我们认为是死亡的世界中的一部分。我们允许我们自己去排除,或者悬置我们自己的世界观中某些可靠的部分——这一点该如何解释呢?

首先,似乎可以确定的是,我们愿意采纳这种态度,这和我们在失去了一个所爱的人或者某个和我们关系密切的人之后对于安慰的需求有关。我们很难承受这样一个事实,那就是死者永远地离去了;我们注意到了自己绝望的感受,而且假定其他人在类似的情形中的感觉是一样的。这可能产生了一种隐秘的团结纽带,让那些仍然活着的人能够克制住不去运用那些习惯性的理性准则,而且让他们能够接受一种本体论上的幼稚化(primitivizations),就好像他们在对付孩子时那样。但是,我们是否真的把这些独特的态度和实践看作如此地具有治疗作用,就好像我们在试图对那些失去亲人的人给予必要程度的安慰一样？我们是因为知道失去亲人的人除此之外没有办法在心理上应对他们的悲伤，才容许那种作为一种范畴错误的，与死者互动的行为的吗？又或者只不过是因为我们对于这些现象的观察很难做到如此超然，而相反，我们经常感到自己被要求，哪怕只是短暂地，去和那些失去亲人的人共享这个沟通的视角，所以我们才采纳这种态度？当然，这种感觉有着不同的程度，但是当来到葬礼，或者遇到了一个失去了所爱之人的密友时，我们经常会发现我们自己自然而然地采纳了那个逝者的视角，并且尝试和死去的人沟通，即使我们自己并不是失去亲人的人。所以我们是被同样地感染了吗？我们需要这种本体论上的幻觉吗？又或者这种偶尔把一种启蒙世界观对世界做出的区别排除在外的能力，只不过是一个成熟的个人必备的能力之一？

只有在初看之下，我们才会觉得弗洛伊德对所有这些问题都有一个清楚的答案。确实，在《一种幻想的未来》当中，我们“精神的进步”[4]显然在于逐渐抛弃所有那些认为自然世界会迁就我们的幻觉，并且冷静地接受我们在面对自然时那种痛苦的无助。在这里，现代的、被启蒙了的个人，接受了对于我们生活世界的科学世界观的含义，不再由于认知上的消除边界(dedifferentiation)而与之相抵触。但是仅仅就在三年后，在《文明及其缺憾》中，他的态度就变得有点不同了。在整个文本中，弗洛伊德都在和他所描述的、罗曼·罗兰称之为“万能感”(oceanic feelings)的现象作斗争。[5]此时，弗洛伊德还没能完全自在地接受这个假
234 定，即这种万能感是非常普遍的，但是至少他承认在个体的心灵中探索这种感觉的位置是必要的。但是没过多久，他一定是意识到了，一个有着健康人格的自我很少有外在的“明确和清晰的分界线”，[6]就像很少有这种内在的分界线一样。例如，当某人陷入爱河时，“在自我和客体之间的边界就有消失的危险”。[7]陷入爱河中的人们感到与他们的伴侣结合在一起，而且表现得就像他们是从同一个行动中枢出发在共同行动

一样。但是，如果这种消除边界是可能的，也就是说，如果心理健康的主体也能意识到自我超越的要素，那么，根据弗洛伊德，解释这种现象的关键就一定存在于对那种更原始的精神状态的回归之中。在发展的早期阶段，儿童经历了一个在其中感到与其他真实的客体相“融合”的阶段。对这一阶段的克服导致他们建立起了那些与外部世界之间的边界，而这些边界，在他们成熟的阶段，似乎会在上面提到的那些情形中消失。因此，要解释这种成熟的自我之消除边界，唯一的方法就是假定一个人会暂时性地退化到一种过去的心智发展阶段中去。弗洛伊德在接下来的几页中提供的解释清楚地表明了他在多么努力地和这样一个假定作斗争，即这种退化可以是一个成熟、理性的主体的一种正常的能力。最初他把这些状态称作自我的“扰乱”，[8] 然后他又徒劳地尝试用空间术语来阐明在我们的心智中保存在现实中已经消亡了的东西的可能性，直到这时他才指出这种精神上的退化是“规律而不是例外”。[9] 弗洛伊德并不想承认，已经被启蒙了的、20 世纪的个人能够让他们自己退回到一个已经达到的界限之后去，而只有在这个界限上他们才能识别出一个独立的外在世界。即使是当他转向了“悲伤”这个议题之后，他也十分惊讶于我们竟会如此理所当然地想象那些我们所爱的人会持续存在。[10]

虽然在《文明及其缺憾》中弗洛伊德意识到了有一种人类学的必要性，去找到一种“缓和性的手段”[11] 来对抗我们在面对自然压倒性的力量时感到的痛苦，但是他拒绝进一步地接受存在认知性的退化这一事实。他对于科学启蒙的眷恋妨碍了他看到我们会暂时性地排除那些本体论的预设，为的是有机会达到一种受控制的、反思性的解除负担的效果。弗洛伊德拒绝承认这样一个事实，那就是即使是怀有启蒙的理想，我们还是想要让我们自己落入那种幻觉之中，即自然是有灵魂的，而死者继续活在世上。在他看来，理性启蒙意味着使自己摆脱所有认知性 235
的退化，而不是为了让我们的理性松懈（*Entkrampfung*）。在精神分析学中，唐纳德·温尼科特是第一个突破这种狭隘的世界观的人。温尼科特利用他关于过渡性客体的概念，为我们提供了一个概念性的工具，让我们得以理解这些日常生活中零星的唯灵论的（spiritualist）迹象，而这些零星的内容是我们在日常生活中毫不犹豫地和我们基本的自然主义观念一起保留下来的。

对温尼科特来说，过渡性客体不仅仅是一个“本体论的”辅助手段，这种手段被儿童用来应对他们在刚刚认识到了自己相对于外部世界的独立性时所感到的沮丧。相反，过渡性客体也表现为一种工具，成年人通过偶尔地用这种工具来拆除那些本体论的边界，从而避开来自现实的压倒性的压力。[12] 像我们在第十二章看到的那样，温尼科特坚持认为儿童可以利用他们周围环境中各种不同的材料，例如一条毯子的一角，一个泰迪熊甚至是一段特定的旋律，作为一种在内心体验和客观现实之间建构起一个“过渡性领域”的现象。在这个“中介的”经验空间之中，儿童会暂时把他们逐渐萌芽的，对于一个独立的、不可控制的外部世界之确信排除在外；通过游戏性地使用这些情感性的客体，他们进入了一种精神状态，在其中内部和外部现实之间的本体论边界被悬置了起来。成年人会带着富有同情的关注，并通过相应的手段，来支持这种游戏——这一事实表明即使是他们也没有完全失去这种越轨的能力。温尼科特确信，“接受现实这一任务永远没有完成的那天，没有人可以摆脱把内在和外在现实联系在一起的张力。”[13] 因此，即使是成年人也会偶尔退回到一种精神状态中去，在其中外部世界的边界似乎被悬置起来了，从而产生了一种过渡性的本体论空间，这一空间既不仅仅属于我们纯粹的内在体验，也不仅仅属于客观事实的领域。温尼科特提出，一旦我们在这些中介的领域中发现了这样一种“重叠”[14]，一个共同的过渡领域就会发展出来，而对于这个领域，我们没有人会提出任何质疑。我们进入了一种状态，在其中，我们通过设想一个我们可以控制，并且可以迫使其顺从于我们的欲求的世界之可能性，从而避开外部现实带来的无法忍受的重负。

现在，这一中介领域可以作为解释我们世俗的日常生活中许多现象的关键，而这些现象无法按照理性的、已被区分出来的与世界的关系(relation-to-world)来解释。温尼科特使用这一概念，让我们得以进入一个文化性的经验领域，而这一领域本质上起源于这种对于外部现实的排除，[15] 但是如果我们不把他的这个理念运用于我们的体验当中其他临界性的领域，我们就是在浪费他的理念之最初的潜力。在注意到其他人是如何为了与影像中的人接触而去触摸那些老旧的、褪色的照片时，我们并不会感到任何困惑，而我们所注意到的这一事实或许就是这一中介空间的一部分。另一个例子是这样一个事实，即我们会理所当然地认为其他人与他们的家庭宠物有着非常密切的交流。在每个情形中，人类主体都把没有生命的事物或者不能说话的存在物当作人一样，与它们保持重要的交流，这似乎都不会对我们造成困扰。对我们来说，去纠正这种行为似乎是不恰当的，因为，与我们在经验上已经被证明的信念相反，我们假定存在着一个中介的领域，这一领域既不属于我们内在体验的空间，也不属于客观事实的领域。[16] 与这个假定一起，我们也假定了我们对于这种越轨行为有一种亲近感，在这种越轨行为当中，外部世界的压力似乎忽然之间被排除在外了。我们都需要这种能够得到安慰的时刻，为的是能够在反事实的意义上让我们自己确信我们和已经逝去的所爱之人之间的亲密关系，又或者是为了在面对一个超出我们控制的世界时能够控制我们的恐惧。 236

在这个被理性地容忍了下来的形而上学空间中，我们一定也要抛弃上面讨论的那种本体论的幼稚化。在面对最令人恐惧的，也就是我们所爱之人的死亡这一事件时，我们让彼此能够真正地设想一种他们仍然留在我们之中的可能性。这不仅仅是一个被内在体验的幻想，也不是外部事实领域中的一个事件；相反，它是一种不需要任何进一步探究的本体论的“中间”(*Dazwischen*)。认知性的退化因此充当了一种被启蒙之后的应对生活的方式。和弗洛伊德不同,我们现在知道了理性能力的增长,依赖于我们让自己偶尔摆脱理性能力之要求的能力。在普遍接受了自然主义的情况下,安慰,仅仅意味着一种后天获得的意愿,让我们自己在所有参与者都接受的情况下,倒退回一个我们自己之存在的阶段,在这个阶段中,它仍然有助于让我们怀有希望。

注　释

1 Sigmund Freud, 'Civilization and Its Discontents', in *The Standard Edition of the Complete Psychological Works of Sigmund Freud*, vol. XXI, ed. James
237 Strachey (London: Hogarth Press, 2001), p. 86.

2 James Joyce, 'The Dead', in *Dubliners* (Oxford: Oxford University Press, 1967), p. 176.

3 Joan Didion, *The Year of Magical Thinking* (New York: Knopf, 2005).

4 Sigmund Freud, 'The Future of an Illusion', in *The Standard Edition*, vol. XXI, p. 11.

5 Freud, 'Civilization and Its Discontents', pp. 64 – 73.

6 同上书,p. 66。

7 同上书。

8 同上书。

9 同上书,p. 72。

10 Sigmund Freud, 'Mourning and Melancholia', in *The Standard Edition of the Complete Psychological Works of Sigmund Freud*, vol. XIV, ed. James Strachey (London: Hogarth Press, 2001), pp. 237 – 258.

11 Freud, 'Civilization and Its Discontents', p. 75.

12 Donald W. Winnicott, *Playing and Reality* (New York: Tavistock Publications, 1971).

13 同上书,p. 13。

14 同上书,p. 14。

15 同上书,pp. 128－139。

16 关于其他例子,见 Tilmann Habermas 精彩的研究 *Geliebte Objekte: Symbole und Instrumente der Identitätsbildung* (Frankfurt /Main: Suhrkamp, 1999)。 238

索　引

（条目后的数字为原书页码，见本书边码。部分页码中的 n，指位于注释中）

人文与社会译丛

第一批书目

1.《政治自由主义》(增订版),[美]J. 罗尔斯著,万俊人译　118.00元
2.《文化的解释》,[美]C. 格尔茨著,韩莉译　89.00元
3.《技术与时间:1. 爱比米修斯的过失》,[法]B. 斯蒂格勒著,裴程译　62.00元
4.《依附性积累与不发达》,[德]A. G. 弗兰克著,高铦等译　13.60元
5.《身处欧美的波兰农民》,[美]F. 兹纳涅茨基、W. I. 托马斯著,张友云译　9.20元
6.《现代性的后果》,[英]A. 吉登斯著,田禾译　45.00元
7.《消费文化与后现代主义》,[英]M. 费瑟斯通著,刘精明译　14.20元
8.《英国工人阶级的形成》(上、下册),[英]E. P. 汤普森著,钱乘旦等译　168.00元
9.《知识人的社会角色》,[美]F. 兹纳涅茨基著,郏斌祥译　49.00元

第二批书目

10.《文化生产:媒体与都市艺术》,[美]D. 克兰著,赵国新译　49.00元
11.《现代社会中的法律》,[美]R. M. 昂格尔著,吴玉章等译　39.00元
12.《后形而上学思想》,[德]J. 哈贝马斯著,曹卫东等译　58.00元
13.《自由主义与正义的局限》,[美]M. 桑德尔著,万俊人等译　30.00元

14.《临床医学的诞生》,[法]M.福柯著,刘北成译　55.00元
15.《农民的道义经济学》,[美]J.C.斯科特著,程立显等译　42.00元
16.《俄国思想家》,[英]I.伯林著,彭淮栋译　35.00元
17.《自我的根源:现代认同的形成》,[加]C.泰勒著,韩震等译　128.00元
18.《霍布斯的政治哲学》,[美]L.施特劳斯著,申彤译　49.00元
19.《现代性与大屠杀》,[英]Z.鲍曼著,杨渝东等译　59.00元

第三批书目

20.《新功能主义及其后》,[美]J.C.亚历山大著,彭牧等译　15.80元
21.《自由史论》,[英]J.阿克顿著,胡传胜等译　89.00元
22.《伯林谈话录》,[伊朗]R.贾汉贝格鲁等著,杨祯钦译　48.00元
23.《阶级斗争》,[法]R.阿隆著,周以光译　13.50元
24.《正义诸领域:为多元主义与平等一辩》,[美]M.沃尔泽著,褚松燕等译　24.80元
25.《大萧条的孩子们》,[美]G.H.埃尔德著,田禾等译　27.30元
26.《黑格尔》,[加]C.泰勒著,张国清等译　135.00元
27.《反潮流》,[英]I.伯林著,冯克利译　48.00元
28.《统治阶级》,[意]G.莫斯卡著,贾鹤鹏译　98.00元
29.《现代性的哲学话语》,[德]J.哈贝马斯著,曹卫东等译　78.00元

第四批书目

30.《自由论》(修订版),[英]I.伯林著,胡传胜译　69.00元
31.《保守主义》,[德]K.曼海姆著,李朝晖、牟建君译　58.00元
32.《科学的反革命》(修订版),[英]F.哈耶克著,冯克利译　68.00元

33.《实践感》,[法]P. 布迪厄著,蒋梓骅译 75.00 元
34.《风险社会:新的现代性之路》,[德]U. 贝克著,张文杰等译 58.00 元
35.《社会行动的结构》,[美]T. 帕森斯著,彭刚等译 80.00 元
36.《个体的社会》,[德]N. 埃利亚斯著,翟三江、陆兴华译 15.30 元
37.《传统的发明》,[英]E. 霍布斯鲍姆等著,顾杭、庞冠群译 68.00 元
38.《关于马基雅维里的思考》,[美]L. 施特劳斯著,申彤译 78.00 元
39.《追寻美德》,[美]A. 麦金太尔著,宋继杰译 68.00 元

第五批书目

40.《现实感》,[英]I. 伯林著,潘荣荣、林茂、魏钊凌译 78.00 元
41.《启蒙的时代》,[英]I. 伯林著,孙尚扬、杨深译 35.00 元
42.《元史学》,[美]H. 怀特著,陈新译 89.00 元
43.《意识形态与现代文化》,[英]J. B. 汤普森著,高铦等译 79.00 元
44.《美国大城市的死与生》,[加]J. 雅各布斯著,金衡山译 78.00 元
45.《社会理论和社会结构》,[美]R. K. 默顿著,唐少杰等译 128.00 元
46.《黑皮肤,白面具》,[法]F. 法农著,万冰译 58.00 元
47.《德国的历史观》,[美]G. 伊格尔斯著,彭刚、顾杭译 58.00 元
48.《全世界受苦的人》,[法]F. 法农著,万冰译 17.80 元
49.《知识分子的鸦片》,[法]R. 阿隆著,吕一民、顾杭译 59.00 元

第六批书目

50.《驯化君主》,[美]H. C. 曼斯菲尔德著,冯克利译 88.00 元
51.《黑格尔导读》,[法]A. 科耶夫著,姜志辉译 98.00 元
52.《象征交换与死亡》,[法]J. 波德里亚著,车槿山译 68.00 元
53.《自由及其背叛》,[英]I. 伯林著,赵国新译 48.00 元

54.《启蒙的三个批评者》,[英]I. 伯林著,马寅卯、郑想译　48.00 元
55.《运动中的力量》,[美]S. 塔罗著,吴庆宏译　23.50 元
56.《斗争的动力》,[美]D. 麦克亚当、S. 塔罗、C. 蒂利著,
李义中等译　31.50 元
57.《善的脆弱性》,[美]M. 纳斯鲍姆著,徐向东、陆萌译　55.00 元
58.《弱者的武器》,[美]J. C. 斯科特著,郑广怀等译　82.00 元
59.《图绘》,[美]S. 弗里德曼著,陈丽译　49.00 元

第七批书目

60.《现代悲剧》,[英]R. 威廉斯著,丁尔苏译　45.00 元
61.《论革命》,[美]H. 阿伦特著,陈周旺译　59.00 元
62.《美国精神的封闭》,[美]A. 布卢姆著,战旭英译,冯克利校　89.00 元
63.《浪漫主义的根源》,[英]I. 伯林著,吕梁等译　49.00 元
64.《扭曲的人性之材》,[英]I. 伯林著,岳秀坤译　69.00 元
65.《民族主义思想与殖民地世界》,[美]P. 查特吉著,
范慕尤、杨曦译　18.00 元
66.《现代性社会学》,[法]D. 马尔图切利著,姜志辉译　32.00 元
67.《社会政治理论的重构》,[美]R. J. 伯恩斯坦著,黄瑞祺译　72.00 元
68.《以色列与启示》,[美]E. 沃格林著,霍伟岸、叶颖译　128.00 元
69.《城邦的世界》,[美]E. 沃格林著,陈周旺译　85.00 元
70.《历史主义的兴起》,[德]F. 梅尼克著,陆月宏译　48.00 元

第八批书目

71.《环境与历史》,[英]W. 贝纳特、P. 科茨著,包茂红译　25.00 元
72.《人类与自然世界》,[英]K. 托马斯著,宋丽丽译　35.00 元

73.《卢梭问题》,[德]E. 卡西勒著,王春华译 39.00 元
74.《男性气概》,[美]H. C. 曼斯菲尔德著,刘玮译 28.00 元
75.《战争与和平的权利》,[美]R. 塔克著,罗炯等译 25.00 元
76.《谁统治美国》,[美]W. 多姆霍夫著,吕鹏、闻翔译 35.00 元
77.《健康与社会》,[法]M. 德吕勒著,王鲲译 35.00 元
78.《读柏拉图》,[德]T. A. 斯勒扎克著,程炜译 68.00 元
79.《苏联的心灵》,[英]I. 伯林著,潘永强、刘北成译 59.00 元
80.《个人印象》,[英]I. 伯林著,覃学岚译 88.00 元

第九批书目

81.《技术与时间:2. 迷失方向》,[法]B. 斯蒂格勒著,赵和平、印螺译 59.00 元
82.《抗争政治》,[美]C. 蒂利、S. 塔罗著,李义中译 28.00 元
83.《亚当·斯密的政治学》,[英]D. 温奇著,褚平译 21.00 元
84.《怀旧的未来》,[美]S. 博伊姆著,杨德友译 85.00 元
85.《妇女在经济发展中的角色》,[丹]E. 博斯拉普著,陈慧平译 30.00 元
86.《风景与认同》,[美]W. J. 达比著,张箭飞、赵红英译 79.00 元
87.《过去与未来之间》,[美]H. 阿伦特著,王寅丽、张立立译 58.00 元
88.《大西洋的跨越》,[美]D. T. 罗杰斯著,吴万伟译 108.00 元
89.《资本主义的新精神》,[法]L. 博尔坦斯基、E. 希亚佩洛著,高铦译 58.00 元
90.《比较的幽灵》,[美]B. 安德森著,甘会斌译 79.00 元

第十批书目

91.《灾异手记》,[美]E. 科尔伯特著,何恬译 25.00 元

92.《技术与时间:3. 电影的时间与存在之痛的问题》,
[法]B. 斯蒂格勒著,方尔平译 65.00 元
93.《马克思主义与历史学》,[英]S. H. 里格比著,吴英译 78.00 元
94.《学做工》,[英]P. 威利斯著,秘舒、凌旻华译 68.00 元
95.《哲学与治术:1572—1651》,[美]R. 塔克著,韩潮译 45.00 元
96.《认同伦理学》,[美]K. A. 阿皮亚著,张容南译 45.00 元
97.《风景与记忆》,[英]S. 沙玛著,胡淑陈、冯樨译 78.00 元
98.《马基雅维里时刻》,[英]J. G. A. 波考克著,冯克利、傅乾译 108.00 元
99.《未完的对话》,[英]I. 伯林、[波]B. P. -塞古尔斯卡著,
杨德友译 65.00 元
100.《后殖民理性批判》,[印]G. C. 斯皮瓦克著,严蓓雯译 79.00 元

第十一批书目

101.《现代社会想象》,[加]C. 泰勒著,林曼红译 45.00 元
102.《柏拉图与亚里士多德》,[美]E. 沃格林著,刘曙辉译 78.00 元
103.《论个体主义》,[法]L. 迪蒙著,桂裕芳译 30.00 元
104.《根本恶》,[美]R. J. 伯恩斯坦著,王钦、朱康译 78.00 元
105.《这受难的国度》,[美]D. G. 福斯特著,孙宏哲、张聚国译 39.00 元
106.《公民的激情》,[美]S. 克劳斯著,谭安奎译 49.00 元
107.《美国生活中的同化》,[美]M. M. 戈登著,马戎译 58.00 元
108.《风景与权力》,[美]W. J. T. 米切尔著,杨丽、万信琼译 78.00 元
109.《第二人称观点》,[美]S. 达沃尔著,章晟译 69.00 元
110.《性的起源》,[英] F. 达伯霍瓦拉著,杨朗译 85.00 元

第十二批书目

111.《希腊民主的问题》,[法]J. 罗米伊著,高煜译 48.00元
112.《论人权》,[英]J. 格里芬著,徐向东、刘明译 75.00元
113.《柏拉图的伦理学》,[英]T. 埃尔文著,陈玮、刘玮译 118.00元
114.《自由主义与荣誉》,[美]S. 克劳斯著,林垚译 62.00元
115.《法国大革命的文化起源》,[法]R. 夏蒂埃著,洪庆明译 38.00元
116.《对知识的恐惧》,[美]P. 博格西昂著,刘鹏博译 38.00元
117.《修辞术的诞生》,[英]R. 沃迪著,何博超译 59.00元
118.《历史表现中的真理、意义和指称》,[荷]F. 安克斯密特著,周建漳译 58.00元
119.《天下时代》,[美]E. 沃格林著,叶颖译 78.00元
120.《求索秩序》,[美]E. 沃格林著,徐志跃译 48.00元

第十三批书目

121.《美德伦理学》,[新西兰]R. 赫斯特豪斯著,李义天译 68.00元
122.《同情的启蒙》,[美]M. 弗雷泽著,胡靖译 48.00元
123.《图绘暹罗》,[美]T. 威尼差恭著,袁剑译 76.00元
124.《道德的演化》,[新西兰]R. 乔伊斯著,刘鹏博、黄素珍译 65.00元
125.《大屠杀与集体记忆》,[美]P. 诺维克著,王志华译 78.00元
126.《帝国之眼》,[美]M. L. 普拉特著,方杰、方宸译 68.00元
127.《帝国之河》,[美]D. 沃斯特著,侯深译 76.00元
128.《从道德到美德》,[美]M. 斯洛特著,周亮译 58.00元
129.《源自动机的道德》,[美]M. 斯洛特著,韩辰锴译 58.00元
130.《理解海德格尔:范式的转变》,[美]T. 希恩著,邓定译 89.00元

第十四批书目

131.《城邦与灵魂:费拉里〈理想国〉论集》,[美]G. R. F. 费拉里著,刘玮编译 69.00 元

132.《人民主权与德国宪法危机》,[美]P. C. 考威尔著,曹晗蓉、虞维华译 58.00 元

133.《16 和 17 世纪英格兰大众信仰研究》,[英]K. 托马斯著,芮传明、梅剑华译 168.00 元

134.《民族认同》,[英]A. D. 史密斯著,王娟译 55.00 元

135.《世俗主义之乐:我们当下如何生活》,[英]G. 莱文编,赵元译 58.00 元

136.《休谟的人生智慧》,[英]J. 巴吉尼著,杨春丽译 68.00 元

137.《自由意志、能动性与生命的意义》,[美] D. 佩里布姆著,张可译 69.00 元

138.《自由与多元论:以赛亚·伯林思想研究》,[英]G. 克劳德著,应奇等译 58.00 元

139.《暴力:思无所限》,[美]R. J. 伯恩斯坦著,李元来译 59.00 元

140.《中心与边缘:宏观社会学论集》,[美]E. 希尔斯著,甘会斌、余昕译 88.00 元

第十五批书目

141.《自足的世俗社会》,[美]P. 朱克曼著,杨靖译 58.00 元

142.《历史与记忆》,[英]G. 丘比特著,王晨凤译 59.00 元

143.《媒体、国家与民族》,[英]P. 施莱辛格著,林玮译 68.00 元

144.《道德错误论:历史、批判、辩护》,

[瑞典]J. 奥尔松著,周奕李译　58.00元
145.《废墟上的未来:联合国教科文组织、世界遗产与和平之梦》,[澳]L. 梅斯克尔著,王丹阳、胡牧译　88.00元
146.《为历史而战》,[法]L. 费弗尔著,高煜译　98.00元
147.《康德与现代政治哲学》,[英]K. 弗利克舒著,徐向东译　58.00元
148.《我们中的我:承认理论研究》,[德]A. 霍耐特著,张曦、孙逸凡译　69.00元
149.《人文学科与公共生活》,[美]P. 布鲁克斯、H. 杰维特编,余婉卉译　52.00元
150.《美国生活中的反智主义》,[美]R. 霍夫施塔特著,何博超译　68.00元

第十六批书目

151.《关怀伦理与移情》,[美]M. 斯洛特著,韩玉胜译　48.00元
152.《形象与象征》,[罗]M. 伊利亚德著,沈珂译　48.00元
153.《艾希曼审判》,[美]D. 利普斯塔特著,刘颖洁译　49.00元
154.《现代主义观念论:黑格尔式变奏》,[美]R. B. 皮平著,郭东辉译(即出)
155.《文化绝望的政治:日耳曼意识形态崛起研究》,[美]F. R. 斯特恩著,杨靖译　98.00元
156.《作为文化现实的未来:全球现状论集》,[印]A. 阿帕杜莱著,周云水、马建福译(即出)
157.《一种思想及其时代:以赛亚·伯林政治思想的发展》,[美]J. L. 彻尼斯著,寿天艺、宋文佳译　88.00元
158.《人类的领土性:理论与历史》,[美]R. B. 萨克著,袁剑译(即出)

159.《理想的暴政：多元社会中的正义》，[美]G. 高斯著，范震亚译（即出）
160.《荒原：一部历史》，[美]V. D. 帕尔玛著，梅雪芹等译　88.00 元

第十七批书目

161.《浪漫派为什么重要》，[美]P. 盖伊著，王燕秋译　49.00 元
162.《欧美思想中的自治》，[美]J. T. 克洛彭伯格著，褚平译（即出）
163.《冲突中的族群》，[美]D. 霍洛维茨著，魏英杰、段海燕译（即出）
164.《八个欧洲中心主义历史学家》，[美]J. M. 布劳特著，杨卫东译（即出）
165.《记忆之地，悼念之地》，[美]J. 温特著，王红利译（即出）
166.《20 世纪的战争与纪念》，[美]J. 温特著，吴霞译（即出）
167.《病态社会》，[美]R. B. 埃杰顿著，杨靖、杨依依译（即出）
168.《种族与文化的少数群体》，[美]G. E. 辛普森、J. M. 英格尔著，马戎、王凡妹等译（即出）
169.《美国城市新主张》，R. H. 普拉特著，周允程译（即出）
170.《五种官能》，[法]M. 塞尔著，徐明译（即出）